国家自然科学基金委员会面上项目（项目批准号：41372334）资助

岩溶隧道地下水化学动力学及分形特征

李苍松　丁建芳　廖烟开　著

科学出版社

北　京

内 容 简 介

本书在大量的工程实践基础上，针对严重危及隧道工程施工和运营安全的岩溶涌水、突泥等地质灾害问题，分析指出岩溶及地下水的准确预报或探测是解决问题的关键。在此基础上，以隧道开挖揭露的岩溶形态和岩溶地下水为研究对象，深入开展岩溶含水介质特性及其作用机理研究。通过现场监测、理论分析和室内模拟实验等手段，将岩溶地下水动力学、水化学、水-岩相互作用理论和分形理论相结合，在岩溶动力系统环境效应分析基础上，开展岩溶地下水的化学动力学特性、岩溶形态的分形特征，以及岩溶地下水化学成分与岩溶形态之间的相关性研究，建立基于水化学动力学参数和岩溶形态分形指数的岩溶发育程度评价模型，提出岩溶发育程度的水化学动力学-分形指数评价技术，对岩溶及地下水预报具有重要的工程实际指导意义，为提高岩溶及地下水预报准确性提供了新的理论和方法。

本书可供从事隧道及地下工程的科技工作者参考，也可作为高等院校工程地质水文地质专业的研究生及本科生的参考用书。

图书在版编目(CIP)数据

岩溶隧道地下水化学动力学及分形特征 / 李苍松，丁建芳，廖烟开著.
—北京：科学出版社，2017.6

ISBN 978-7-03-053580-1

Ⅰ.①岩⋯ Ⅱ.①李⋯②丁⋯③廖⋯ Ⅲ.①隧道工程-岩溶水-地下水动力学 Ⅳ.①U452.1②P641.134

中国版本图书馆 CIP 数据核字（2017）第 131950 号

责任编辑：韩 鹏 刘浩旻 姜德君 / 责任校对：何艳萍
责任印制：张 伟 / 封面设计：北京图阅盛世文化传媒有限公司

科 学 出 版 社 出版
北京东黄城根北街 16 号
邮政编码：100717
http://www.sciencep.com

北京九州迅驰传媒文化有限公司 印刷
科学出版社发行 各地新华书店经销
*
2017 年 6 月第 一 版 开本：787×1092 1/16
2018 年 1 月第二次印刷 印张：11 1/2
字数：277 000
定价：98.00 元
（如有印装质量问题，我社负责调换）

作者简介

李苍松，男，1971年生，重庆人，博士，教授级高工，中铁西南科学研究院有限公司副总工程师。茅以升铁道工程师奖获得者，中国中铁青年科技拔尖人才、突贡专家，第十一批四川省学术和技术带头人后备人选。1997年7月原长春地质学院水文地质与工程地质专业硕士毕业，2007年1月获西南交通大学桥梁与隧道工程博士学位。长期从事隧道工程地质、水文地质及物探技术研究工作，在隧道施工期地质超前预报、岩溶及地下水作用机理研究方面有较深造诣。主持或主要参加完成省部级以上科研项目10项，其中国家自然基金2项、国家863项目1项。成果获省部级科学技术特等奖2项、一等奖1项、二等奖4项，国家发明专利1项、实用新型专利2项。现任中国物理学会铁道分会、工程物探专委会、国际环境与工程地质学会（IAEG）中国国家小组等多个学会会员。发表学术论文80余篇，其中第一作者30余篇。出版第一作者专著1部《岩溶及地下水超前预报技术》，参与编写《隧道地质超前预报》《隧道工程岩体分级》等专著4部。

丁建芳，男，1979年生，河南商丘人，高级工程师，中铁西南科学研究院有限公司工程地质研究所所长。2002年7月西南交通大学土木工程专业本科毕业进入现单位。长期从事工程地质、隧道超前地质预报、工程物探工作。近年来主持或主要参加完成国家、省部级重点科研课题8项，在TBM施工隧道超前地质预报、岩体温度法涌水预报和大跨距跨孔声波探测等技术方面实现了多项突破，研究成果获省部级以上科技奖一等奖3项、二等奖5项。在《现代隧道技术》《声学技术》《工程地质学报》《工程地球物理学报》等刊物发表论文10余篇，参与编写《岩体温度法隧道施工掌子面前方涌水预报》《隧道工程地质学》等专著3部。

廖烟开，男，1980年生，广东人，硕士，中铁西南科学研究院有限公司工程地质研究所高级工程师。2005年7月于吉林大学建设工程学院工程地质专业毕业进入现单位，2011年7月获西南交通大学地球探测与信息技术硕士学位。主要从事隧道超前地质预报、隧道风险评估及咨询项目和围岩监控量测工作，在隧道超前地质预报、监测及物探新技术应用、隧道施工地质和隧道施工安全控制技术方面有较深入的研究。主持或主要参加完成省部级以上科研项目6项，研究成果获省部级以上科技奖特等奖1项、一等奖3项、二等奖2项，实用新型专利1项。公开发表学术论文15篇，其中第一作者发表论文6篇。

序

  中铁西南科学研究院有限公司水文地质工程地质专业的后起之秀李苍松博士等三位年青学者，完成承担的国家自然科学基金有关科研项目实验研究的内容，并在与该院工程地质研究所同仁多年共同合作、进行大量工程实践的基础上，总结提炼而形成该书。著作者就隧道岩溶的相关课题，进行了新的探索，取得了可喜的成果。

  该书首先对相关课题的国内外研究现状和发展趋势作了简要的评述；通过实验研究了隧道开挖条件下岩溶溶蚀作用机理；对隧道所处地表及洞内开挖揭露的岩溶宏观和微观形态，均应用分形理论进行研究；也研究了岩溶隧道地下水化学动力学特征和相关参数；然后着重对岩溶地下水化学动力学与岩溶分形特征的相关性开展研究，并进行耦合，最后得出隧道岩溶发育程度的评价技术方法。使隧道岩溶发育程度的判别方法有较客观的、可衡量的标准，这是该书的新贡献、新亮点。这对可溶岩地区各种地下工程（交通隧道、输水隧洞等）的修建、预防和治理岩溶地质灾害，具有实用和指导意义。

  任何科学技术的点滴进步，无疑都是在前人研究成果基础上的进步和提高。著作者继承和发展了他们的老师和前辈的理论和研究成果，是站在前人的肩膀上继续提高，取得新的进步。该书提出的隧道岩溶发育程度的地下水化学动力学与分形指数评价技术，对提高隧道岩溶地质灾害（涌水、涌泥等）的地质预报准确性，提供了新的理论和方法。对从事隧道和地下工程的工程技术人员、水文地质工程地质专业人员和大专院校学生，均有参考价值。

  余从事工程地质工作数十载，曾经主持过原铁道部部控岩溶科研项目的研究工作，深知有关岩溶课题难度之大，非一朝一夕可以攻克。"长江后浪推前浪，世上新人赶旧人"，这是自然规律。在老夫耄耋之年，喜见新的一代茁壮成长，又有新作问世，真是"雏凤清于老凤声"！特作序致贺并推荐之。

陈成宗 2017.4.8

前　言

在我国已建成的多条铁路、高速公路，尤其是在我国中西部地区，不可避免会穿越复杂的岩溶地区，大量的长大岩溶隧道在施工及运营期间常常遭遇岩溶涌水、突泥等岩溶地质灾害问题，严重危及施工人员和施工机具的安全，影响施工安全和进度，严重时会导致整个施工的失败，并给隧道运营留下安全隐患。曾经发生岩溶地质灾害的隧道包括：大瑶山隧道、南岭隧道、梅花山隧道、圆梁山隧道、武隆隧道、野山关隧道、齐岳山隧道等。近年来建设完成并已开通运营的贵广铁路、兰渝铁路重庆段、沪昆铁路、云桂铁路、成渝客运专线等，以及正在建设的成贵铁路、成昆铁路、蒙华铁路、渝怀铁路二线、黔张常铁路等均存在多条长大岩溶隧道，并将要遭遇甚至已经遭遇不同程度、不同规模的岩溶问题及岩溶涌水、突泥等地质灾害。

从 20 世纪 50 年代开始，国内特别是路内科研、设计、施工、运营等单位和部门，对岩溶地区新建和既有铁路隧道的岩溶地质灾害治理做了大量工作，取得了一定成效，并积累了不少经验，对以后的科研和工程灾害防治工作，无疑是颇有助益。然而，我国铁路建设中因岩溶涌水、突泥等地质灾害引起的安全问题、经济损失和环境影响等教训也相当深刻。众多工程实践表明，长大隧道岩溶及地下水问题始终是一个老大难问题，并已成为一个国际性难题。可以说，岩溶地区长大隧道工程中，岩溶及地下水的危害及其防治，特别是事前的预测预报问题，还远远没有解决。

解决隧道岩溶及地下水难题的关键在于岩溶及岩溶地下水的准确预报或探测。其中，急需解决的问题包括：岩溶地质体的位置、规模及性质等预报准确性尚需进一步提高，复杂岩溶地质体是否含水、是否会发生涌水、突泥等灾害的预报需要进一步加强。工程实践表明，解决复杂的岩溶及地下水预报技术问题，应用现代先进的物探技术是必需的，但目前仅靠物探技术仍不能从根本上解决问题。为此，需要在现有预报技术的基础上深入开展岩溶及岩溶地下水作用机理研究，特别是从岩溶含水介质的特性研究入手，探索岩溶地下水与岩溶形态之间的作用规律及相关性，利用水化学动力学参数和岩溶形态分形指数等参数进行岩溶发育程度评价，从而为岩溶及地下水预报或探测，以及岩溶及地下水治理提供地质参考依据。

在国家自然科学基金委员会的资助下，中铁西南科学研究院有限公司的李苍松博士及其研究团队，通过开展国家自然科学基金面上项目"岩溶隧道地下水化学动力学及分形特征研究"（项目批准号：41372334），获得相应的研究成果，为解决岩溶及地下水预报或探测准确性问题从机理方面提供了新的理论和方法，具有重要的理论和工程实际指导意义。于是，在项目研究成果基础上进一步总结提炼撰写本书。

作者在大量的工程实践基础上，针对严重危及隧道工程施工和运营安全的岩溶涌水、突泥等地质灾害问题，分析指出岩溶及地下水的准确预报或探测是解决问题的关键。在此基础上，以隧道开挖揭露的岩溶形态和岩溶地下水为研究对象，深入开展岩溶含水介质特性及其作用机理研究。通过现场监测、理论分析和室内模拟实验等手段，将岩溶地下水动力学、水化学、水–岩相互作用理论和分形理论相结合，在岩溶动力系统环境效应分析基础上，开展岩溶地下水的化学动力学特性、岩溶形态的分形特征，以及岩溶地下水化学成分与岩溶形态之间的相关性研究，建立基于水化学动力学参数和岩溶形态分形指数的岩溶发育程度评价模型，提出岩溶发育程度的水化学动力学–分形指数评价技术。

本书主要分七章：第 1 章绪论；第 2 章典型地区隧道岩溶动力学系统的环境影响因素分析；第 3 章岩溶隧道地下水动力学及水化学动力学特征；第 4 章隧道开挖揭露岩溶形态及其分形特征；第 5 章隧道开挖条件下岩溶溶蚀作用机理实验研究；第 6 章岩溶形态分形特征与水化学动力学特征的相关性研究；第 7 章岩溶发育程度的水化学动力学–分形指数评价技术。

本书中所展现的研究成果是在中铁西南科学研究院有限公司工程地质研究所全体同仁的共同努力下完成的，是大家辛勤劳动的结晶，在此表示衷心的感谢！在完成国家自然科学基金项目过程中，吉林大学环境与资源学院的曹玉清教授、王福刚教授、赵岩杰硕士等给予了大力支持，中铁西南科学研究院有限公司的高菊如教授级高工、何发亮教授级高工、陈成宗研究员也给予了指导和帮助，在此一并表示感谢。最后，还要特别感谢国家自然科学基金委员会的指导和帮助。

由于作者水平有限，书中难免存在疏漏及不足之处，衷心希望读者批评指正！

李苍松

2017 年 3 月 18 日

目　　录

序

前言

第1章　绪论 ……………………………………………………………………… 1

1.1　国内外研究现状及发展动态分析 ………………………………………… 1

　　1.1.1　岩溶隧道涌水突泥地质灾害治理的技术现状 ………………………… 1

　　1.1.2　关于岩溶及地下水预报技术 …………………………………………… 2

　　1.1.3　关于岩溶及地下水作用机理研究 ……………………………………… 4

　　1.1.4　关于岩溶形态的研究 …………………………………………………… 5

　　1.1.5　研究技术分析小结 ……………………………………………………… 6

1.2　主要研究内容及其创新性 ………………………………………………… 6

1.3　应用前景分析 ……………………………………………………………… 7

第2章　典型地区隧道岩溶动力学系统的环境影响因素分析 ………………… 9

2.1　我国岩溶区域划分概况 …………………………………………………… 9

2.2　不同地区岩溶隧道统计及岩溶发育情况 ……………………………… 10

2.3　典型地区隧道岩溶动力学系统划分 …………………………………… 17

　　2.3.1　岩溶动力学系统的基本理论概述 …………………………………… 17

　　2.3.2　北方地区岩溶动力学系统划分 ……………………………………… 18

　　2.3.3　南方地区岩溶动力学系统划分 ……………………………………… 20

2.4　典型地区岩溶隧道施工地质灾害统计及其环境影响因素 …………… 21

第3章　岩溶隧道地下水动力学及水化学动力学特征 ……………………… 29

3.1　岩溶发育的地下水动力条件及岩溶垂直剖面分带 …………………… 29

　　3.1.1　岩溶发育的地下水动力条件 ………………………………………… 29

　　3.1.2　岩溶地下水动力条件作用下的岩溶垂直剖面分带 ………………… 30

3.2　岩溶地下水的水文地球化学简化模型 ………………………………… 33

3.3　典型地区岩溶隧道地下水化学成分的变化特征及水化学动力学特征 … 40

　　3.3.1　典型地区岩溶隧道地下水化学成分的变化特征 …………………… 40

　　3.3.2　岩溶地下水的水化学动力学特征 …………………………………… 44

第4章　隧道开挖揭露岩溶形态及其分形特征 ……………………………… 50

4.1　隧道地表及洞内开挖揭露的岩溶形态 ………………………………… 50

　　4.1.1　隧道地表岩溶形态 …………………………………………………… 50

　　4.1.2　隧道洞内开挖揭露的岩溶形态 ……………………………………… 50

　　4.1.3　岩溶填充物的多样性 ………………………………………………… 51

4.2　应用分形理论开展岩溶研究的可行性 ·· 51

4.3　岩溶形态的宏观规律与微观规律研究的辩证关系 ······························· 54

4.4　隧道开挖揭露岩溶形态的分形计算方法 ·· 54

　　4.4.1　岩溶元概念 ·· 54

　　4.4.2　岩溶分形维数计算方法 ··· 55

　　4.4.3　岩溶分形维数计算实例 ··· 56

4.5　岩溶发育程度的分形指数评价方法 ·· 72

　　4.5.1　岩溶发育程度的分形评价指数 ··· 72

　　4.5.2　岩溶发育程度分形指数评价方法 ·· 73

第5章　隧道开挖条件下岩溶溶蚀作用机理实验研究 ································· 75

5.1　溶蚀实验研究技术现状 ·· 75

5.2　溶蚀实验方案设计 ·· 77

　　5.2.1　实验目的、内容及预期目标 ··· 77

　　5.2.2　实验原理及装置设计 ·· 77

　　5.2.3　实验方法及步骤设计 ·· 78

5.3　溶蚀实验的具体实施 ··· 82

　　5.3.1　实验装置及水样选取 ·· 82

　　5.3.2　实验步骤 ··· 83

　　5.3.3　实际工作量统计 ·· 85

5.4　实验结果初步分析与讨论 ·· 85

　　5.4.1　不同 pH、温度与流速状态下的溶蚀量 ······································ 85

　　5.4.2　不同 pH、温度与流态下的微观结构分析 ··································· 88

　　5.4.3　不同 pH、温度与流速状态下的水化学成分 ······························· 89

　　5.4.4　实验小结 ··· 93

第6章　岩溶形态分形特征与水化学动力学特征的相关性研究 ··················· 95

6.1　溶蚀磨片的微观岩溶分形特征研究 ··· 95

　　6.1.1　溶蚀磨片微观分析工作简述 ·· 95

　　6.1.2　电镜实验结果分析 ··· 95

　　6.1.3　偏光显微镜实验结果分析 ·· 105

6.2　岩溶地下水的水化学动力学参数及水化学分形特征 ···························· 118

　　6.2.1　溶蚀液水化学三线图 ··· 118

　　6.2.2　溶蚀液的水化学动力学参数特征 ·· 121

　　6.2.3　溶蚀液的水化学分形特征 ·· 127

　　6.2.4　岩溶地下水的水化学动力学参数及水化学分形特征 ···················· 136

6.3　微观岩溶分形特征与水化学分形特征的相关性研究 ····························· 142

　　6.3.1　水化学成分及水化学动力学特征与岩溶发育程度的相关性 ············ 142

　　6.3.2　岩溶水水化学动力学参数与岩溶发育程度分形指数的相关性 ········· 143

　　6.3.3　水化学分形指数与微观岩溶分形指数的相关性 ·························· 147

第 7 章　岩溶发育程度的水化学动力学–分形指数评价技术 ……………………………… 150

7.1　岩溶发育程度评价的指标体系 ……………………………………………………… 150

　7.1.1　岩溶发育程度的概念 …………………………………………………………… 150

　7.1.2　岩溶发育程度评价的定性指标 ………………………………………………… 153

　7.1.3　岩溶发育程度评价的定量指标 ………………………………………………… 155

　7.1.4　岩溶发育程度的综合评价指标 ………………………………………………… 156

7.2　基于水化学动力学–分形指数的岩溶发育程度评价模型及评价标准 …………… 157

　7.2.1　基于水化学动力学–分形指数的岩溶发育程度评价模型 …………………… 157

　7.2.2　基于水化学动力学–分形指数的岩溶发育程度评价标准 …………………… 158

7.3　岩溶发育程度评价技术的工程实践 ………………………………………………… 158

参考文献 ……………………………………………………………………………………… 164

第1章 绪 论

1.1 国内外研究现状及发展动态分析

针对岩溶及地下水这一国际性老大难问题，国内外许多专家、学者分别从岩溶隧道涌水突泥地质灾害治理技术、岩溶及地下水预报技术、岩溶及地下水作用机理研究、岩溶形态研究等方面进行大量实验、研究工作，既积累了丰富的生产实践经验，又在机理及理论研究方面取得大量成果，为后续研究奠定了基础。

1.1.1 岩溶隧道涌水突泥地质灾害治理的技术现状

在隧道施工过程中，常常遭遇大型断层、破碎带、岩溶暗河、煤层瓦斯等不良地质引起的施工地质灾害，如塌方、涌水、突泥、瓦斯爆炸等。其中，隧道涌水、突泥是最常见的施工地质灾害。

长期以来，岩溶隧道涌水、突泥问题是国内外隧道工程施工所面临的重大难题，我国铁路建设中因岩溶涌水、突泥等地质灾害引起的安全问题、经济损失和环境影响等教训相当深刻。据不完全统计（陈强，2005），国内外隧道大型突水事件（涌水量>$1.0×10^4 m^3$/d）中，70%为岩溶隧道；而在我国，约40%的长大岩溶隧道发生过大于$1.0×10^4 m^3$/d 的严重突水，在我国西南、中南地区则达到甚至在50%以上。2003 年以前，发生岩溶涌水、突泥的典型岩溶长大铁路隧道包括：大瑶山隧道、南岭隧道、大巴山隧道、中梁山隧道、梅花山隧道、平关隧道、胜境关隧道、燕子关隧道、梅子关隧道、娄山关隧道、岩角寨隧道、新排隧道、华蓥山隧道、圆梁山隧道、武隆隧道等。在最近十年内，已建成或在建的长大岩溶隧道发生涌水、突泥地质灾害的实例有宜万铁路的野山关、齐岳山、马鹿箐、大支坪等隧道，石太客运专线的太行山隧道，龙厦铁路的象山隧道，西格二线的关角隧道等，尤以宜万铁路最为典型。期间，众多隧道、地质专家或学者（蒋国云，2012；资宜、马士伟，2011；张梅等，2011；陈绍华，2010；李利平等，2010；黄鸿建、张民庆，2009）在岩溶及地下水灾害治理方面做了大量工作，分别从风险评价、灾害来源、发生机理、灾害预警及灾害治理等角度开展研究，积累了不少经验，对以后的科研和工程灾害防治工作具有重要的借鉴作用。

在对隧道施工可能发生的涌水、突泥等地下水灾害进行风险评估的基础上，隧道施工对地下水灾害的防治主要集中在两个方面：一是采用超前地质预报技术准确探测掌子面前方的各种不良地质条件；二是针对超前地质预报结果采取合理有效的防治措施。

针对隧道地下水的处治技术或防治措施，首先在隧道设计理念上主要经历了三次较大的转变（李苍松等，2012）：20 世纪 90 年代前的"以排为主"；20 世纪 90 年代至 21 世纪初的"以堵为主";21 世纪初至今的"以堵为主、限量排放"。不同部门在不同时期和社会经济条件下,提出不同的规范和不同的地下水处理措施。目前,尽管各部门规范对地下水处治的设计还不完全一致,但基本趋向于在不影响环境的情况下因地制宜、综合治理,并更多地考虑环境保护理念,根据隧道工程结构与地下水本身规律之间的相互作用,采取适合于环境的防排水措施及隧道结构设计。目前,"以堵为主、限量排放"的指导思想普遍应用于隧道工程实践中,但在隧道限排量的计算方法及限排标准的研究方面还不够深入。中南大学程盼(2014)在此方面进行了有益探索。杨会军和李丰果(2005)结合新七道梁公路隧道进行深埋长大隧道地下水处理技术探讨,根据地下水渗涌特性提出相应的防排水设计原则。张小华等(2007)针对铁路隧道防排水现状提出相应的措施和建议。卓越(2013)依托我国已修建的浏阳河水下隧道、厦门翔安海底隧道、青岛胶州湾海底隧道和营盘路湘江水下隧道工程,系统开展了钻爆法浅埋水下隧道防排水理论及应用研究。李苍松(2012)等提出的隧道地下水处治理念为:根据隧道所处环境和地下水敏感性、地层岩性等条件,充分考虑隧道工程周边的地下水环境效应,针对隧道不同埋深段及地下水发育状况采取不同的处理策略,因势利导、辩证排堵、防排合理,以排水不会对地表水环境产生较大负面影响、同时又能有效降低隧道衬砌外水压力为准则。在隧道施工地下水灾害防治技术实践方面,众多的隧道工程师在建设中付出了大量的心血甚至是代价,取得了大量实践性强的经验或技术(梁缄鑫,2014;何优,2012;陈运东,2009;黎庶、林胜利,2006;张浩,2014;汪海滨,2002;潘海泽,2009)。

从前面的分析可知,由于隧道工程地质、水文地质条件,特别是岩溶及地下水条件的极端复杂性,隧道施工地下水灾害(特别是隧道涌水、突泥地质灾害)防治技术方面还存在很大提升空间。隧道施工地下水灾害防治技术的提高为隧道施工安全、工程质量和工程运营安全等提供了可靠的技术保障,但正因为隧道施工期间不能完全有效地防治地下水灾害问题,于是给隧道工程质量和工程运营安全留下隐患,也就是说,工程运营后将产生大量的隧道病害及隧道地下水病害。

1.1.2　关于岩溶及地下水预报技术

大量的工程实践表明,岩溶及地下水的准确预报或探测仍然是一个亟待解决的难题。目前,隧道施工地质超前预报技术和方法很多,尤其是物探方法种类繁多(李苍松,2003)。应当说,对于一般不良地质体界线的超前地质预报技术是比较成熟的,但对岩溶及地下水超前预报技术来说,尽管已形成"以地质法为基础的综合物探技术"实施岩溶及地下水超前预报的共识,但在工程具体实施过程中,岩溶地质体的位置、规模及性质等预报的准确性还有待进一步提高,至于这些复杂的岩溶地质体是否含水,是否会发生涌水、突泥等灾害的预报难度更大(王洪勇,2004)。针对综合预报技术,中铁西南科学研究院有限公司何发亮及其团队做了大量前期研究和工程现场实验,以及预报工作(何发亮等,2001,2006;陈成宗,何发亮,2005);王公忠(2010)在武广客运专线新大瑶山隧道采用了以野外地质调绘、洞内 CCD 地质编录、超前水平钻探、TSP203 及直流电法为主要探测手段的综合预报技术;张建设(2012)结合长昆线隧道施工采用了综合超前地质预报技术体系。

隧道地下水预报的内容主要包括三个方面，也可以说是需要回答三个问题：是否存在含水的不良地质体？涌水量大小？水压力大小？

（1）针对地质体是否含水问题，目前用于地下水预报的物探方法主要有电磁波反射法、瞬变电磁法、红外探测法、电法等，这些方法应用于隧道内的探测受到多种条件限制，应用效果较差，特别针对岩溶水预报来说，就更难达到预期效果（李苍松等，2013）。众多岩溶水文地质及物探专家、学者在此方面进行了不懈努力，如何发亮及其团队在应用岩体温度法预报是否有水方面做了大量探索性研究（何发亮等，2007，2009；李富明、何发亮，2011）。

（2）对于涌水量的预测预报问题，特别是岩溶涌水量预测预报问题，始终是一个难以准确定量化的问题（何发亮等，2001）。隧道施工期地下水涌水量的预测技术研究，经历了从最初的定性分析到定量评价和计算方向发展的历程，先后出现了隧道涌水量计算的确定性数学模型和随机数学模型两大类方法，得出一系列理论或经验解析公式，出现了多种计算方法和模型，如比拟法、水均衡法、井泉补给法、评分法、同位素氚（T）法，以及各种有限元数值模型、渗流-应力耦合模型等数学模拟系统分析法，在很大程度上促进了隧道涌水量预测理论研究的发展（林传年等，2008；贺玉龙等，2012；郭纯青等，2010；李苍松等，2003，2005）。近年来，国外在此方面的研究新进展主要为解析法与数值方法相结合进行隧道涌水量预测。例如，Song 等（2006）基于地下水位变化和地下水补给率经验公式，分别采用解析法和数值模拟方法进行隧道地下水涌水量预测；Butscher（2012）根据解析法和数值模拟法计算结果，对稳态地下水渗入圆形隧道的涌水量进行对比分析；Jordi 等（2011）以巴塞罗那地铁 9 号线为依托，建立准三位数值模型对 TBM 施工城市隧道的地下水涌水量进行预测。在国内，还有曾科（2012）、黄涛和杨立中（1999）、王建秀（2001）、康小兵等（2006）、刘文剑（2008）、蒙彦和雷明堂（2003）、张亦龙（2013）等众多隧道或地质专家、学者近年来对隧道涌水量预测理论及方法进行了深入研究，取得了大量研究成果。但是，在实际工程应用中仍然存在着尴尬的局面，预报准确性受到很大的质疑，预报精度能够在数量级上大致相当就已经是很好的结果了，至于分段准确预报的精度就更难评判了。分析原因认为，每一种预报方法都有其适用条件，关键在于研究人员对研究区水文地质模型、边界条件和初始条件等的把握，然后选择合适的涌水量预测模型和可靠的水文地质参数，只有这样才能进一步提高涌水量预测预报的准确性。

（3）至于水压力预测问题，矿山工作者在矿坑顶底板涌突水方面有所研究（齐跃明，2009；白建军，2010；乔伟，2011）。隧道工程专家或学者针对隧道工程设计、施工过程所遭遇的地下水问题，尤其是隧道衬砌水压力荷载问题，曾开展过大量研究工作，但该问题几十年来基本处于争论状态，各行业部门对富水地层中地下水压力对支护结构的影响认识并不一致，尤其是对外水压力能否折减存在一定争议，对地下水作用的认识仍未达成共识（张有天、张武功 1980；王建宇，2008；陈林杰等，2008；郑波，2010）。徐则民等（2004）提出了充水水源为地下暗河、充水通道为管状、板状及裂隙网络 3 种条件下深埋岩溶隧道涌水水头压力的近似计算公式。张民庆等（2008）对渝怀铁路、宜万铁路重点岩溶隧道进行水压力实测研究指出：岩溶隧道水压力与上、下排泄基准面高程和排泄能力有关，不能采用折减系数法确定。李苍松等（2011，2012a）、郑波和王建宇（2011）在富水隧道设计理论和方法研究方面做了大量工作，系统研究了隧道施工对地下水流场的影响，提出不同埋深和岩性条件下、典型地形地貌及构造条件下隧道开挖对地下水流场的影响分析表，提出适合于不同防排水模式下隧道水荷载的计算模式，并指出隧道设计、施工应针对不同工程地质、水文地质条件下区别处治地下水问题，对今后的深入研究具有一定参考价值。

1.1.3　关于岩溶及地下水作用机理研究

长期以来，隧道施工地下水问题一直困扰着隧道工程界，其中岩溶地下水问题更是最棘手。众多专家、学者为了从根本上解决问题，开展了大量的隧道施工地下水作用机理研究，特别是岩溶及地下水作用机理研究，取得了丰硕的研究成果（李扬红等，2009；邓英尔等，2004）。

对于一般的山岭隧道基岩裂隙水问题，研究内容主要包括隧道衬砌水压力、隧道结构-水荷载问题，山岭隧道地下水处理等方面的机理分析、数值模拟、设计理论及方法等，其中研究得最多的就是隧道地下水渗流场及渗流规律。刘福胜等（2012）开展了山岭隧道地下水渗流及加固参数的解析研究。付圣尧（2008）进行了深埋引水隧洞高水头渗流场模拟系统及关键技术研究。刘擎波（2011）开展了隧道地下水渗流模型研究。张浩（2014）开展了武都西隧道地下水渗流分析与涌水控制措施研究。刘志春（2015）开展了裂隙岩体隧道与地下水环境相互作用机理及控制技术研究，并应用于石太客运专线石板山隧道和贵广铁路东科岭隧道。事实上，隧道地下水压力对支护结构的影响认识并未达成一致，外水压力能否折减仍存在争议，对地下水作用的认识仍未达成共识。在开展富水隧道设计理论与方法研究过程中，李苍松等（2012b）在隧道开挖对地下水流场影响及隧道地下水处治原则方面取得一些成果和技术积累，但理论研究还不够深入，处置方法尚需在工程实际中验证和修正，尚需将地下水与围岩-衬砌结构之间的联合作用机理与地下水致灾构造的作用机理相结合，从而更深层次地开展隧道施工地下水作用机理研究，以及隧道病害地下水作用机理研究。

相比于一般的山岭隧道基岩裂隙水问题或城市地铁孔隙水问题，岩溶隧道施工过程中的岩溶地下水问题则复杂得多，其带来的岩溶涌水突泥等地质灾害风险极大。为此，国内外众多专家、学者针对岩溶及岩溶地下水作用机理方面开展大量的研究工作，特别是关于水-岩作用机理研究。水-岩相互作用是研究地下水中化学物质的形成与迁移、环境污染防治的主要基础理论，地下水与岩土体之间可发生离子交换、氧化还原、吸附解析等复杂的物理化学过程，地下水记录了流经途径的水文地质条件等环境信息，进行地下水化学分析，可研究地下水中化学组分的形成、分布、迁移和富集等规律。国外在岩溶泉域保护和岩溶含水层地下水开发等方面的大量研究尤为突出，其研究方法主要包括数值模拟、物理模型实验和现场监测及示踪实验等。一是数值模拟方面，Ryu等（2006）采用MODFLOW三维有限元软件，开展了基于非确定性水力传导系数的隧道施工地下水影响概率评价，Anwar和Sukop（2009）提出岩溶的水流及溶质运移的波兹曼单元模型；二是物理模型实验方面，Angelini 和 Dragoni（1997）以意大利北 Apennines 的 Bagnara 为例，对岩溶泉模拟问题进行探讨。Faulkner 等（2009）对岩溶管道及裂隙中水流及溶质运移进行了物理模拟实验和数值分析研究。Ghasemizadeh 等（2012）以 Puerto Rico 北部海岸带灰岩含水层系统为例，开展岩溶含水层的地下水流动和运移模型研究；三是现场监测及示踪实验方面，Powers 和 Shevenll（2000）根据抽水实验资料计算岩溶裂隙含水层的导水系数。Vincenzi 等（2009）应用多种示踪实验和水文地质监测研究意大利北 Apenniess 一座铁路隧道对地表水和地下水的影响，Turner 等（2010）应用水的同位素示踪法研究加拿大 Old Crow Flats 湖的水均衡过程，Zuber 等（2011）应用环境示踪法估算水文地质参数，并对水流运移模型的几个数学方法问题进行了讨论。另外，Goldscheider（2012）从保护自然岩溶资源、生物多样性和生态系统服务需要的角度进行综合方法研究，Bicalho 等（2012）以法国的 Lez Sping 为例，开展岩溶含水层中水流特征及水动力学反应的地球化学证据研究。可以看出，针对岩溶及岩溶水作用机理的研究，国外学者将水动力学和水化学紧密联系，并尽可能采用环境同位素、水化学成分、示踪实验等分析水文地质参数，研究水文地质条件。

国内工程应用领域，不少专家对水-岩化学作用的宏观力学效应或岩体损伤等方面进行了大量有益的实验研究。彭永伟和梁冰（2005）开展了水化学对岩石损伤的实验研究。汤连生等（2002）开展了水-岩化作用对岩石的宏观力学效应研究。王鹰等（2004）结合圆梁山隧道涌水实例，运用地球化学和断裂力学有关理论分析了岩溶区深埋隧道的水岩相互作用机理，探讨了水岩相互作用对岩溶地区隧道施工发生涌水、突泥的影响。王广才等（2000）开展了平顶山矿区岩溶水系统水-岩相互作用的随机水文地球化学模拟。曹玉清和胡宽瑢等在地下水化学动力学方面进行了比较深入研究，初步建立了"岩溶化学环境水文地质学"，其实质是将理论化学和水文地质学结合，将水动力学和化学反应融合在一起，把地下水化学成分随径流路径增加或减少的运移形式和结果看成"物质"示踪过程，利用物质运移变化具有空间和时间上的特点及规律，计算并获取不同的水文地质参数，定性、定量地评价地下水资源、水文地质条件，以及评价组成碳酸盐岩矿物的溶蚀特点，为开展岩溶地下水化学动力学研究奠定了较好的理论基础（胡宽瑢、杨青云，1990；曹玉清、胡宽瑢，1994；曹玉清等，2000，2009）。山西煤田水文地质 229 队的李振拴（1995）在应用地下水化学动力学基本理论计算水文地质参数、开展矿区水文地质条件定量评价方面做了大量实践性工作。在应用水化学动力学法开展岩溶地下水评价、预报及水文地质参数等研究的还有黄勇等（2007）、孙晋玉等（2004）、王楠等（2004）、邹鹏飞（2012）等。然而，将地下水化学动力学应用于隧道工程实践的文献并不多见。李苍松等（2003，2005）在渝怀铁路圆梁山隧道和武隆隧道岩溶地质预报中，在应用常规水化学成分计算水动力学参数并进行隧道施工分段涌水量预测方面做了一些探索性研究，并将该方法应用于贵广铁路三都隧道、沪昆铁路茅坪山隧道、四川南-大-梁高速公路华蓥山隧道等岩溶地下水预报项目中，对工程施工防治岩溶地下水问题起到了积极的指导作用。

1.1.4　关于岩溶形态的研究

从表面上看，不同的岩溶形态，其发育分布形状极不规则，甚至是杂乱无章的。但事实上，改变观察的尺度，不同的岩溶形态又具有明显的自相似性和标度不变性。为此，国内外不少专家、学者应用分形理论开展岩溶问题研究，特别是在岩溶地貌及形态方面取得不少研究成果。李文兴等（1995a，1995b，1997）开展了岩溶介质分形理论及水资源评价应用研究，对岩溶洞穴进行了深入研究，如洞穴的分形弯曲度、洞穴形态空间的数学描述及分形计算、岩溶管道介质空隙率变化（视表征体元）及分形研究等，归结起来主要是对岩溶管道（洞穴）形态的数学描述和分形计算。郭纯青（1996）、胡章喜和沈继方（1994）、许模等（2011）、蒋忠信和王衡（2002）等专家学者在岩溶分形研究方面也曾进行过深入研究。郭纯青（1996）对岩溶含水介质与地下水系分形理论有所研究。胡章喜和沈继方（1994）利用等高线分维–高程曲线确定岩溶台面高程，对岩溶形态系统的分形特征及其机理进行了探讨。许模等（2011）采用分形方法对云贵高原东部丘北区的峰丛洼地的岩溶形态特征进行了分析。蒋忠信和王衡（2002）针对南昆铁路大量的岩溶问题，以地质为基础，以综合物探技术为主要手段，结合多种数学理论包括分形理论对岩溶洞穴预报技术进行有益的探讨。

以上众多的岩溶专家应用分形理论在岩溶形态研究方面做出大量的有益探索，为应用分形理论开展岩溶研究开拓了新的研究思路，提供了一种新的研究方法，在工程实践中具有较好的应用前景（李苍松，2006；李苍松等，2006，2007）。但如何将分形理论应用于隧道工程实践，并指导岩溶隧道地质预报（或探测），特别是如何提高岩溶地下水预报（或探测）的准确性等问题，尚需开展深入研究。

至于综合研究岩溶地下水化学成分与岩溶形态的相关性，将岩溶地下水化学动力学与分形理论相结合的问题，目前尚未见到国内外相关文献或报道。

1.1.5　研究技术分析小结

综合以上分析，岩溶隧道涌水突泥地质灾害的防治技术尚需进一步提升，其中一个非常关键的环节是岩溶及地下水的准确预报或探测。然而，岩溶及地下水预报是一个非常复杂的系统工程，需要在地质、水文地质分析技术基础上，应用现代信息技术及先进的物探测试技术，将二者有机结合起来。同时，还需要深入开展岩溶及地下水作用机理研究，特别是岩溶地下水与岩溶形态之间的内在关系研究。

1.2　主要研究内容及其创新性

本书的主要研究内容包括五个方面：典型地区隧道岩溶动力学系统的环境影响因素分析；岩溶隧道地下水化学动力学特征及相关参数研究；隧道地表及洞内开挖揭露岩溶形态及其分形特征；岩溶地下水化学动力学特征与岩溶形态分形特征之间的相关性研究；岩溶发育程度的水化学动力学–分形指数评价技术。

（1）典型地区隧道岩溶动力学系统的环境影响因素分析包括：典型地区隧道岩溶发育分布宏观规律的统计分析；基于水动力学和水化学动力学条件的岩溶垂直剖面分带理论研究；隧道开挖揭露岩溶对环境影响因素的敏感性研究；岩溶发育程度分类及定性评价。

(2) 岩溶隧道地下水化学动力学特征及相关参数研究包括：岩溶地下水动力学及水化学指标的确定；隧道开挖揭露或排泄岩溶地下水的水化学成分及其水化学动力学参数变化特征；岩溶地下水动力学参数的水化学动力学表达形式。

(3) 隧道地表及洞内开挖揭露岩溶形态及其分形特征包括：隧道地表及洞内开挖揭露岩溶形态的分类；岩溶形态的宏观及微观发育分布特征；岩溶形态的分形特征研究；岩溶发育程度的分形指数评价方法。

(4) 岩溶地下水化学动力学特征与岩溶形态分形特征之间的相关性研究包括：隧道开挖条件下的岩溶溶蚀作用机理研究；岩溶地下水化学成分的分形特征研究；岩溶地下水化学动力学特征与岩溶发育程度的相关性研究；岩溶地下水化学动力学参数与岩溶发育程度分形指数的相关性研究。

(5) 岩溶发育程度的水化学动力学−分形指数评价技术包括：岩溶发育程度定量评价的指标体系研究；岩溶发育程度的水化学动力学−分形指数评价数学模型；基于水化学动力学−分形指数的岩溶发育程度评价标准研究。

本书所展现的研究成果创新性主要集中在以下几个方面：

(1) 基于原长春地质学院（现吉林大学）曹玉清、胡宽瑢教授等提出的“岩溶化学环境水文地质学”理论，提出岩溶隧道地下水动力学参数的水化学动力学表达形式，利用隧道开挖揭露岩溶地下水的常规水化学成分计算折算渗透系数等岩溶地下水动力学参数，并进一步采用定量方法进行岩溶涌水预测预报；

(2) 在分别开展隧道开挖条件下的岩溶溶蚀作用机理、岩溶地下水化学成分的分形特征、岩溶地下水化学动力学特征与岩溶发育程度的相关性等研究基础上，通过探索岩溶地下水化学动力学参数与岩溶发育程度分形指数的相关性，指出隧道揭露岩溶水的水化学动力学特性与岩溶形态分形特征的相关性；

(3) 建立基于水化学动力学参数和岩溶形态分形指数的岩溶发育程度评价模型，提出岩溶发育程度的水化学动力学−分形指数评价技术，包括岩溶发育程度评价的分级标准、指标体系和评价方法。

1.3 应用前景分析

在过去十多年里，我国客运专线和城际铁路建设中已涉及多条复杂地质条件的长大隧道工程，如宜万铁路、渝怀铁路、兰渝铁路、贵广铁路、云桂铁路、沪昆铁路、成渝客运专线等。目前正在我国西部高山峡谷地区建设的大理−瑞丽铁路、成兰铁路、成贵铁路、成昆铁路、蒙华铁路、渝怀铁路二线、黔张常铁路等，大量长大隧道施工正在遭遇复杂难治的岩溶及岩溶地下水问题，施工处治不当则可能引发涌水、突泥等地质灾害，对施工安全产生极大影响，并对隧道运营安全埋下较大隐患，甚至可能严重影响地表生态环境。大规模的铁路、公路、水利水电等基础工程建设拉动了国家及地方经济的发展，但又不同程度地影响自然环境。为此，针对西部大开发中的突出难题——岩溶地区深埋长隧道的涌水、突泥问题的解决开展基础理论研究具有重要意义。

本书所介绍的研究成果基于岩溶系统对气候环境因素响应的敏感性、水−岩相互作用的快速性、岩溶形态的自相似性和标度不变性，开展"岩溶隧道地下水化学动力学及分形特征研究"，探索一种简便易行、普适性强的新理论和新方法，采用地质、水文地质、水动力学、水化学、分形理论等多学科交叉的方法，把区域岩溶水运行规律、综合物探技术、水–岩相互作用理论和分形理论相结合，提出"岩溶发育程度的水化学动力学分形指数评价技术"，对提高岩溶及地下水预报的准确性将起到积极作用。研究成果具有很强的基础性和应用性，结合国家"十二五""十三五"发展规划相关内容，针对我国西南广大岩溶区高速铁路、高速公路及水利水电等地下工程，研究成果将对岩溶地质灾害防治问题的解决具有很好的应用前景。

第2章　典型地区隧道岩溶动力学系统的环境影响因素分析

2.1　我国岩溶区域划分概况

岩溶又称喀斯特，是可溶性岩层受水的化学和物理作用而产生的特殊地貌形态和水文地质现象作用总称。可溶性岩层主要包括碳酸盐类岩层（石灰岩、白云岩）、硫酸盐类岩层（石膏）和卤素类岩层（岩盐）等。

我国岩溶地貌分布广、面积大，主要分布在广西、贵州、云南东部和广东北部等碳酸盐岩出露地区，总面积约176万 km²，其中，厚层碳酸盐岩约54.8万 km²（约占30.9%），薄层碳酸盐岩约18.98万 km²（约占10.73%）。

根据中国地质科学研究院地质矿产研究所的中国大地构造划分方案，中国科学院地质研究所岩溶研究组（1987）编制了中国岩溶图并进行三级岩溶区划（表2-1）。其中，第一级岩溶区划按照气候因素划分4种气候型岩溶地区，第二级岩溶区划按照大地构造单元划分为4种岩溶区，第三级岩溶区划根据岩溶地貌景观类型划分出各岩溶亚区。

表2-1　中国科学院地质研究所岩溶研究组中国岩溶区划分

划分级别	划分依据	划分情况		
第一级岩溶区划	按照气候因素划分	4种气候型岩溶地区	热带、亚热带湿润气候型侵蚀-溶蚀及溶蚀地区（Ⅰ）	
			中温、暖温带亚干旱-亚湿润气候型溶蚀-侵蚀地区（Ⅱ）	
			青藏高原润湿气候型溶蚀-剥蚀地区（Ⅲ）	
			青藏高原及温带干旱气候型剥蚀地区（Ⅳ）	
第二级岩溶区划	按照大地构造单元划分	各岩溶区	Ⅰ区	扬子准地台元古代至中生代碳酸盐系岩溶区 ⅠA
				华南褶皱系晚古生代及中生代碳酸盐系岩溶区 ⅠB
				滇西褶皱系古生代碳酸盐系岩溶区 ⅠC
				秦岭褶皱系晚古生代碳酸盐系岩溶区 ⅠD
				台湾褶皱系晚古生代变质碳酸盐系岩溶区 ⅠE
				海岸、陆棚、岛屿新生代珊瑚礁岩溶区 ⅠF
			Ⅱ区	中朝准地台太古代至奥陶纪碳酸岩系岩溶区 ⅡA
				祁连褶皱系元古代至古生代变质碳酸盐系岩溶区 ⅡB
			Ⅲ区	未分
			Ⅳ区	未分

划分级别	划分依据	划分情况		
第三级岩溶区划	根据岩溶地貌景观类型划分	岩溶亚区	I$_{A1}$	川西南峡谷–山地亚区
			I$_{A2}$	滇东溶原–丘峰高原亚区
			I$_{A3}$	黔西溶洼–丘峰
			I$_{A4}$	黔中溶原–丘峰与峰林山原亚区
			I$_{A5}$	鄂黔溶洼–丘峰山地亚区
			I$_{A6}$	川东溶洼–丘峰山地亚区
			I$_{A7}$	川鄂溶洼–丘峰山地亚区
			I$_{A8}$	长江中游溶原–丘峰与岩丘低山与丘陵亚区
			I$_{B1}$	滇东南溶原–峰林高原亚区
			I$_{B2}$	黔桂溶洼–峰林山地亚区
			I$_{B3}$	粤桂溶原–峰林平原亚区
			I$_{B4}$	湘赣溶盆–丘峰山地与丘陵亚区
			I$_{C}$	未分
			I$_{D}$	未分
			I$_{E}$	未分
			I$_{F}$	未分
			II$_{A1}$	晋冀辽旱谷–山地亚区
			II$_{A2}$	胶辽旱谷–山地与丘陵亚区
			II$_{B}$	未分

习惯上，人们通常将中国岩溶划分为北方岩溶（或称北方典型地区岩溶）和南方岩溶（或称南方典型地区岩溶）（卢耀如，1999；卢耀如等，2006）。北方岩溶主要包括北京、天津、河北、山东、河南、山西等省、直辖市或地区，北方岩溶的典型地区包括山西高原、太行山以东、山东中南、燕山、山东南部，以及河南南部等地区，其岩溶类型主要为限制溶蚀岩溶类型和溶蚀–侵蚀岩溶类型；南方岩溶主要包括云南、贵州、四川、重庆、广西、湖南、湖北等省、直辖市或自治区，主要发育裸露型、覆盖型和埋藏型等岩溶类型，其中裸露型岩溶可进一步分为广泛溶蚀岩溶类型、限制溶蚀岩溶类型和溶蚀侵蚀岩溶类型。

2.2　不同地区岩溶隧道统计及岩溶发育情况

截至 1999 年末，我国营运铁路隧道 5204 座，总长 2510.788km；到 2007 年，营运铁路隧道 5197 座，总长 2953.333km，其中 10km 以上隧道 2 座，长度在 3 ~ 10km 的长隧道 106 座；表 2-2 为我国"四纵四横"铁路快速客运通道规划及修建统计情况。据 2014 年 4 月不完全统计，我国已建成长度大于 10km 的隧道 50 座（其中岩溶隧道 14 座，见表 2-3），正在建设中长度大于 10km 的隧道 109 座（其中岩溶隧道 34 座，见表 2-4）。

表 2-2　"四纵四横"铁路快速客运通道规划及修建统计情况

"四纵"客运专线	京沪客运专线	京沪高速铁路（2011/06/30）	合蚌客运专线（2012/10/16）
	京港客运专线	京石客运专线（2012/12/20）	石武铁路客运专线（2012/12/20）
		武广客运专线（2009/12/26）	广深港高速铁路（2011/12/26）
	京哈客运专线	京沈客运专线（预计 2019 年）	哈大客运专线（2012/12/01）
		盘营客运专线（2013/10）	
	杭福深客运专线	杭甬客运专线（2013/05）	甬台温铁路（2009/09/28）
		温福铁路（2009/09/28）	福厦铁路（2010/04/26）
		厦深铁路（2013/06）	
"四横"客运专线	徐兰客运专线	郑徐客运专线（2016/9/10）	郑西客运专线（2010/02/06）
		西宝客运专线（2012）	宝兰客运专线（2017）
	沪昆客运专线	沪杭城际高速铁路（2010/10/26）	杭长客运专线（2013/06/30）
		长昆客运专线（2013/06/30）	
	青太客运专线	胶济客运专线（2008/12/20）	石济客运专线（2015/12）
		石太客运专线（2009/04/01）	
	沪汉蓉客运专线	沪宁高速铁路（2010/07/01）	合宁客运专线（2008/04/18）
		合武铁路客运专线（2009/04/01）	汉宜高速铁路（2012/07/01）
		宜万铁路（2010/12/22）	渝利铁路（2013/12/29）
		遂渝铁路二线（2012）	达成铁路（2009/07/07）

注：括号内时间为通车时间或预计通车时间。

表 2-3　我国已建成的长度大于 10km 的岩溶隧道（截至 2014 年 4 月）

序号	名称	长度/m	所在线路	主要地质条件及岩溶发育情况
1	太行山隧道	27848	石太客运专线	中奥陶统峰峰组（O_2f）的中部，富水膏溶角砾岩地段长 1024m，其顶底板围岩均为白云岩灰岩或石灰岩。 岩溶现象总体表现为微弱至弱发育，中奥陶统峰峰组上段的灰岩尤其是古风化壳附近的岩溶现象相对较发育，以溶沟、溶槽和溶隙为主，溶洞规模小；中奥陶统峰峰组下段的角砾状泥灰岩（膏溶角砾岩）中也不同程度地存在着岩溶现象，多为溶孔、蜂窝溶蚀，较少空洞
2	南梁隧道	11526		隧道通过地层多为石灰岩和白云岩。 硬质岩层，岩体呈完整–较完整，断层带和岩脉侵入附近岩体较破碎，岩石为弱风化–微风化

续表

序号	名称	长度/m	所在线路	主要地质条件及岩溶发育情况
3	吕梁山隧道	20785	太中银铁路	隧道穿过吕梁山山脉中山区中段。穿越区属岩溶水自流地段，岩溶水分别从吴城泉、峡口泉、神头泉排出。施工中洞内涌水量很大，进口段平均日排水 2.2 万 m³，2006 年 6 月至 2008 年 2 月共排水 1100 万 m³，出口段平均日排水 3.6 万 m³，2006 年 7 月至 2008 年 2 月共排水 1800 万 m³，特别是断裂带实际涌水量是设计涌水量的 5~10 倍，施工中加大排水能力和采取超前帷幕预注浆止水，才使掘进成功推进
4	离石隧道	10236		隧道进口位于地势狭窄的冲沟内，洞顶底处均为老黄土及半胶结砾石层夹棕红色黏土，逐步进入豹皮灰岩；隧道出口位于相对平缓的河川二级阶地处，地层为冲积（新）黄土夹砂砾石层。整个隧道穿过新老黄土、半胶结砂砾岩、角砾状泥岩和豹皮状灰岩等多种不同地质围岩。其中，Ⅴ、Ⅳ级新老黄土及半胶结砾石软岩层约占全长的 46.8%，而且断层破碎带及岩溶较为发育
5	象山隧道	15917	龙厦铁路	隧道 DK24+083~DK24+232 和 YDK24+98~YDK24+304 段为半封闭岩溶洼地，周边为花岗岩、砂岩全风化地层。溶洞、溶槽、管道相互连通，形成一个巨大的储水构造。 2009 年 7 月 30 日，隧道进口右线开挖到 YDK24+136 后，超前探孔单孔出水量约 500m³/h，实测水压 1.4MPa，施作全断面超前帷幕注浆，注浆加固范围为隧道开挖轮廓线外 5m 及开挖掌子面，纵向加固长度 30m（YDK24+133~YDK24+163）。11 月 22 日，注浆完成后施作超前大管棚预支护。之后，按三台阶临时仰拱法开挖。12 月 14 日，上台阶开挖到 YDK24+158 里程后采取喷射混凝土封闭掌子面。23 日，中台阶施工到 YDK24+158 里程时，左侧初期支护喷射混凝土出现开裂、掉块，初始坍方量约 600m³，涌水量约 200m³/h，之后，涌水量持续增大至 7000m³/h，致使进口反坡隧道被淹 4.4km，涌水总量约 50 万 m³。突水突泥后，地表大面积沉降，地面出现 84 处陷坑，最大沉降量 768mm，房屋开裂、倒塌，搬迁 800 余人，水泥厂停产
6	大瑶山隧道	14295	京广铁路	(1) 大瑶山隧道的水文地质工程地质条件比较复杂，但除隧道中部 F9 断层带及其附近地段外，大部分地段围岩具有较高的强度，完整性较好，围岩变形小，稳定性较好和良好；围岩的变形主要是由于爆破开挖造成的岩体扩容作用引起，多限于松弛带范围内；失稳破坏多属不稳定块体坍落引起的小规模坍方，对隧道整体稳定性影响不大。 (2) 富水断层带构造破碎岩是造成大瑶山隧道主要工程地质问题的重要因素。凡主干断层断层泥的坍塌，断层上盘强烈破碎带的大量涌水和泥砂石流、坍方的频繁发生，下盘挤压带中岩溶水的突出，都给施工带来了极大的困难。 (3) 在岩溶深部循环带中通过的隧道中段，与上部垂直循环带乃至地表岩溶相通的隐伏溶洞的被揭穿，导致了携带泥沙的大量地表水、地下水的涌入，造成了淹井、隧道底大量泥沙淤积等事故。同时抽排水和涌水引起的大量地表坍陷和农田及生活用水的枯竭，是大瑶山隧道修建中遇到的又一严重问题

序号	名称	长度/m	所在线路	主要地质条件及岩溶发育情况
7	大瑶山一号隧道	10081	武广客运专线	地层岩性及地质构造复杂，泗公坑倒转背斜发育，存在 13 条断层，主要分布有碳酸盐岩段、碎屑岩段和浅变质岩区。隧道进口 1514m 段为碳酸盐岩分布区，岩溶发育，有溶洞、溶蚀裂隙、岩溶管道等；剩余为碎屑岩–浅变质砂岩分布区。F1～F6 断层位于灰岩段，其中 F4、F5 易出现较大规模突水、涌水涌泥；F3 附近易出现中等涌水、突水；F6 附近雨季出现较小规模涌水突水的可能性大，正常涌水量预测约为 7000m³/d，最大涌水量预测为 24000m³/d。F7～F9 断层位于砂岩段，其中 F7 可能导水，易出现中等规模突水；F8 可能为隔水断裂；F9～F13 断裂性质不明；正常涌水量预测为 883m³/d
8	野山关隧道	13841		DK129+797～DK129+920 段位于石马坝背斜西翼，隧道穿越三叠系下统大冶组灰岩，深灰色，薄–中厚层状，岩层产状为 NE307°，倾角 38°，岩溶裂隙、管道发育，岩体破碎，围岩基本分级为Ⅳ级。 该段开挖揭示 4 号暗河支管道。该段位于地下水水平循环带，洞身与 4 号暗河系统交叉，暗河支管道地下水主要接受大气降水补给，天旱时水量极小，雨季时大量涌水且泉水浑浊，最大涌水量达 17 万 m³/d。 2004 年 9 月 13 日，野三关隧道出口Ⅰ线 DK129+912 掌子面右下方揭示充填黄色黏土的岩溶管道，管道直径 2～3m，随着掌子面的推进，暗河管道被进一步揭示，发现该暗河管道沿线路方向发育，在 DK129+897 处穿越隧道进入掌子面左侧，继续平行隧道向小里程方向延伸至 DK129+800 处结束。在 DK129+910、DK129+830 处管道底部各揭示一积水潭，受降雨的影响，9 月 20 日、10 月 1 日、11 月 13 日，暗河管道大量涌水，最大涌水量达 220m³/h
9	齐岳山隧道	10528	宜万铁路	隧道进口段穿越齐岳山背斜，背斜核部为二叠系吴家坪组的页岩、煤层、炭质灰岩、炭质页岩及硅质岩地层，背斜两翼为二叠系长兴组和三叠系嘉陵江组、大冶组灰岩地层。齐岳山为两侧斜坡、山顶分布槽谷的地貌形态，为"山地两翼斜坡分流、顺层富集、纵向排泄型"岩溶水动力类型，在背斜两翼形成德胜场暗河系统和大鱼泉、小鱼泉暗河、石洞子煤矿隧洞排水系统。隧道进口穿越地层中可溶岩 4.7km，占隧道长度的 45%，主要工程地质问题包括：岩溶及岩溶高压突水、突泥。 DK363+629 溶腔通过 10 个钻孔、48h 的放水施工，水压由 0.35MPa 降至 0.24MPa。共经过 7 天的放水施工，水量稳定在 2000m³/h，水压为 0.18MPa，共计放水 47 万 m³。放水期间地表降雨 40.1mm 后，水头压力迅速升高，最高达到 0.68MPa，后稳定在 0.52MPa。根据放水水量和补给情况推断，本溶腔腔体体积为 4.5 万～5.5 万 m³，溶腔内有少量泥质充填。 开挖揭露情况：推测溶腔体斜穿掌子面，向右边墙与左底板两个方向延伸。溶腔在隧道轮廓线内纵向发育范围为 DK363+634～DK363+643 段，长 9m，最大深度为隧道以下 7.1m；溶腔处在隧道右拱腰至左边墙脚的下方。隧道轮廓线以外右侧横向宽度大于 60m；线路右侧 14.5m 处探测的溶腔高于隧底 13m，左侧 10m 处探测的溶腔低于隧底 10m。溶腔揭示前以充水为主，于周边岩壁附着 0.5～2.0m 厚黄色淤泥

续表

序号	名称	长度/m	所在线路	主要地质条件及岩溶发育情况
10	乌蒙山二号隧道	12260	六沾铁路复线	隧道出口端四线车站伸入隧道610m，设计开挖跨度28.42m，面积354.30m²，誉为"世界铁路隧道第一跨"。洞身通过以泥岩、页岩夹砂岩为主的Ⅳ、Ⅴ级软岩地层，隧道内局部地段灰岩、泥灰岩，局部岩溶发育
11	圆梁山隧道	11068	渝怀铁路	该隧道穿越高压富水的毛坝向斜、桐麻岭背斜和冷水河浅埋段，地貌形态明显受地质构造控制，岩层具带状展布特征。隧道穿越的可溶性灰岩地层总长约7100m，占隧道总长的64%。在隧道施工中，先后在桐麻岭背斜和毛坝向斜遇到了5个深埋充填型溶洞，充填介质为粉细砂、粉质黏性土和黏土等。预估正常涌水量为$9.8×10^4 m^3/d$，最大涌水量$14.5×10^4 m^3/d$，其中毛坝向斜存在P_2w+c和P_1q+m两层承压水，承压水压力高达4.4~4.6MPa。由于受高压、富水、岩溶等诱导因素的影响，多次发生突水事故，施工难度较大
12	棋盘石隧道	10808	向莆铁路	2009年8月6日6：00，当横洞开挖至H3DK0+891，掌子面下部左侧出现涌水，随即施工人员全部撤离，涌水由小到大，短时间内涌水量增大到260m³/min，直到19：00左右水量开始逐步减小，保持稳定流量7~10m³/min。2009年8月14日揭示溶洞宽度约13m，沿横洞线路方向约6m范围全部揭示。溶洞侧壁风化较为严重，溶腔填充物滑落后，溶洞侧壁开始掉块。溶洞在隧道正前方并且向左上方向发展，溶腔内充泥土碎石，沉积层理明显，填充物中间夹杂大量孤石等，充填物及风化岩壁坍塌严重。截至16日坍塌高度大于25m，宽度大于16m，沿横洞线路深度也不断增加。截至18日凌晨，坍塌体已将掌子面溶洞口填满
13	新大巴山隧道	10658	襄渝铁路复线	隧道穿越源滩–莲花池复背斜，荆竹坝向斜及偏岩子背斜及其两翼一级构造共计15处，断层8处。该隧道岩溶强烈发育，可溶岩段长度占隧道总长度的66.2%，其中岩溶中等–强烈发育段长4690m，占隧道总长的44%。 该隧道存在涌水量大、岩溶强烈发育、高地应力引起的围岩变形、高瓦斯及采空区等不良工程地质现象，特别是岩溶涌水问题突出，最大预测涌水量高达$215×10^4 m^3/d$，施工中实际涌水量高达$109×10^4 m^3/d$。开挖揭露情况：正洞YDK434+468~YDK434+480沿线路纵向长10~14m，自线路右侧至左侧逐渐变宽，隧底以下最深约16m，洞顶坍腔以上未见溶洞顶板。洞内被黏土填充

续表

序号	名称	长度/m	所在线路	主要地质条件及岩溶发育情况
14	秀山隧道	10302	玉蒙铁路	秀山隧道水文地质复杂：地层岩溶发育，富水带多，地下水丰富，主要为岩溶裂隙水和基岩裂隙水，全隧共穿越 17 个富水带。受构造影响，段内岩体破碎，完整性差，大断裂和裂隙大面积发育，发育多条剪张裂缝，径流通道复杂且连通性好，加之隧道埋深较大，水压高，水量大。构造裂隙水、岩溶水在隔水岩层夹持、组合作用下形成水位高达 200~400m 的层间承压水，且沿洞身影响范围长，在几段已突水部位经实测水压达 1.2~2.3MPa。全隧设计正常涌水量为 15.7×10^4 m^3/d，雨季施工时最大涌水量为 $23.5 \times 10^4 m^3/d$，实际施工中单口平均涌水量为 $3 \times 10^4 ~ 5 \times 10^4 m^3/d$，最大单口涌水量为 $12 \times 10^4 m^3/d$。秀山隧道施工过程中多次发生突水涌沙现象，共战胜了 116 次突水涌沙（泥）险情和无数次的施工风险。根据不同工程特性，施工中分别采用超前帷幕注浆、超前局部注浆、加密拱部大管棚（小导管）注浆、超长钻孔排水降压、石笼、迂回导坑等多种措施成功处理通过

表 2-4　2014 年 4 月统计期间我国正在建设长度大于 10km 的岩溶隧道统计

序号	名称	长度/m	所在线路
1	三都隧道	14637	贵广铁路
2	宝峰山隧道	13727	
3	高青隧道	10953	
4	石林隧道	18208	云桂铁路
5	六郎隧道	14096	
6	红石岩隧道	14580	
7	富宁隧道	13748	
8	新莲隧道	12930	
9	幸福隧道	12787	
10	长庆坡隧道	12676	
11	新哨隧道	11496	
12	东风隧道	11296	
13	南吕梁山隧道	23470	山西中南部铁路
14	太行山隧道	18125	
15	跃龙门隧道	19983	成兰铁路
16	柿子园隧道	14076	
17	营盘山隧道	17934	成昆铁路扩能
18	妥安隧道	13371	

续表

序号	名称	长度/m	所在线路
19	壁板坡隧道	14756	长昆客运专线
20	大独山隧道	11882	
21	雪峰山二号隧道	11670	
22	岗乌隧道	13187	
23	天池坪隧道	14528	兰渝铁路
24	化马隧道	12574	
25	大柱山隧道	14484	大瑞铁路
26	大坡岭隧道	14465	
27	杉阳隧道	13390	
28	秀岭隧道	17623	
29	天坪隧道	13978	渝黔铁路扩能
30	梅花山隧道	13778	赣龙铁路扩能
31	北岭山隧道	12438	南广铁路
32	三清山隧道	11850	合福客运专线
33	车赶隧道	11818	吕临铁路
34	屏边隧道	10381	蒙河铁路

在以上统计分析基础上，进一步对部分典型线路工程的岩溶地质情况进行简要汇总分析如下：

(1) 成昆铁路自四川成都至云南昆明，全长 1134km，全线桥梁 427 座，隧道 653 座，总长达 400 多千米。原为国防三线建设的重点工程，1958 年 7 月动工，在修了 61km 后停建。1964 年 8 月复工，"文化大革命"开始后又一度停工，1970 年 7 月 1 日全程贯通。全线有 1/3 地段坐落在 7 级以上地震区，并有大量的溶洞、暗河、断层、流沙、瓦斯、岩爆、粉砂、硝盐等。

(2) 南昆铁路自广西南宁至云南昆明，全长 898.7km。全线修建桥梁 447 座，隧道 258 座，桥隧总长占线路总长的 31%，其中包括 9392m 长的米花岭隧道和 183m 高的清水河大桥。所经地区地质极为复杂，地形极其险峻，沿线溶岩、断层、坍塌、滑坡、泥石流、膨胀土、强地震区遍布。

(3) 渝怀铁路跨重庆、贵州、湖南三省市，线路全长 625km，为 I 级单线，预留复线条件，一次建成电气化铁路。共有桥梁 372 座，隧道 190 座，桥隧总长占全线总长的一半，其中隧道长度达 241km，最长隧道为圆梁山隧道 (11.68km)，为渝怀铁路全线十大控制性工程之首，隧道地质异常复杂，有洞中洞、洞中河、洞中桥等超高难度结构，堪称现代铁路建造的一个奇观。全线集中了瓦斯、滑坡、煤层、天然气、断层、岩溶、分水岭等地质现象，堪称世界地质博物馆。

(4) 宜万铁路线路全长 377km（湖北段 324km、重庆段 53km），其中宜昌东至凉雾段为一次复线 288.46km，凉雾至万州段为单线 88.54km。

宜万铁路在鄂西武陵山区腹地的崇山峻岭中穿行，绝大部分地域是喀斯特地貌山区，遍布岩溶、暗河等不良地质，穿越之地被认为是"筑路禁区"。全线有隧道159座共338.771km，长度在10km以上的隧道5座共61.161km，34座高风险岩溶隧道，其中特别典型的高风险隧道包括：八字岭隧道、金子山隧道、别岩槽隧道、大支坪隧道、野三关隧道、云雾山隧道、齐岳山隧道、马鹿箐隧道等；桥梁253座共68.487km，其中双线特大桥21座共17.471km，单线特大桥11座共8.215km。正线桥隧占线路总长的74%。宜万铁路创铁路史上中国之最乃至世界之最，因此被业界称为"桥隧博物馆"。

（5）成兰铁路成都枢纽至兰渝线哈达铺站，正线建筑长度459.194km，桥隧总长391.307km，占正线长度的85.22%，正线隧道36座共322.706km，占正线长度的70.28%。全线长度大于10km的隧道共14座，大于20km的隧道2座，最长隧道为平安隧道长28.398km。成兰铁路穿越川北甘南的地区位于青藏高原东南边缘，海拔高、气候干燥寒冷、活动断层发育，局部地带全新世温暖期岩溶发育。全线岩溶发育段落在于龙门山前山地带、弓杠岭-神仙池地区，白古寺-上漳之间也少量分布。主要分布可溶岩的地层是泥盆系、石炭系、二叠系的灰岩、泥质灰岩，三叠系为夹薄层状分布的灰岩或为钙质板岩。全线岩溶发育的隧道共有13座，包括柿子园隧道（2270m）、邓家坪隧道（5935m）、龙门山隧道（16120m）、杨家坪隧道（12840m）、茂县隧道（785m）、亚隆纳日隧道（9534m）、通额格二号隧道（2650m）、洛大隧道（6995m）、黄土梁隧道（2140m）等。

（6）向莆铁路正线全长632.359km，其中隧道284.784km，占总长的44.8%，左右线隧道施工总长度366.054km，10km以上隧道9座（其中青云山隧道左线22175m、右线21843m，为全线第一长隧；雪峰山隧道左线17842m、右线17836m，为全线第二长隧；高盖山隧道左线17594m、右线17612m，为全线第三长隧）。向莆铁路沿线地质复杂，线路所经之处高山深埋、沟谷浅埋、断层破碎带、高地温、硬岩岩爆、软岩大变形、强富水等不良地质都非常普遍。雪峰山、棋盘石、青云山等长大隧道，均为富水或强富水隧道，最大设计涌水量达到每天6万 m³，特别是棋盘石隧道为岩溶隧道。

（7）渝利铁路线路全长259.5km，桥隧比达80%，渝利铁路的隧道工程，也是集难、险于一身。全线有2座（万寿山隧道和长洪岭隧道已贯通）13km以上，1座10km上，3座（其中都亭山隧道已贯通）9km以上的长大隧道。渝利铁路的隧道地质复杂，岩溶、突水、瓦斯、顺层偏压等地质问题应有尽有。71座隧道中，18座存在复杂的地质问题。同宜万铁路一样，渝利铁路的地下工程因为穿过喀斯特地区和5座岩溶隧道，初始风险就是高风险，隧道施工必须面对突水突泥的风险，必须攻克岩溶隧道工程的世界性难题。

2.3　典型地区隧道岩溶动力学系统划分

2.3.1　岩溶动力学系统的基本理论概述

岩溶动力学是研究岩溶动力系统结构、行为特征、功能和岩溶动力系统（KDS）类型的学科，它是地球系统科学引入岩溶学以后发展起来的现代岩溶学的核心理论（袁道先、章程，2008；袁道先，2009）。岩溶动力系统是在岩石圈、水圈、大气圈、生物圈界面上，以碳、水、钙和其他元素循环为主的物质、能量传输与转换的岩溶系统。在该系统中，碳循环是一个"二氧化碳–有机碳–碳酸盐"的系统，它与 CO_2-H_2O-CO_3^{2-} 三相不平衡开放系统相耦联，构成了岩溶动力系统。在这个系统中，物质、能量以不同方向、方式和强度不断地运动，产生了各种各样的地表、地下岩溶形态。对岩溶动力系统结构、功能、运行机制的正确认识，是科学合理地解决岩溶地区乃至某些全球性资源环境问题的关键。

岩溶动力系统概念模型表明，岩溶动力系统由固相、液相、气相 3 部分构成，固相部分为各种以碳酸盐岩为主的岩石及其中的裂隙网络构成；液相部分为含有 Ca^{2+}（Mg^{2+}），HCO_3^-，CO_3^{2-}，H^+ 和溶解 CO_2 为主要成分的水流；气相部分则为以 CO_2 为主的各种参与岩溶作用的气体。由于岩溶动力系统是一个开放系统，其边界既受制于已有的地表地下岩溶形态系统，又与地球四圈层有密切联系。岩溶动力系统概念模型的提出为研究碳酸盐岩在全球碳循环中的地位和作用提供了理论依据和方法。

岩溶动力系统的主要功能有：①驱动岩溶形态的形成；②调节大气温室气体浓度，缓解环境酸化；③驱动元素的运移和沉淀，形成矿产资源和影响生命；④记录大气和环境变化过程。由于岩溶动力系统同时受到地质、水文、大气和生物过程的影响，因此岩溶动力系统有各种不同的类型。

根据"中国典型地区岩溶的形成及其与环境的相互影响"项目研究成果（卢耀如，2006），通过定位观测和深入的现场对比，确定了中国大陆三种主要类型岩溶的形态组合特征，揭示了其各自的形成环境和机理。其中，三大类型岩溶主要包括：南方亚热带潮湿型岩溶，西南高山和高原型岩溶，以及北方干旱半干旱型岩溶。在此基础上，提出"岩溶形态组合"的概念，即在相同环境下形成宏观的、微观的、地表的、地下的、溶蚀的和沉积的岩溶形态配套组合。从我国岩溶形成的背景条件和基本特征出发，用"岩溶形态组合"的概念对中国内地的 3 种优势岩溶类型的基本特征进行总结，划分出 6 个类型的表生岩溶动力系统和深部岩溶动力系统亚类，并提出它们的分界线。岩溶形态组合概念所蕴含的研究思路和方法，对克服国际岩溶对比中以单种形态作对比造成的"异质同相"现象的混乱有很大的帮助，从而更有力地推动了国际岩溶对比计划（IGCP299）的顺利进行。

在以上理论分析基础上，结合第 2.1 节（我国岩溶区域划分概况），鉴于岩溶动力作用与环境变化的敏感性，以及岩溶动力条件主要与气候条件的相关性，这里继续以北方岩溶和南方岩溶进行典型地区隧道岩溶动力学系统划分。

2.3.2　北方地区岩溶动力学系统划分

对于北方地区岩溶动力学系统的划分，以曹玉清、胡宽瑢等提出的岩溶地下水化学动力学模型最为典型，其在大量的科研生产实践基础上，致力于将化学热力学、化学动力学与水文地质学、水文地球化学、地下水动力学相结合的理论和方法研究，最终形成"地下水化学动力学原理"（曹玉清、胡宽瑢，1994；曹玉清等，2000，2009）。

北方岩溶大山系（如泰山、太行山、吕梁山、阴山等）分布地区，从山区到平原构成许多泉域盆地；这些盆地的构造形态多数为单斜构造或总体上为单斜构造。为此，选取单斜构造作为研究的简化地质模型，基本上代表了北方岩溶水文地质系统大多数的情况。在此基础上，综合地质、水文地质和水文地球化学作用，建立单斜构造条件下的地质-水文地质-水文地球化学的综合概化模型（图 2-1）。从山区到平原的方向上，将研究区划分为裸露岩溶分布区、隐伏浅层岩溶分布区、隐伏深层岩溶分布区及深岩溶分布区。裸露岩溶分布区对应垂直渗流为主的包气带，隐伏浅层岩溶分布区则为地下水中-强径流带，隐伏深层岩溶分布区为地下水中-弱径流带，深岩溶分布区的浅层为地下水极弱径流带，深岩溶分布区的深层则为地下水缓流带或近于停滞带。上述四个分带，也与地下水垂直入渗带、季节变化带、水平径流带和深部循环带相对应。

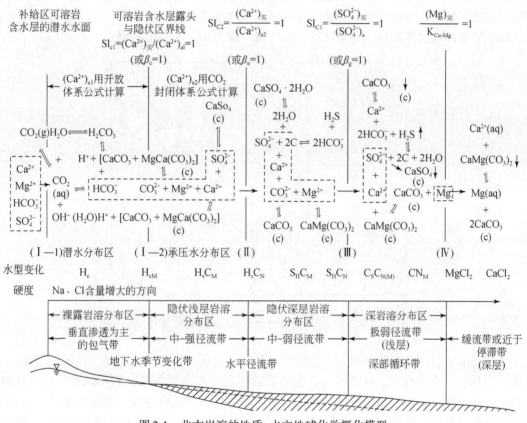

图 2-1　北方岩溶的地质-水文地球化学概化模型

图 2-1 的概化模型的水文地球化学作用是在多矿物组成的固相、液相及气相体系中进行，是可溶岩在地下水动力作用和水化学作用共同作用的产物，地下水中的化学成分是水动力作用和各种化学作用的最终物质积累。地下水化学成分随路径而变化的过程，可以看作水中物质"示踪"过程的一种形式，其过程和结果与同位素具有类似的效应。

曹玉清、胡宽瑢应用达西定律将化学动力学和地下水动力学联系起来，建立了岩溶水文地质化学动力学理论，在多矿物溶解体系中，三种矿物（方解石、白云石、石膏）均能贡献 Ca^{2+}，Mg^{2+} 仅由白云石所贡献，SO_4^{2-} 仅由石膏所贡献。在此基础上进一步推导了一系列应用常规水化学成分资料计算地下水动力学参数的公式（详见 3.2 和 3.3 章节）。

2.3.3　南方地区岩溶动力学系统划分

我国南方岩溶遍布滇、黔、桂、川、鄂、湘、粤、赣等省（区），在东经 102°~116°，北纬 32° 以南，包括南海诸岛，总面积约 155 万 km²。地势总轮廓是西高、东低。西部为一般海拔 2000m 的云贵高原；向东渐低为湘黔桂斜坡，海拔降至 1000m 左右；再向东则为江汉平原、两广丘陵平原、湘赣粤低山丘陵，一般海拔低于 200m；北部有四川盆地，盆地中部海拔不足 200m（陈文俊等，1981）。

图 2-2 为中国南方岩溶水文地质区域示意图。其中，Ⅰ 为云贵高原区域，Ⅱ 为湘黔桂斜坡山地区域，Ⅲ 为湘桂粤赣丘陵平原区域，Ⅳ 为粤赣断拗盆地区域，Ⅴ 为鄂西黔北山原区域，Ⅵ 为四川盆地区域，Ⅶ 为江汉平原区域，Ⅷ 为川西中高山区域。

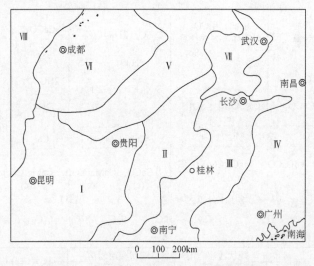

图 2-2　中国南方岩溶水文地质区域示意图

我国南方岩溶类型复杂繁多，如溶隙、溶洞、溶管、落水洞、漏斗、洼地、谷地、石牙、石林、石丘、峰林、峰丛等。组合的地貌形态类型主要包括：石林原野、石丘洼地、峰丛洼地、峰丛谷地、峰丛峡谷、峰林谷地、峰林平原、孤峰平原、垄岗谷地等。自云贵高原至江汉平原、广西孤峰平原，上述组合形态有规律地分布：云贵高原以石丘洼地为主；从高原向平原过渡的斜坡地带，则以峰丛洼地、峰丛谷地及峰丛峡谷为主；高原及斜坡地带发育有多层（阶梯）状地貌，形成多级夷平面；从分水岭至河谷，上述组合形态也常呈规律性分布。

在大量的铁路工程勘察设计实践中，铁道部第二勘测设计院（1984）通过开展岩溶水动力剖面分带与铁路工程的关系研究（表 2-5），针对国内在基本引用苏联 Д.С.索科洛夫等学者关于岩溶水循环的剖面分带概念，而普遍运用四分带（垂直深流带、季节变动带、水平流动带和深部滞留带）过程中所遇到的问题，提出了三分带：垂直渗流带、水平流动带和岩溶裂隙带。

表 2-5 部分隧道工程与岩溶水动力剖面分带的关系实例

岩溶水动力剖面分带	隧道名称	岩溶发育情况
垂直渗流带	轿顶山隧道 虾子河隧道 艾家坪隧道 沙坡隧道 天生桥隧道	在隧道路基标高附近虽有岩溶大厅，路基标高以下也有暗河，但隧道却无水害
水平流动带	娄山关隧道 胜境关隧道 梅子关隧道 岩脚寨隧道 燕子岩隧道	每逢预计都发生大量涌水
岩溶裂隙带	大巴山隧道 中梁山隧道 大寨隧道 贵定隧道 梅花山隧道 南岭隧道	虽无岩溶大厅、暗河，但地下水危害却不小

陈成宗和何发亮（2005）根据岩溶地区长隧道病害研究及工程实践认为：①分带必须考虑岩溶发育特点、含水介质结构、地下水流态等；②分带必须结合隧道工程的特点，诸如隧道进出口位置总是高于河流洪水位之上、隧道坡度一般缓于水力坡度等。为此提出混流带的概念及三分带模式（表 2-6）。

表 2-6 岩溶垂直剖面分带

序号	岩溶垂直分带		含水介质结构	流态	相应岩溶侵蚀基准面
1		垂直渗流带（包气带）	大溶隙–溶道	垂直 $K_N \gg K_H$	
2	混流带	季节变动带（交替带）	大溶隙–溶道	垂直与水平共存（紊流）$K_N > K_H$	最高潜水面 最低潜水面
		水平径流带（浅饱水带）	大溶隙–溶道 小溶隙–裂隙	水平（紊流）$K_N \ll K_H$	河面或海面
3		深部缓流带（深饱水带）	小溶隙–裂隙	层流	

2.4 典型地区岩溶隧道施工地质灾害统计及其环境影响因素

根据何发亮等（2001 年）的统计资料，我国已建铁路隧道工程 80％ 以上在施工和运营过程中出现各种各样、程度不同的地质灾害，而尤以岩溶隧道施工地质灾害最为突出。岩溶隧道施工地质灾害主要包括：岩溶涌水突泥涌沙、围岩变形破坏、地下水流失、地表塌陷及地表水源枯竭等，进一步引发地表生态环境灾害。

　　长期以来，岩溶隧道涌水、突泥问题是国内外隧道工程施工所面临的重大难题。据不完全统计，国内外隧道大型突水事件（涌水量>$1.0×10^4m^3/d$）中，70%为岩溶隧道；在我国，约40%的长大岩溶隧道发生过大于$1.0×10^4m^3/d$的严重突水，西南、中南地区则达到甚至在50%以上。2003年以前，发生岩溶涌水、突泥的典型岩溶长大铁路隧道包括：大瑶山隧道、南岭隧道、大巴山隧道、中梁山隧道、梅花山隧道、平关隧道、胜境关隧道、燕子关隧道、梅子关隧道、娄山关隧道、岩角寨隧道、新排隧道、华蓥山隧道、圆梁山隧道、武隆隧道等。在最近的十年内，已建或在建的长大岩溶隧道发生涌水、突泥地质灾害的实例有宜万铁路的野山关、齐岳山、马鹿箐、大支坪等隧道，石太客运专线的太行山隧道，龙厦铁路的象山隧道，西格二线的关角隧道等。其中，尤以宜万铁路最为典型。宜万铁路全长377km，隧道159座，其中Ⅰ级高风险岩溶长大隧道8座，隧道建设过程中面临巨大的涌水突泥施工安全风险，在原铁道部宜万铁路建设指挥部、中铁第四勘察设计院集团有限公司和其他各参建单位的共同努力下，破解了多个世界级难题，是世界隧道建设史的重大突破和新的里程碑。

　　表2-7为岩溶对隧道工程的影响及危害情况简要分类对比表。不同形态、规模、性质、发育条件及垂直剖面分带等因素影响的岩溶，其对隧道工程的影响是不同的（表2-8）。表2-9为部分已建成长度大于10km岩溶隧道施工发生地质灾害的情况统计，表2-10为部分典型铁路及公路隧道岩溶塌陷情况统计。

表 2-7　岩溶对隧道工程的影响及危害

岩溶对隧道工程的危害	危害的类型
突水突泥	A级：特大突水（涌水量大于100000m^3/d）；大型突水（涌水量10000~100000m^3/d）突泥，高水压
	B级：中小型突水（涌水量1000~10000m^3/d）涌泥
	C级：小型涌水（涌水量100~1000m^3/d）涌泥
	D级：微型渗水（涌水量小于100m^3/d），涌突水可能极小
地表影响	隧道内岩溶水大量涌出，易造成地表失水和地表塌陷
隧道结构的影响	（1）隧道施工时增加开挖和支护的难度。 （2）部分岩溶地区隧道开挖揭示出小溶洞，溶蚀现象发育，岩溶水量不大，但雨季时会对已完成的衬砌造成严重影响，出现二次衬砌开裂、变形。 （3）因溶洞规模巨大、溶洞底部在线路以下一定深度，致使线路穿越该段时呈现隧道结构悬空而不得不在隧道结构下部采取桥跨等结构措施

表 2-8　隧道岩溶的分类

分类依据	类型
按隧道岩溶的 形态分类	隧道施工时遇到的岩溶形态主要有以下几种类型：①溶蚀裂隙；②溶孔；③溶管（管道型）；④溶洞（洞穴型）；⑤暗河。 对于溶蚀裂隙、溶孔和溶管，因其规模不大，对隧道施工影响有限，处理也相对简单。对于溶洞和暗河，因其成因与规模不同，对隧道开挖及支护的难度较大

分类依据	类型
按隧道岩溶有无充填物分类	按有无充填物可分为无充填型溶洞、半充填溶洞和充填型溶洞。无充填物溶洞洞壁一般较潮湿，洞内有石钟乳发育。充填型溶洞和半充填型溶洞按其充填物性质又可分为充填黏土型、充填淤泥型、充填粉细砂型、充填块石土型和充水型溶洞
按隧道岩溶与地表的连通性分类	按是否跟地表相通可分为封闭式溶洞和开放式溶洞。封闭式溶洞多为无充填物溶洞，开放式溶洞为有岩溶通道与地表或外界相连的溶洞
按岩溶发育条件分类	岩溶发育条件是岩石的可溶性与裂隙性，以及水的侵蚀性及流通条件，因此可分为以下几类： (1) 地下水沿层面流动，形成沿地层走向、沿层面发育的岩溶； (2) 地下水沿节理裂隙及其密集带运移，形成沿节理裂隙发育的岩溶； (3) 沿断层发育的岩溶； (4) 沿向斜结构核部发育的岩溶
按岩溶地区地下水垂直剖面进行分类	(1) 垂直渗流带，位于地下水排泄基准面以下，为临时性地下水运动带，以垂直运动为主，地表水通过裂隙垂直向下运动，如呈漏斗状，称漏斗；呈井状称为落水洞。大量的漏斗和落水洞等多发育于本带内，其中如有透水性差的凸镜体岩层存在时，就形成"悬挂水"或"上层滞水"。 (2) 季节交替带，地下水运动随季节变化，呈周期性交替。干季时地下水位最低，而雨季时，地下水上升到最高水位，该带为全部地下水饱和，渗透水流为平动，因而在本带形成的岩溶通道是水平的与垂直的交替，如大型暗洞、暗河、地下湖。隧道通过时具有极高的风险。 (3) 水平径流带，位于水平地下排泄基准面附近，地下水的运动相对强烈，常构成相互连通的地下通道，隧道工程位于此带时，其对工程的危害极大，风险极高。 (4) 深部缓流带，此带中岩溶一般不发育，但条件适宜时（如深部岩溶水具承压性，深部岩溶水温较高，深部岩溶水经碳质页岩）也能形成相当规模的溶洞，对隧洞工程建设造成极大影响

表 2-9　我国已建成 10km 以上岩溶隧道施工地质灾害情况统计（截至 2014 年 4 月）

序号	名称	长度/m	所在线路	施工地质灾害情况
1	吕梁山隧道	20785	太中银铁路	施工中洞内涌水量很大，进口段平均日排水 2.2 万 m^3，2006 年 6 月至 2008 年 2 月共排水 1100 万 m^3，出口段平均日排水 3.6 万 m^3，2006 年 7 月至 2008 年 2 月共排水 1800 万 m^3，特别是断裂带实际涌水量是设计涌水量的 5～10 倍，施工中加大排水能力和采取超前帷幕预注浆止水，才使掘进成功推进

序号	名称	长度/m	所在线路	施工地质灾害情况
2	象山隧道	15917	龙厦铁路	2009 年 7 月 30 日, 隧道进口右线开挖到 YDK24+136 后, 超前探孔单孔出水量约 500m³/h, 实测水压 1.4MPa, 施作全断面超前帷幕注浆, 注浆加固范围为隧道开挖轮廓线外 5m 及开挖掌子面, 纵向加固长度 30m (YDK24+133 ~ YDK24+163)。11 月 22 日, 注浆完成后施作超前大管棚预支护。之后, 按三台阶临时仰拱法开挖。12 月 14 日, 上台阶开挖到 YDK24+158 里程后采取喷射混凝土封闭掌子面。23 日, 中台阶施工到 YDK24+158 里程时, 左侧初期支护喷射混凝土出现开裂、掉块, 初始坍方量约 600m³, 涌水量约 200m³/h, 之后, 涌水量持续增大至 7000m³/h, 致使进口反坡隧道被淹 4.4km, 涌水总量约 50 万 m³。突水突泥后, 地表大面积沉降, 地面出现 84 处陷坑, 最大沉降量 768mm, 房屋开裂、倒塌, 搬迁 800 余人, 水泥厂停产
3	大瑶山隧道	14295	京广铁路	富水断层构造破碎岩是造成大瑶山隧道主要工程地质问题的重要因素。凡主干断层断层泥的坍塌, 断层上盘强烈破碎带的大量涌水和泥砂石流、坍方的频繁发生, 下盘挤压带中岩溶水的突出, 都给施工带来了极大的困难。F9 号断层涌水量达 30000m³/d, 斑古坳竖井段平导施工开挖在 DK94+213 位置揭穿充水岩溶管道, 涌水致使平导和竖井被淹长达数月, F9 断层上盘破碎带 DK94+840 ~ DK94+775 位置, 施工开挖揭露充水溶管, 掌子面大股涌水致使洞内施工设备淹没, DK94+636 正洞施工揭穿充水溶管涌水量达 1000 ~ 2000m³/d。隧道中段处于岩溶深部循环带, 与上部垂直循环带乃至地表岩溶相通的隐伏溶洞的被揭穿, 导致了携带泥沙的大量地表水、地下水的涌入, 造成了淹井, 隧道底大量泥沙淤积等事故。同时抽排水和涌水引起的大量地表坍陷和农田及生活用水的枯竭, 是大瑶山隧道修建中遇到的又一严重问题
4	大瑶山一号隧道	10081	武广客运专线	涌水、涌泥达 21 次。2006 年 8 月 15 日, 平导施工在 F6 断层带附近, 掌子面最上端泥水喷射, 1400m 长的地段水深很快达到平均 4050cm, 涌水、涌泥量达到 1500 ~ 2000m³/h。2006 年 10 月 30 日, 进口正洞掌子面发生涌水、突泥 30000m³, 淤泥厚度达 9m

序号	名称	长度/m	所在线路	施工地质灾害情况
5	野山关隧道	13841		DK129+797～DK129+920 段开挖揭示 4 号暗河支管道。该段位于地下水水平循环带，洞身与 4 号暗河系统交叉，暗河支管道地下水主要接受大气降水补给，天旱时水量极小，雨季时大量涌水且泉水浑浊，最大涌水量达 17 万 m^3/d。 2004 年 9 月 13 日，野三关隧道出口Ⅰ线 DK129+912 掌子面右下方揭示充填黄色黏土的岩溶管道，管道直径 2～3m，随着掌子面的推进，暗河管道被进一步揭示，发现该暗河管道沿线路方向发育，在 DK129+897 处穿越隧道进入掌子面左侧，继续平行隧道向小里程方向延伸至 DK129+800 处结束。在 DK129+910、DK129+830 处管道底部各揭示一积水潭，受降雨的影响，9 月 20 日、10 月 1 日、11 月 13 日，暗河管道大量涌水，最大涌水量达 $220m^3/h$。 突水、突泥，42 名被困人员获救生还，3 人死亡，7 人下落不明
6	齐岳山隧道	10528	宜万铁路	先后遭遇 5 次特大涌水、突泥地质灾害事故，穿越了 10 条大断层、3 条暗河，应对了单孔瞬间 $52000m^3/d$、正常 $176000m^3/d$、最大 $743000m^3/d$ 超大涌水量的挑战。 平导掘进 360m 发生涌水，如高压水枪喷射而出；平导掘进至 550m，一股急流从超前钻孔中喷出，涌水量达 $20000～30000m^3/h$；正洞施工到 1700m 时，突发涌水瞬时涌水量达 $18000m^3/d$，之后正洞、平导被淹长达 1000 余米。 DK363+629 溶腔通过 10 个钻孔、48h 的放水施工，水压由 0.35MPa 降至 0.24MPa。经过 7 天放水施工，水量稳定在 $2000m^3/h$，水压 0.18MPa，共计放水 47 万 m^3。放水期间地表降雨 40.1mm 后，水头压力迅速升高，最高达到 0.68MPa，后稳定在 0.52MPa。根据放水水量和补给情况推断，本溶腔腔体体积为 4.5 万～5.5 万 m^3，溶腔内有少量泥质充填
7	乌蒙山二号隧道	12260	六沾铁路复线	2009 年 5 月 13 日，横洞工区在中部平导进尺 2200m 处掌子面发生涌水，喷水达 1m 多高，涌水量达 $6500m^3/h$，平导洞内交通暂时处于瘫痪状态，平导洞内基本停工
8	圆梁山隧道	11068	渝怀铁路	在隧道施工中，先后在桐麻岭背斜和毛坝向斜遇到了 5 个深埋充填型溶洞，充填介质为粉细砂、粉质黏性土和黏土等。预估正常涌水量为 $9.8×10^4m^3/d$，最大涌水量为 $14.5×10^4m^3/d$，其中毛坝向斜存在 P_2w+c 和 $P_{1(q+m)}$ 两层承压水，承压水压力高达 4.4～4.6MPa。由于受高压、富水、岩溶等诱导因素的影响，多次发生突水事故。 出口端正洞 DK361+764 施工揭穿右侧与地表岩溶相通的充水溶缝，造成大规模涌突水，高峰持续时间仅 28min，估测涌水量达 $11×10^4m^3$，涌水水头高达 3m，涌水携带约 $1500m^3$ 泥沙及石块淤积在隧道底部，淤积平均高度达 80cm，涌突水造成存放在洞口的施工材料、机具被冲走，洞口外炭厂大桥施工材料、机具设备被淹没。该部位还发生了二次涌突水，严重时涌突水中携带的碎石呈抛射状直冲对面衬砌混凝土边墙

续表

序号	名称	长度/m	所在线路	施工地质灾害情况
9	棋盘石隧道	10808	向莆铁路	2009 年 8 月 6 日 6：00，当横洞开挖至 H3DK0+891，掌子面下部左侧出现涌水，短时间内涌水量增大到 260m³/min，直到下午 19：00 左右水量开始逐步减小，保持稳定流量 7～10m³/min。2009 年 8 月 14 日揭示溶洞宽度约 13m，沿横洞线路方向约 6m 范围全部揭示。溶洞侧壁风化较为严重，溶腔填充物滑落后，溶洞侧壁开始掉块。溶洞在隧道正前方并且向左上方向发展，溶腔内充泥土碎石，沉积层理明显，填充物中间夹杂大量孤石等，充填物及风化岩壁坍塌严重。截至 16 日坍塌高度大于 25m，宽度大于 16m，沿横洞线路深度也不断增加。截至 18 日凌晨，坍塌体已将掌子面溶洞口填满。
10	新大巴山隧道	10658	襄渝铁路复线	共发生 24 次大规模涌水、突泥、涌沙，累计清理淤泥、涌沙、泥夹石和泥浆大于 1.8×10⁴m³。施工中实际涌水量高达 109×10⁴ m³/d。2006 年 8 月 25 日，进口平导掌子面突发大规模涌水、涌泥，大量的泥水伴着砂石向外喷射，顷刻间整个掌子面被淹没近 2m 深，最大涌水量达到 3.78×10⁴m³/h，水沟淤积、轨道淹没，运输道路中断。2006 年 9 月 26 日涌水突泥，总涌沙量约 61.2m³，涌沙含量达 22％。2007 年 1 月 24 日，出口正洞 22 横通位置发生溶洞充填干塑状黏土突出，涌出干土约 2600m³
11	秀山隧道	10302	玉蒙铁路	全隧道共穿越 17 个富水带。全隧道设计正常涌水量为 15.7×10⁴m³/d，雨季施工时最大涌水量为 23.5×10⁴m³/d，实际施工中单口平均涌水量为 3×10⁴～5×10⁴m³/d，最大单口涌水量为 12×10⁴m³/d。在几段已突水部位经实测水压达 1.2～2.3MPa。 秀山隧道施工过程中多次发生突水涌沙现象，共战胜 116 次突水涌沙（泥）险情

表 2-10　部分典型隧道、铁路及公路路基岩溶塌陷情况统计

隧道名称	隧道概况	岩溶发育情况
福建省龙岩象山隧道	上部岩性为钙质粉砂岩、角岩等，中部为钙质砂岩、粉砂岩，夹泥灰岩、鲕状灰岩，下部为钙质粉砂岩、砂质泥岩和泥岩	龙岩象山隧道地面塌坑主要分布于突水点南侧，大致呈近南北向条带状展布，多集中于龙岩新祠盆地南部河谷两侧的覆盖型岩溶区中，部分分布于盆地东部边缘，影响范围东西宽 150～200m、南北长约 1500m，而且突水点南部 500m 内塌穴较为集中、规模较大且发生时间较早，距突水点越远塌陷规模越小、发生时间较晚
黄织线岩脚隧道	黄织线岩脚隧道位于贵州省普定县若乡境内，其中心里程为 DK26＋485.5，全长 921m，隧道穿越中厚层石灰岩破碎体，节理、岩溶十分发育	出口端 DK26＋865～900 段为岩溶塌陷堆积体及其影响范围，施工开挖至 DK26＋918 处遇到该岩溶塌陷堆积层，经勘测发现 DK26＋914～910 段线路左侧上方及右侧下方存在较大较深的空隙

续表

隧道名称	隧道概况	岩溶发育情况
南昆铁路	南昆铁路全长 898km，可溶岩地区长 387.6km，占线路总长的 432%，由于岩溶发育的复杂性、隐蔽性，岩溶隐患还有相当数量的存在。可溶岩范围内就有 53 个路基岩溶地面塌陷工点，最具代表性的石林站南宁端 DK707 十 792 处左侧产生的塌陷，纵向长 7m，垂直线路长 3m，为土洞塌陷，顶板厚 1m，洞径 1m	岩溶塌陷原因很多，就南昆铁路岩溶而言，由于地区属云贵高原气候，雨季长，暴风雨多而大的特点。可溶岩节理、裂隙发育，地表风化溶蚀严重，大气降雨及坡面表水极易沿着节理、裂隙及地表溶洞、沟槽等下渗后，再沿土层界面或层间汇积于低处集中下渗。当下渗水力梯度、流速较大时便产生冲刷和淘蚀作用，从而使第四系覆土及溶洞、缝隙、沟槽中充填半充填物质和破碎颗粒被带走，导致形成地表浅坑或地下土洞，使土体失稳，产生开裂、下沉，并在列车荷载作用下渐次发展，最终形成地面塌陷
宜万铁路	宜万铁路隧道长度占线路总长度的 75%，岩溶地区经常发生，路基覆盖型岩溶塌陷、路堑裸露型岩溶塌陷，营运至今，已产生多处路堑岩溶塌陷	在岩溶塌陷地区的不同地段，水活动强度、岩溶发育程度、路堑岩溶塌陷好发程度和塌陷类型等存在差异，多位于碎屑岩与可溶岩交界处的岩溶水聚、排地区
湘黔铁路	湘黔铁路建于低缓丘区的谷地中，谷地多为稻田	1983 年 8 月至 1984 年 5 月在 400m 段落内相继发生大小地面塌陷 34 处，多成批出现。塌陷坑最大直径 4m，铁路路基发生大量下沉，最大下沉量达 150mm 左右
长基岭隧道	长基岭隧道位于广东省韶关市，长 3920m，隧道位于低山地貌区，出露地层主要为石炭系、泥盆系灰岩及三叠系砂岩页岩，可溶岩区岩溶发育强烈，富水程度大；隧道穿越地区地质构造复杂，在漫长的地质时期经历了多次和多种性质的地壳活动区内断层构造较为发育，多属张性及张扭性断裂，断层带岩溶发育强烈	隧道区第四系厚度较小，大部分地区为 2～8m，局部大于 10m，隧道区岩溶发育强烈，发现溶洞塌陷坑达 30 处之多
武广客运专线韶关至花都段	武广客运专线韶关至花都段线路长 162km，其中约 72.6km 为可溶岩地层沿线岩溶较发育，且多为覆盖型岩溶，厚 10～30m。地下水埋深较浅，一般为 0～5m。线路主要穿行于北江复向斜盆地中，地貌类型为峰丛谷地（英德峰丛谷地）、岩溶盆地（横石塘岩溶盆地）	区内地表岩溶塌陷共 16 个，规模大小各不相同，最大的直径为 5～6m；最小直径为 1～2m
大瑶山隧道		隧道内岩溶段出现涌水，地表出现 200 多个地表塌陷陷穴

隧道名称	隧道概况	岩溶发育情况
南岭隧道 下连溪段		洞内涌水造成地表出现 47 个地表塌陷陷穴
中梁山隧道		施工期间和运营期间岩溶段涌水，隧道上方地表共出现塌陷坑 64 个，最大塌陷面积达 247m^2，最大深度 9.5m。据初步统计，隧道地区因涌水造成的岩溶塌陷约占全路岩溶塌陷的 27%
南昆铁路百（色） 威（舍）段		南昆线百威段 K429+791.57 路肩右侧 2.7m 孔深 8.60～10.5m 处据勘探为无充填溶洞，溶洞顶板厚度 1.20m，由岩心较破碎的灰岩组成，盖层厚 7.8m，为褐黄色可塑性黏土，为典型的盖层土体–薄顶板无充填溶洞系统

　　通过岩溶隧道施工地质灾害统计，进一步归纳整理岩溶隧道施工地质灾害的环境影响因素，概括起来主要包括两大类，即地质环境因素和生态环境因素。其中，地质环境因素包括：可溶岩性、构造因素和地下水环境因素等，以及大气降雨、温度、湿度、季风等气候因素。生态环境因素主要包括：地表植被种类、面积、厚度，以及涉及水土流失评价指标的土壤类型、面积、厚度、地表水系及其径流条件等因素。在这里，本书更多地强调地质因素，因为这些因素是影响岩溶隧道施工地质灾害发生基础条件或内因。对于地下水环境因素，进一步将其分解为地下水动力条件因素和水化学及其动力学条件因素。

第3章 岩溶隧道地下水动力学及水化学动力学特征

3.1 岩溶发育的地下水动力条件及岩溶垂直剖面分带

3.1.1 岩溶发育的地下水动力条件

地下岩溶的发育主要受岩性、构造、地下水动力条件及气候等因素控制。其中，岩性、构造和地下水是必要条件。关于岩溶发育分布规律及其影响因素已在第2章进行了部分阐述，这里重点进行岩溶发育分布规律的地下水动力条件讨论。

地下水的运移有其本身的补给、径流和排泄规律，但针对不同的研究区域，受构造影响的程度不同，以及区域地理及水文条件的不同，其补−径−排规律千差万别。这里，主要讨论与隧道工程密切相关的重力水运动的基本规律，分为层流和紊流两种情况。对于层流运动的地下水，其基本运动规律满足线性渗透定律，即达西定律。对于紊流的地下水，因其在较大的空隙中运动，且流速相当大时，其运动规律服从非线性渗透定律，或称哲才−克拉斯诺波里斯基定律。

由于岩溶发育的极不均匀性，岩溶水系统的地下水运动规律与由孔隙中小裂隙含水介质的含水系统相比，其运动特征发生了显著的变化，岩溶地下水除了存在与孔隙或中小裂隙含水介质一致的达西流外，在岩溶管道中还存在非达西流。因此，若用达西流来刻画管道流，显然无法真实地刻画岩溶水的运动，应该同时考虑非达西流的存在。

岩溶是水与可溶岩介质相互作用的产物，岩溶化过程实际上就是水作为营力对可溶岩层的改造过程。岩溶地下水的主要特点如下：

(1) 地下水与降雨量密切相关，地下水位与流量随降雨多寡而有很大变幅；

(2) 由于地质构造关系和地下分水岭的存在，地下水变得格外复杂，难以准确预测或计算地下水量，因而易造成水害；

(3) 岩溶地下水具有不均匀性，裂隙与管道并存，埋藏条件不易查清；

(4) 岩溶水具有水动力剖面的分带性，各带的水文地质条件不同，直接影响工程位置的选择；

(5) 具有集中突水和承压性，且伴随涌泥、涌沙等。

前已述及，可溶岩性、构造条件和地下水动力条件是岩溶发育的三个必要条件，在具备前两个条件的基础上，在地下水的溶蚀、溶解或冲蚀等水动力作用下才可能发生岩溶。地下水径流条件好、流速快的区域，岩溶极易发育；相反，地下水径流条件差、流速慢的区域，岩溶则不易发育。根据苏联 Д. C 索科洛夫等关于岩溶水循环的剖面分带概念，国内普遍运用的岩溶垂直剖面四分带理论（垂直渗流带、季节变动带、水平流动带和深部滞留带）对此可以较好地说明，尤其是北方地区岩溶动力学系统的划分更能说明问题（铁道部第二勘测设计院，1984）。曹玉清等（2000）选取单斜构造作为简化地质模型，从山区到平原的方向上，将研究区划分为裸露岩溶分布区、隐伏浅层岩溶分布区、隐伏深层岩溶分布区及深岩溶分布区，对应地下水的强径流带、地下水中–强径流带、地下水中–弱径流带、地下水极弱径流带和地下水缓流带或近于停滞带。

对于南方岩溶水系统，在总体规律上其实是与北方岩溶水系统相似的。相比之下，南方地区因大气降水丰富，地下水补给快速，构造作用强烈，山高谷深，地下水的排泄也比较畅通。为此，南方岩溶水的水动力条件明显优于北方岩溶水系统，相应地，南方岩溶总体发育程度也比北方岩溶明显。综合分析南、北方岩溶水系统，对岩溶发育程度与地下水动力学条件的关系分析见表3-1。

表3-1 岩溶发育程度与地下水动力学条件的关系

岩溶发育程度	主要岩溶形态	地下水动力学条件
不发育	完整岩石	水循环交替缓慢，近于停滞
轻微发育	溶缝、溶隙或溶孔	水循环交替较慢，地下水流速较慢
较发育	溶槽、溶管	水循环交替快，且地下水动态季节性变化明显，年变幅数米至十几米，地下水流速呈较慢到较快
发育	溶洞或暗河	地下水的运动相对强烈，常构成相互连通的地下通道，地下水流速较快
很发育	特大型充填溶洞或特大型暗河	地下水的运动非常强烈，地下通道相互连通成网状，地下水流速快

3.1.2 岩溶地下水动力条件作用下的岩溶垂直剖面分带

陈成宗和何发亮（2005）主要根据含水介质结构内地下水的流态，即雷诺数等参数进行定性分带，由于岩溶含水介质的形态变化较大，其内的地下水流态，特别是岩溶管道内，地下水主要为三维紊流，很难获取雷诺数 Re。在此基础上，进一步提出根据可溶岩的矿物溶沉规律进行岩溶垂直分带。李苍松等（2003，2005）将曹玉清和胡宽瑢提出的化学动力学水文地质理论应用于南方岩溶隧道工程的地质预报中，进一步细化并定量研究该剖面分带方法。

在垂直渗流带（包气带）岩石空隙中，充有各种成因的 CO_2 气体，当降水通过岩石空隙垂直渗入到达含水层的水面时，空隙中的 CO_2 气体以物理和化学形式溶于水中，并开始进行矿物（$MgCO_3$、$CaCO_3$）–水溶液（H_2O 等）–气体（CO_2）三相平衡体系的岩溶水化学作用。该区段水文地球化学环境为 CO_2 开放体系。区段上限为潜水水面，下界为方解石饱和指数等于1的界线（$\beta_c = 1$）。

在混流带中，含水层内的水循环交替快，且地下水动态季节性变化明显，年变幅从数米至十几米。CO_2气体不能直接通过承压含水层水面进入含水层中，水文地球化学环境为CO_2"封闭体系"，系统内岩溶水化学作用实质为中和作用。区段上限为方解石饱和指数为 1 的界线，下界为白云石或"闭型"饱和指数为 1 的界线（$\beta_d = 1$）。

在深部缓流带，含水层内的水循环交替缓慢，且地下水动态变化不明显。水文地球化学环境主要为还原环境，可能存在瓦斯或H_2S气体等，系统内岩溶水化学作用实质为沉淀作用。区段上限为白云石饱和指数为 1 的界线，下界为石膏饱和指数为 1 的界线（$\beta_g = 1$）。

以渝怀铁路武隆隧道为例。根据岩溶地下水动力剖面分带三分法、设计隧道标高、穿越山区地形、乌江水位线及前述乌江两岸和地表岩溶发育情况，武隆隧道岩溶段处于混流带中，特别是在季节变动带与水平径流带之间（图 3-1）。这与武隆隧道施工开挖多处揭露岩溶暗河所见暗河常年水位线、2#暗河段洪水季节多次发生特大岩溶涌水事实所揭示情况相吻合。

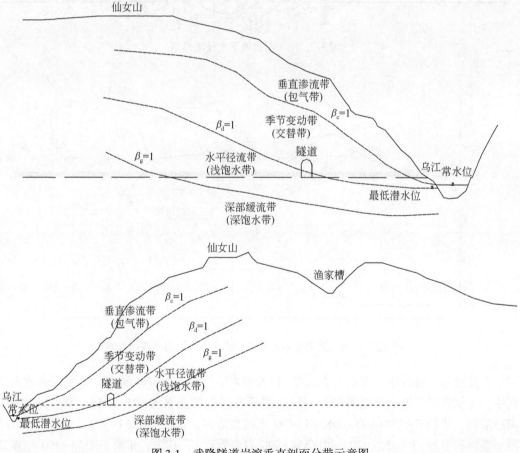

图 3-1　武隆隧道岩溶垂直剖面分带示意图

以渝怀铁路圆梁山隧道为例。主要发育构造为毛坝向斜和桐麻岭背斜，对岩溶发育深度起到控制作用的基准面包括：向斜东、西两翼最低标高为 650m 左右的冷水河和 460m

左右的细沙河；飞水涯以南标高在 860m 以上的各类排泄点，其中包括向斜西翼标高在 900m 以下的朱砂溪（900m），二台坪凉水井（890m），响水洞（876m）；毛家院子以北标高为 772.075m 的飞水涯排泄点。其中，毛坝向斜为一个主要由可溶岩构成的相对独立的水文地质单元，四周被厚达 1960m 的志留系（砂质）泥页岩区域性相对隔水层完全圈闭（图 3-2）。

根据圆梁山隧道地区岩溶发育特点，将该隧道毛坝向斜段岩溶水动力剖面分带如图 3-3 示。从图中可以看出，圆梁山隧道穿越毛坝向斜段为混流带下部水平径流带–深部缓流带。

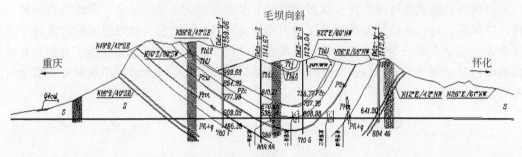

图 3-2　毛坝向斜地下水径流模型

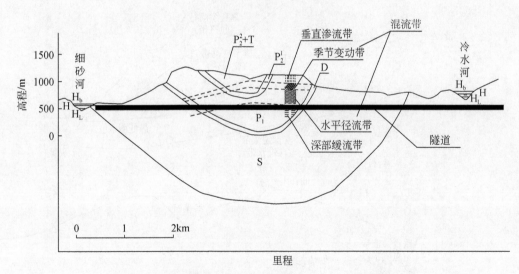

图 3-3　圆梁山隧道毛坝向斜段岩溶水动力剖面分带示意图

在隧道施工过程中，多次揭露大型–特大型岩溶，并发生岩溶涌水、突泥等地质灾害。其中，毛坝向斜共揭示三组溶洞和一组岩溶管道（包括正洞 DK354+255～DK354+280 充填型溶洞，正洞 DK354+460～DK354+490 充填型溶洞，正洞 DK354+879～DK354+920 充填型溶洞和平导 PDK355+020～PDK354+990 岩溶管道）。其中，正洞 DK354+460～DK354+490 充填型溶洞基本位于毛坝向斜核部隧道埋深最大处，初次用 Φ42mm 探孔揭示该溶洞时，从探孔内射出高压水，射程约 30m，水呈铁锈色，含大量粉细砂。随后采用 Φ90mm 超前探孔时，孔内射出高压水和粉细砂，将钻杆顶出 8m，瞬时涌水量达到 860m³/h。持续

6h 后由于粉细砂淤积，水量减小到 40m³/h。随后在该溶洞下导坑施工时，多次发生涌水涌沙。2002 年 10 月、11 月，在 DK354+475 处突发涌水涌沙，最大涌水量为 69000m³/h，持续 2h。对该溶洞进行水压监测，测试水压力值为超过 3MPa。

3.2　岩溶地下水的水文地球化学简化模型

为研究岩溶地下水中化学成分形成和分布的问题，曹玉清等（2000）将理论化学和传统水文地球化学理论融合在一起，建立了典型水文地质蓄水构造的化学反应−迁移−分异的综合模型（图 3-4）。通过对该模型的学习、消化和改进，将模型进一步简化，如图 3-5 所示。

1. 地质构造的简化

原模型以北方岩溶大山系分布地区的构造形态为依据，选取单斜构造作为研究的简化地质模型，基本上代表了北方岩溶区岩溶水文地质系统大多数的情况。习惯上将中国岩溶分为北方岩溶和南方岩溶，事实上二者的地质构造形态是基本一致的，只是二者的气候条件及地下水补给条件、地下水径流速度及动力条件、岩溶形态及规模等差别较大，但岩溶地下水动力学及水化学动力学的实质也是一致的。为此，在模型简化过程中仍然选取单斜构造作为研究的简化地质模型。

2. 岩溶及地下水含水层分布区及垂直剖面分带

根据埋深情况，将岩溶及地下水含水层分布区分为四大类：裸露碳酸或非碳酸盐岩含水层分布区；隐伏浅层碳酸或非碳酸盐岩含水层分布区；隐伏深层碳酸或非碳酸盐岩含水层分布区；深岩溶或非碳酸盐岩含水层分布的深埋区。

将岩溶及地下水在垂直剖面上分为 4 个带：垂直入渗带、地下水季节变化带、水平径流带、深部循环带。陈成宗、何发亮（2005）将地下水季节变化带和水平径流带统称为混流带。

3. 地下水径流分带

根据地下水的流态、流速及水动力条件等，将地下水径流强度分为强、中、弱、极弱、缓流或近于停滞 6 类；对应于含水层的埋深和分区情况，将地下水分为 5 个区：Ⅰ-1 潜水分布区、Ⅰ-2 承压水分布区、Ⅱ区、Ⅲ区和Ⅳ区；对应地下水分区的地下水径流分带为：垂直渗流为主的包气带（而有效含水层为上部弱−中径流带）、中−强径流带、中−弱径流带、极弱径流带、缓流带或近于停滞带。

4. 地下水化学环境及水化学反应

地下水化学环境分两个方面：一方面分为氧化环境、氧化−还原环境、还原环境；另一方面根据 CO_2 的形态及作用等特征分为 CO_2 开放体系、CO_2 半封闭体系和 CO_2 封闭体系。

对应于不同的地下水化学环境，地下水与矿物之间、地下水组分内部的化学反应是不同的。归结起来，地下水化学反应的基本形式有 3 类：矿物溶（水）解反应、氧化还原反应、交替和吸附作用。其中，根据组成矿物化学成分和化学反应后产物进入水中的特点不同，将矿物溶解的化学反应分为等溶型矿物同成分溶（水）解反应和非等溶型矿物异成分溶解反应。对于Ⅰ-1 潜水分布区和Ⅰ-2 承压水分布区来说，水化学作用的实质均为中和反应。

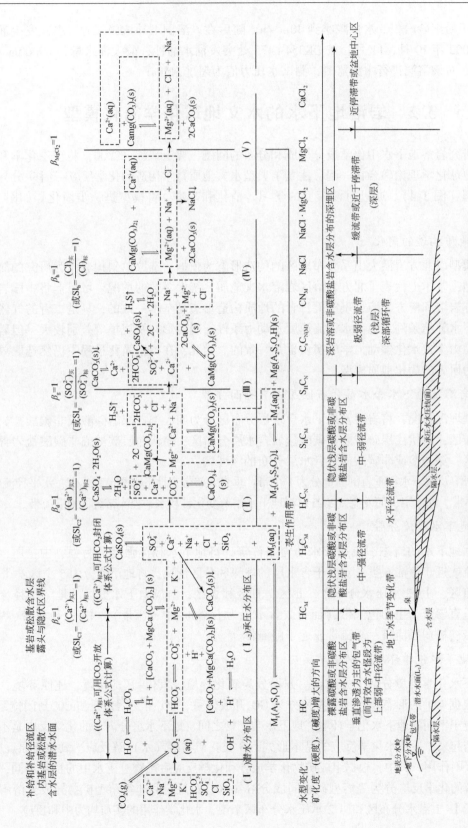

图 3-4 典型水文地质蓄水构造的化学反应-迁移-分异的综合模型示意图

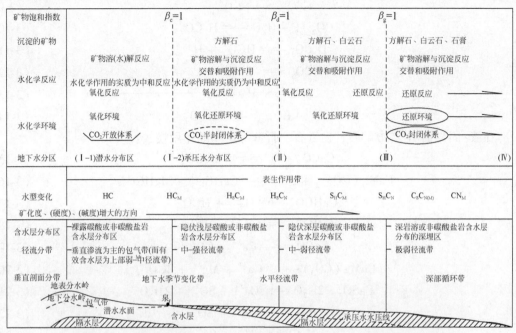

图 3-5　基于图 3-3 的地下水化学反应–迁移–分异的综合模型简化示意图

1）矿物溶（水）解反应

等溶型矿物同成分溶（水）解反应：

$$CaCO_3 + H_2CO_3 \Longleftrightarrow Ca^{2+} + 2HCO_3^- \tag{3-1}$$

$$SiO_2 + 2H_2O \Longleftrightarrow H_4SiO_4 \tag{3-2}$$

非等溶型矿物异成分溶解反应：

$$MgCO_3（菱镁矿）+ 2H_2O \longrightarrow HCO_3^- + H^+ + Mg（OH）_2（水镁石） \tag{3-3}$$

$$2NaAlSi_3O_8（钠长石）+ 2H_2CO_3 + 9H_2O \longrightarrow 2Na^+ + 2HCO_3^- + 4H_4SiO_4 +$$
$$Al_2Si_2O_5（OH）_4（高岭石） \tag{3-4}$$

2）氧化还原反应

$$PbS + 4Mn_3O_4 + 12H_2O \Longleftrightarrow Pb^{2+} + SO_4^{2-} + 12Mn^{2+} + 24OH^- \tag{3-5}$$

$$SO_4^{2-} + 2C + 2H_2O \Longleftrightarrow 2HCO_3^- + H_2S \uparrow \tag{3-6}$$

3）交替和吸附作用

$$CaMg（CO_3）_2 + Ca^{2+} \Longleftrightarrow Mg^{2+} + 2CaCO_3 \tag{3-7}$$

$$2NaR_{(S)} + Ca^{2+}_{(aq)} \Longleftrightarrow CaR_{2(S)} \downarrow + 2Na^+（aq） \tag{3-8}$$

以上三类化学反应是矿物风化、溶蚀和形成水中物质成分来源的基本化学反应形式。对于图 3-3 和图 3-4，不同的区段其水化学反应模式是不同的。

Ⅰ-1、Ⅰ-2 区段碳酸盐及非碳酸盐岩裸露或隐伏浅层区有关的化学模式：包括 CO_2 气体–水溶液接触面处的化学反应模式和在液–固界面 H^+ 与方解石、白云石等矿物的作用模式。

CO_2 气体–水溶液接触面处的化学反应模式：

$$CO_{2(g)} \Longrightarrow CO_{2(aq)} \tag{3-9}$$

$$CO_{2(aq)} + H_2O \Longrightarrow H_2CO_3 \tag{3-10}$$

$$H_2CO_3 \Longrightarrow HCO_3^- + H^+ \tag{3-11}$$

$$HCO_3^- \Longrightarrow CO_3^{2-} + H^+ \tag{3-12}$$

$$H_2O \Longrightarrow H^+ + OH^- \tag{3-13}$$

$$OH^- + CO_{2(aq)} \Longrightarrow HCO_3^- \tag{3-14}$$

在液–固界面 H^+ 与方解石、白云石、石膏等矿物的作用模式：

$$CaCO_3 + H^+ \Longrightarrow CaHCO_3^+ \tag{3-15}$$

$$CaMg(CO_3)_2 + 2H^+ \Longrightarrow CaHCO_3^+ + MgHCO_3^+ \tag{3-16}$$

$$CaHCO_3^+ \Longrightarrow Ca^{2+} + HCO_3^- \tag{3-17}$$

$$MgHCO_3^+ \Longrightarrow Mg^{2+} + HCO_3^- \tag{3-18}$$

$$CaCO_3 \Longrightarrow Ca^{2+} + CO_3^{2-} \tag{3-19}$$

$$CaMg(CO_3)_2 \Longrightarrow Ca^{2+} + Mg^{2+} + 2CO_3^{2-} \tag{3-20}$$

$$CaSO_4 \cdot 2H_2O \Longrightarrow Ca^{2+} + SO_4^{2-} + 2H_2O \tag{3-21}$$

$$CaSO_4 \Longrightarrow Ca^{2+} + SO_4^{2-} \tag{3-22}$$

$$NaCl \Longrightarrow Na^+ + Cl^- \tag{3-23}$$

Ⅱ区段碳酸盐及非碳酸盐岩隐伏浅层区有关的化学模式：除了 H^+ 与方解石、白云石、石膏等矿物的作用模式外，还包括碱或碱土金属矿物的溶解反应、铝硅酸盐风化产物的交替吸附作用，以及方解石沉淀反应。

$$M_1A_1S_1O_1 + H^+ \Longrightarrow M_2A_2S_2O_2H \downarrow + M_{3(aq)} + SiO_2 \tag{3-24}$$

$$M_2A_2S_2O_2H_{(s)} + M_{3(aq)} \Longrightarrow M_{2(aq)} + M_3A_2S_2O_2H_{(s)} \tag{3-25}$$

$$Ca^{2+} + CO_3^{2-} \longrightarrow CaCO_3 \downarrow \tag{3-26}$$

式中，$A = Al$，$S = Si$，$O = O$，M_1、M_2、M_3 为碱或碱土金属。

Ⅱ～Ⅳ区段深岩溶或及非碳酸盐岩含水层分布的深埋区有关的化学反应模式：

$$Ca^{2+} + Mg^{2+} + 2CO_3^{2-} \Longrightarrow CaMg(CO_3)_2 \downarrow \tag{3-27}$$

$$4Mg^{2+} + 6H_4SiO_4 \longrightarrow Mg_4Si_6O_{15}(OH)_2 \cdot 6H_2O \downarrow + 8H^+ + H_2O \tag{3-28}$$

$$CaMg(CO_3)_2 + Ca^{2+}_{(aq)} \Longrightarrow Mg^{2+}_{(aq)} + 2CaCO_3 \downarrow \tag{3-29}$$

$$SO_4^{2-} + 2C + 2H_2O \longrightarrow 2HCO_3^- + H_2S \uparrow \tag{3-30}$$

$$NaCl \Longrightarrow Na^+ + Cl^- \tag{3-31}$$

Ⅳ～Ⅴ区段深岩溶或及非碳酸盐岩含水层分布深埋区的缓流带或近于停滞带的化学反应模式：

$$Ca^{2+} + SO_4^{2-} + 2H_2O \longrightarrow CaSO_4 \cdot 2H_2O \downarrow \tag{3-32}$$

$$Na^+ + Cl^- \longrightarrow NaCl \downarrow \tag{3-33}$$

$$Mg^{2+}_{(aq)} + 2CaCO_{3(s)} \Longrightarrow CaMg(CO_3)_{2(s)} + Ca^{2+}_{(aq)} \tag{3-34}$$

5. 矿物溶沉规律及矿物饱和指数

在典型的水文地质蓄水构造区内，从补给区–补给径流区–径流区–排泄区和深埋区，构成地下水蓄水构造及组成含水层的岩石多种多样，地下水在径流途径过程中，发生一系列气-水-岩作用，包括溶解沉淀、离子交换、氧化还原、吸附解析等复杂的物理化学过程，相应地，在这个复杂的过程中，地下水化学成分随径流路径增加或减少的运移形式和结果可以看作"物质"示踪过程。国内外众多专家、学者关于水-岩作用机理开展了大量研究并取得大量研究成果。这里，主要对碳酸盐岩地区地下水径流过程中的矿物溶沉规律进行简要分析。

碳酸盐岩指的是由沉积形成的碳酸盐矿物组成的岩石的总称，主要为石灰岩和白云岩两类。灰岩中常见有二氧化硅、海绿石、石膏、萤石、零铁矿、硫化物、铁锰氧化物、磷酸盐、黏土、有机质等，白云岩中常见的杂质有石膏、硬石膏、铁的硫化物、天青石、玉髓、菱铁矿、萤石、铁的氧化物和有机质等。已有研究表明，在两类主要碳酸盐岩中的优势矿物为方解石、白云石、石膏或硬石膏（图 3-5）。图 3-6 为碳酸盐岩成分分类三角图。

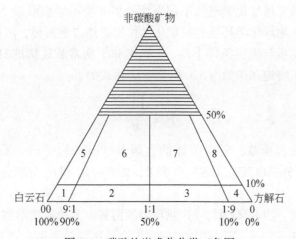

图 3-6　碳酸盐岩成分分类三角图

1. 纯白云岩；2. 灰质白云岩；3. 白云质灰岩；4. 纯石灰岩；5. 泥质白云岩；6. 泥质灰质白云岩；

7. 泥质白云质灰岩；8. 泥质灰岩；图中条纹线区域为非碳酸盐岩区

从图 3-4、图 3-5 可知，以典型的单斜构造水文地质模型为例，从补给区-补给径流区-径流区-排泄区和深埋区，各种优势矿物的溶沉规律是不一样的。

Ⅰ-1、Ⅰ-2 区段：进入 CO_2 开放体系和氧化环境，各种矿物均处于淋滤和溶解状态，Ca^{2+}、Mg^{2+} 等离子均随水运移，随着径流路径增长或含水层埋深增加，地下水中物质成分和含量逐渐增加。

Ⅰ-2 界面附近：地下水中方解石和水中容纳有关组分溶度积达到动态平衡，或者说方解石达到溶解"终点"和其沉淀的"起点"。

Ⅰ-2～Ⅱ区段：地下水中 Ca^{2+} 和 CO_3^{2-} 离子对处于过饱和态，于是以 $CaCO_3$（方解石）的形式沉淀，而白云石、石膏、岩盐和贡献有关组分的矿物继续溶解。

Ⅱ界面附近：方解石沉淀，地下水中白云石和水中容纳有关组分溶度积达到动态平衡，或者说白云石达到溶解"终点"和其沉淀的"起点"，开始出现去白云化作用（或称脱白云岩化）。

Ⅱ～Ⅲ区段：地下水中 Ca^{2+}、Mg^{2+} 和 CO_3^{2-} 离子对处于过饱和态，于是以 $CaCO_3$（方

解石）和 $CaMg(CO_3)_2$（白云石）的形式沉淀，而石膏、岩盐继续溶解。

Ⅲ界面附近：方解石、白云石沉淀，进入 CO_2 封闭体系和还原环境，地下水中部分 SO_4^{2-} 还原而成 H_2S、HCO_3^-，去白云化作用使水中 Mg^{2+} 含量增大，石膏有关组分溶度积达到动态平衡，或者说石膏达到溶解"终点"和其沉淀的"起点"，此时岩盐继续溶解。

Ⅲ~Ⅳ区段：方解石、白云石、石膏等矿物均处于沉淀状态，仅岩盐继续溶解。

对于以上各种矿物的溶沉规律，实际上是各种矿物在水中离子浓度或溶度积达到动态平衡或过饱和状态的体现，可以采用矿物饱和指数进行定量分析评价。

矿物饱和指数通常被理解成溶液对某种矿物溶解能力的热力学指标，以某矿物在溶液中离子活度与平衡常数之比的对数表示。曹玉清、胡宽瑢将矿物溶沉的饱和指数定义如下：在气-水-岩（多矿物）相互作用体系内，j 矿物饱和指数（β_j）是表示溶液对多矿物溶蚀和该溶液容纳水文地球化学进程中偏平衡的多矿物溶解贡献给 j 矿物组成的 i 组分的能力，隐含某种水文地球化学环境和特定化学作用的热力学指标，可用 j 矿物溶于水中的 i 组分在溶液中的活度积与相应条件下的 j 矿物饱和平衡常数比值的对数或真实数来表示。对于多矿物体系，矿物饱和指数（β_j）的数学表达式如下：

$$\beta_j = \frac{\prod_j a_i^p}{K_{s0j}} \tag{3-35}$$

式中，β_j 为 j 矿物饱和指数，针对前述的方解石（calcite）、白云石（dolomite）和石膏（gypsum）等矿物，分别取其英文名的首字母，即 β_c、β_d 和 β_g 分别为方解石、白云石和石膏的饱和指数。

β_j 具有如下性质：当 $\beta_j < 1$ 时，j 矿物可继续溶解，其他矿物溶解贡献与之有关组分水也可继续容纳；当 $\beta_j = 1$ 时，则 j 矿物溶解与沉淀量达到动平衡；当 $\beta_j > 1$ 时，则水中 j 矿物有关组分含量大于饱和溶度积值而沉淀。

具体分析如下：

$\beta_c < 1$ 时，方解石溶解；$\beta_c = 1$ 时，方解石溶解与沉淀达到动平衡；$\beta_c > 1$ 时，方解石沉淀；

$\beta_d < 1$ 时，白云石溶解；$\beta_d = 1$ 时，白云石溶解与沉淀达到动平衡；$\beta_d > 1$ 时，白云石沉淀、方解石沉淀；

$\beta_g < 1$ 时，石膏溶解；$\beta_g = 1$ 时，石膏溶解与沉淀达到动平衡；$\beta_g > 1$ 时，石膏沉淀、方解石沉淀、白云石沉淀。

$\prod_j a_i^p$ 为水中 j 矿物达到饱和时 p 种组分的溶度积，其中，a_i 为 i 离子的离子活度，$a_i = f_i C_i$，f_i 为 i 离子的活度系数，C_i 为 i 离子的浓度，f_i 可根据德拜-休克尔公式或戴维斯方程式进行计算。

K_{s0j} 为 j 矿物离解常数，K_c、K_d 和 K_g 分别为方解石、白云石和石膏的离解常数。

综上，方解石、白云石、石膏的饱和指数计算公式如下：

$$\beta_c = \frac{K_2 a_{Ca^{2+}} \cdot a_{HCO_3^-}}{K_c a_{H^+}} \tag{3-36}$$

$$\beta_{\mathrm{d}} = \frac{a_{\mathrm{Ca}^{2+}} \cdot a_{\mathrm{Mg}^{2+}} + K_2^2 a_{\mathrm{HCO}_3^-}^2}{K_{\mathrm{d}} a_{\mathrm{H}^+}^2} \tag{3-37}$$

$$\beta_{\mathrm{g}} = \frac{a_{\mathrm{Ca}^{2+}} \cdot a_{\mathrm{SO}_4^{2-}}}{K_{\mathrm{g}}} \tag{3-38}$$

式中，β_{c}、β_{d} 和 β_{g} 分别为方解石、白云石和石膏的饱和指数；K_2、K_{c}、K_{d}、K_{g} 分别为碳酸二级离解常数、方解石离解常数、白云石离解常数和石膏离解常数根据 (3-39) 式计算。

$$pK_2(\text{或者} - \lg K_2) = 10.33 - 90 \times 10^{-4}(T - 25) + 111.11 \times 10^{-6}(T - 25)^2 (T \text{为温度})$$

$$pK_{\mathrm{c}} = 8.34 + 123.33 \times 10^{-4}(T - 25) - 22.22 \times 10^{-6}(T - 25)^2$$

$$pK_{\mathrm{d}} = 16.29 + 185 \times 10^{-4}(T - 25) + 250 \times 10^{-6}(T - 25)^2$$

$$pK_{\mathrm{g}} = 4.61 - 7 \times 10^{-4}(T - 25) + 75.33 \times 10^{-6}(T - 25)^2 \tag{3-39}$$

$a_{\mathrm{Ca}^{2+}}$、$a_{\mathrm{Mg}^{2+}}$、a_{H^+}、$a_{\mathrm{HCO}_3^-}$、$a_{\mathrm{SO}_4^{2-}}$ 分别为 Ca^{2+}、Mg^{2+}、H^+、HCO_3^-、SO_4^{2-} 的活度。

6. 地下水化学反应–迁移–分异的综合分区

前述矿物溶解、水中物质积累和迁移、矿物沉淀等基本作用，均引起水中物质的分异，从而造成水化学成分的空间分带展布。据此，曹玉清、胡宽瑢提出典型水文地质蓄水构造的化学反应–迁移–分异的综合分区（图 3-4 和表 3-2）。

表 3-2　典型水文地质蓄水构造的化学反应–迁移–分异的综合分区

分带	范围	环境条件	矿物饱和指数 (β_j)	矿物溶沉规律	化学反应模型	水化学类型
Ⅰ-1 ~ Ⅰ-2	地表分水岭–潜水面以上包气带岩石空隙中，止于地下水季节变化带	CO_2 开放体系 氧化环境	$\beta_{\mathrm{c}} < 1$ $\beta_{\mathrm{d}} < 1$ $\beta_{\mathrm{g}} < 1$	各种矿物均处于淋滤和溶解状态	式 (3-9) ~ 式 (3-23)	HCO_3-Ca HCO_3-Ca·Mg
Ⅰ-2 ~ Ⅱ	潜水与承压含水层分界线–水平径流带	CO_2 半封闭–封闭体系 氧化–还原环境	$\beta_{\mathrm{c}} \geqslant 1$ $\beta_{\mathrm{d}} < 1$ $\beta_{\mathrm{g}} < 1$	方解石沉淀 白云石溶解 石膏溶解	式 (3-15) ~ 式 (3-26)	HCO_3-Na、 HCO_3-Na·Ca $HCO_3 \cdot SO_4$-Ca·Mg （或 Mg·Ca、Ca·Na）
Ⅱ ~ Ⅲ	水平径流带–深部循环带	CO_2 封闭体系 氧化–还原环境	$\beta_{\mathrm{c}} > 1$ $\beta_{\mathrm{d}} \geqslant 1$ $\beta_{\mathrm{g}} < 1$	方解石沉淀 白云石沉淀 石膏溶解	式 (3-24) ~ 式 (3-29)	$SO_4 \cdot HCO_3$-Ca·Mg $SO_4 \cdot HCO_3$-Ca·Na SO_4-Ca
Ⅲ ~ Ⅳ	地下水深部循环带	CO_2 封闭体系 还原环境	$\beta_{\mathrm{c}} > 1$ $\beta_{\mathrm{d}} > 1$ $\beta_{\mathrm{g}} \geqslant 1$ $\beta_{\mathrm{h}} < 1$	方解石沉淀 白云石沉淀 石膏沉淀 岩盐溶解	式 (3-26) ~ 式 (3-31)	$Cl \cdot SO_4$-Ca·Na（Mg） Cl-Na·Mg Cl-Na
Ⅳ ~ Ⅴ	缓流带或近于停滞带	CO_2 封闭体系 还原环境	$\beta_{\mathrm{c}} > 1$ $\beta_{\mathrm{d}} > 1$ $\beta_{\mathrm{g}} > 1$ $\beta_{\mathrm{h}} \geqslant 1$	方解石沉淀 白云石沉淀 石膏沉淀 出现盐岩	式 (3-32) ~ 式 (3-34)	Cl-Na、 Cl-Na·Mg、 Cl-Mg ~ Cl-Ca （高矿化盐水或卤水）

3.3　典型地区岩溶隧道地下水化学成分的变化特征及水化学动力学特征

3.3.1　典型地区岩溶隧道地下水化学成分的变化特征

在不同的埋深、构造及地下水径流条件、环境条件下，发生不同的水化学反应，从而产生不同地下水化学成分及水化学类型（表3-2）。以典型的单斜构造水文地质模型为例，从补给区-补给径流区-径流区-排泄区和深埋区，岩溶地下水化学成分的变化特征如下：

I-1~I-2区段：地下水中各种矿物均处于淋滤和溶解状态，Ca^{2+}、Mg^{2+}等离子均随水运移；随着径流路径增长或含水层埋深增加，地下水中物质成分和含量逐渐增加；水化学类型基本为HCO_3-Ca型和HCO_3-Ca·Mg型水。

I-2~II区段：地下水中Ca^{2+}和CO_3^{2-}离子对处于过饱和态，地下水中沉淀出方解石，而白云石、石膏、岩盐和贡献有关组分的矿物继续溶解，Mg^{2+}、SO_4^{2-}等离子含量继续增加，矿化度增大，地下水类型由HCO_3-Na和HCO_3-Na·Ca逐渐变化为HCO_3·SO_4-Ca·Mg或（Mg·Ca、Ca·Na）型。

II~III区段：地下水中Ca^{2+}、Mg^{2+}和CO_3^{2-}离子对处于过饱和态，方解石（$CaCO_3$）和白云石（$CaMg(CO_3)_2$）矿物发生沉淀，石膏、岩盐继续溶解，因还原环境更加明显，SO_4^{2-}发生还原反应并可能产生H_2S，地下水类型主要为SO_4·HCO_3-Ca·Mg、SO_4·HCO_3-Ca·Na、SO_4-Ca型。

III~IV区段：方解石、白云石、石膏等矿物均处于沉淀状态，仅岩盐继续溶解，地下水矿化度继续增大，并使水矿化成咸水或盐水，地下水类型为Cl·SO_4-Ca·Na（Mg）、Cl-Na·Mg至Cl-Na型。

IV~V区段：地下水径流处于缓流带或近于停滞带，环境条件深度封闭，地下水基本为高矿化盐水或卤水。

根据地质选线原则，无论铁路、公路或市政工程隧道，在岩溶地区线路宜尽量设法绕避处于岩溶强烈发育阶段、具网状洞穴和巨大空洞的岩溶地区；若不能绕避时，应避免顺可溶岩与非可溶岩接触带、有利于岩溶发育的褶皱轴和断裂带及其交汇处，岩溶水富集区及岩溶水排泄带延伸处；并选择其最窄、最易于采取工程措施处，以最大交角通过。为此，几乎不存在IV~V区段的岩溶隧道，而IV~V区段的岩溶隧道也是极少数或局部段落。相应地，典型地区岩溶隧道地下水化学成分的变化特征主要体现在I-1~III区段的情况。

这里，以渝怀铁路武隆隧道为工程实例进行补充分析。

武隆隧道位于重庆市武隆县境内乌江北岸，乌江位于线路右侧，过武隆后流向从东西向呈弧形逐渐拐向北西，其山脉走向由近NS向至NE—SW向，地势北高向南逐渐降低。隧道全长9418m，为渝怀铁路第二长大隧道。隧道穿越地层大部为三叠系砂页岩、灰岩和二叠系厚层灰岩（图 3-7）。隧道穿越区域位于武隆向斜北西翼，为单斜构造，岩层走向为 N15°~60°E/SE，倾角为 12°~36°，个别为 NW 走向、倾向 NE。隧道穿越区内单斜构造起控制作用，在地层不整合接触部位或层间发育少量顺层断层，包括：①水井湾–桐圆断层（$D_2K191+870 ~ D_2K192+350$）；②基槽–申家坪断层（$D_2K193+180 ~ D_2K193+300$）；③（羊凹沱）渔家槽断层（$D_2K193+800 ~ D_2K194+400$）；④南溪沟断层（$D_2K196+050 ~ +400$）；⑤垮岩脚–赵家砭断层（$D_2K196+960 ~ D_2K197+050$）。其中①、③、④为主要断层，它们对隧道岩溶发育起控制作用。区内节理主要为垂直节理，产状 NW40°~70°∠90°，NE10°~50°∠90°，EW∠75°~90°N 等。

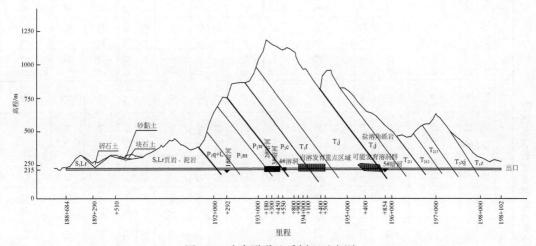

图 3-7　武隆隧道地质剖面示意图

隧道穿越区域主要接受大气降雨入渗补给，其中少量以地表水形式直接排向乌江，大部分则以岩溶地下水或暗河、泉水的形式排向乌江。地下水以岩溶裂隙水和岩溶管道水为主，并主要以岩溶暗河或泉水的形式排泄，地下水径流途径短，水循环快。丰富的地下水主要受地形、岩性和断层控制。

在武隆隧道施工过程中，隧道开挖揭示了隧道中段为岩溶发育的重点地段，尤其是 2# 和 3# 岩溶暗河，多次发生特大型岩溶涌突水。表 3-3 为武隆隧道施工过程中在洞内采取水样进行水化学成分分析的情况列表。从表中可知，武隆隧道采集地下水样的水化学类型以 $HCO_3 \cdot SO_4$-Ca 型水为主，水中 Ca^{2+}、SO_4^{2-} 等离子含量较多，表明地下水经历的运移途径较长，隧道穿越部位的地下水径流条件已大致处于水平径流带附近。根据武隆隧道线位标高、隧道穿越山区地形、乌江水位线及乌江两岸地表岩溶发育情况，采用岩溶地下水动力剖面分带三分法，武隆隧道岩溶段处于混流带中，特别是在季节变动带与水平径流带之间（图 3-1）。这与武隆隧道施工开挖多处揭露岩溶暗河，以及所见暗河常年水位线、2# 暗河段洪水季节多次发生特大岩溶涌水的事实相吻合。

武隆隧道仅为重庆地区的一个典型例子。蒲俊兵等（2010）为宏观掌握重庆地区岩溶地下河水化学特征，了解区域岩溶地下河水化学影响因素及分布规律，研究了重庆不同地区 61 条岩溶地下河水文地球化学特征（图 3-8）。

表3-3 武隆隧道地下水采样及水化学分析情况

编号	取样点里程及位置	现场描述	pH	总硬度 /(mg/L)	温度 /℃	Ca^{2+}	Mg^{2+}	K^++Na^+	NH_4^+	Cl^-	HCO_3^-	SO_4^{2-}	CO_3^{2-}	NO_3^-	水化学类型
						水化学成分及含量/(mmol/L)									
1	DK191+820	隧道进口地表水	7.49	366.3	20	5.22	2.1	2.47	0	0.52	2.82	6.41	0	0.04	$HCO_3 \cdot SO_4$-Ca
2	DK191+720 左边墙脚	DK191+700~DK191+730 段边墙脚每隔2m设一Φ50排水管，流速500mL/min，岩性为泥灰岩	7.6	177.7	20	2.52	1.03	4.75	0	0.27	2.21	5.78	0	0.04	$SO_4 \cdot HCO_3$-Ca·Na
3	PDK192+160 右边墙	股水哗哗，流速0.5m/s，水从溶缝中流出，缝宽20~50cm，产状18°∠69°	7.2	233.2	20	3.37	1.09	1.94	0	0.23	2.33	3.82	0	0.02	$HCO_3 \cdot SO_4$-Ca
4	DK192+250 拱顶		7.22	227.7	20	3.55	1.0	1.86	0	0.2	2.25	3.91	0	0.05	$HCO_3 \cdot SO_4$-Ca
5	DK192+257 左边墙	涌水流速 0.5~1.0m/s，DK192+250拱顶流水，流速0.4m/s；DK192+247右边墙开挖时曾涌过水，现留有水窗，下雨时有水涌出	7.4	213.2	20	3.31	0.95	1.76	0	0.15	2.05	3.82	0	0	$HCO_3 \cdot SO_4$-Ca
6	PDK192+292	1# 暗河，水清	7.2	142.6	20	2.21	0.64	0.61	0	0.25	0.74	2.42	0	0.05	$HCO_3 \cdot SO_4$-Ca
7	PDK193+175 左边墙	裂隙水小股流出，水清、冰凉、流量65mL/min	7.35	224.2	20	3.55	0.93	1.57	0	0.22	1.98	3.73	0	0.12	$HCO_3 \cdot SO_4$-Ca
8	DK193+220	2# 暗河水，水流清澈、冰凉刺骨	7.23	178.2	20	3.72	0.87	1.51	0	0.2	1.51	4.1	0	0.29	$HCO_3 \cdot SO_4$-Ca
9	DK193+340	3# 暗河水，略浑浊、冰凉刺骨	7.23	178.2	20	2.69	0.87	0.09	0	0.23	0.69	2.7	0	0.03	SO_4-Ca
10	PDK195+854	暗河水，水清澈、无色无味，暗河水深大于7m	7.15	444.4	20	6.69	2.19	2.49	0	0.3	5.26	5.78	0	0.03	$HCO_3 \cdot SO_4$-Ca
11	DK196+086 拱顶	滴水-胶水，面积1.5m²，流速1.0L/min	7.5	853.3	20	3.31	0.95	1.76	0	0.15	2.05	3.82	0	0	$HCO_3 \cdot SO_4$-Ca
12	DK196+108 右拱腰	边墙渗水沉淀褐黄色	7.1	1270.6	20	20.25	5.14	2.67	0.01	0.25	12.62	14.91	0	0.29	$HCO_3 \cdot SO_4$-Ca
13	DK196+165 右边墙脚	涌水，流量 3L/s	7.3	722.6	20	11.67	2.77	1.99	0	0.32	7.29	8.77	0	0.05	$HCO_3 \cdot SO_4$-Ca
14	DK196+168	DK196+130~DK196+180 开挖后半年内水量很大，褐红色沉淀	7.12	363.8	20	5.43	1.84	2.74	0	0.2	2.83	6.9	0	0.08	$SO_4 \cdot HCO_3$-Ca·Na
15	DK198+252	出口地表水（大堰沟）河水流速0.5m/s，断面宽5m，深1m，水色发浑略呈白灰色	7.28	320.3	20	4.85	1.55	1.08	0	0.25	3.41	3.82	0	0	$HCO_3 \cdot SO_4$-Ca·Mg

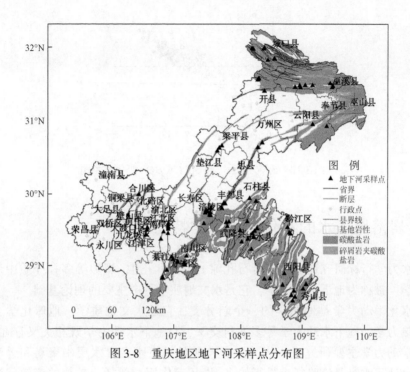

图 3-8　重庆地区地下河采样点分布图

　　结果表明，重庆地区岩溶地下河的溶解组分主要来源于碳酸盐岩的溶解，水化学类型为 Ca-HCO₃型或 Ca（Mg）-HCO₃型，但部分地下河水化学受到人类活动影响变为 Na+Ca-HCO₃型、Na+Ca-SO₄型、Na+Ca-Cl 型或 Ca-SO₄+HCO₃型，且农业活动或城市废水对地下河水化学的影响比工矿业活动普遍。地下河水温度随海拔升高而逐渐降低。在相同的地质背景下，地下河 Ca^{2+}、Mg^{2+}、HCO_3^- 等离子由于受不同区域岩溶作用强度差异的影响呈现出明显的区域性，SO_4^{2-}、NO_3^-、Cl^- 等指标由于受不同区域人类活动强度和方式的影响也显示出明显的区域性。图 3-9 为重庆地下河水阴阳离子变化三角图。图 3-10 为 S_{Ic}（或 β_c）与 S_{Id}（或 β_d）变化关系图。

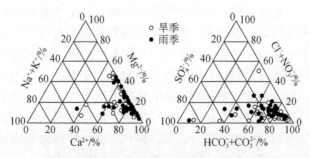

图 3-9　重庆地下河水阴阳离子变化三角图

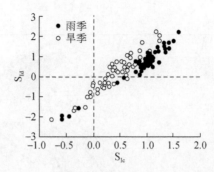

图 3-10　S_{Ic}（或 β_c）与 S_{Id}（或 β_d）变化关系图

3.3.2　岩溶地下水的水化学动力学特征

采用水力学指标研究地下水在岩石孔隙、裂隙和孔隙–裂隙等多孔介质中运动规律及应用的科学，被称为地下水动力学，它是水文地质学科中主要的理论基础。

地下水化学动力学是地质学的一个新分支，它是水文地质学、地球化学、化学动力学、化学热力学、地下水动力学等多学科交叉，与地下水动力学既相关又存在较大差别。地下水化学动力学主要研究进入岩（土）空隙的地下水在含水层中聚集和运动的基本规律，特别是地下水沿径流路径上进行的水–岩相互作用，包括：矿物的溶解与沉淀、氧化与还原、吸附与交替、成络与配位等作用，以及水中组分沿径流路径发生迁移、积累和分异。

含有一定化学组分的外源水在即将进入岩（土）空隙时，便构成水⇌气⇌岩（多矿物）相互作用的系统。地下水是整个水循环系统内的一个环节，它与"具有一定化学组分的外源水"相互联系，组成了整个水循环系统。这里，"外源水"是指大气降水和地表水。

地下水化学动力学特征主要由两个方面组成：一是用水力学指标表示渗流场的基本特征，二是用化学指标表示的水化学势场特征。其中，水力学指标主要包括水位（压）、渗流速度、水力坡度、渗透系数、导水系数等；水化学动力学指标主要包括组分浓度、组分活度、矿物饱和指数、水文地质化学动力学常数或地下水化学动力学常数。

根据岩溶地下水化学动力学理论，岩溶是可溶岩在地下水动力作用和水化学作用共同作用下的产物，地下水中的化学成分是水动力作用和各种化学作用的最终物质积累。地下水化学成分随路径而变化的过程，可以看作水中物质"示踪"过程的一种形式，其过程和结果与同位素具有类似的效应。曹玉清、胡宽瑢应用达西定律将化学动力学和地下水动力学联系起来，建立了岩溶水文地质化学动力学理论。该理论用化学指标表示计算水文地质参数的公式，用化学指标表示裘布依公式等，将化学动力学理论与地下水动力学、水文地球化学及水文地质学理论耦合起来。通过一系列水化学指标推演，建立用化学指标表示的达西定律（$V = KI$）：

$$V_{ni} = \frac{\Delta S_{iAB} \sum\limits_{j=1}^{m} v_{ij} k_j (2 - \beta_{jA} - \beta_{jB})}{2\Delta a_{ijAB}} \tag{3-40}$$

式中，V_{ni} 为 i 组分在地下水流线上"示踪"的渗透速度（m/d）；Δa_{ijAB} 为 j 矿物溶于水的 i 组分在流线上任意点 A、B 的活度差（mol/L），即 $\Delta a_{ijAB} = a_{ijB} - a_{ijA}$；$\Delta s_{iAB}$ 为 i 组分沿流线上 A 点运移到 B 点之间的距离（m），即 $\Delta S_{iAB} = S_{iB} - S_{iA}$；$v_{ij}$ 为 j 矿物溶于水中 i 组分的化学计量数，无量纲；k_j 为矿物溶解化学动力学常数 $[\mathrm{mol}/(\mathrm{L} \cdot \mathrm{d})]$；$\beta_{jA}$、$\beta_{jB}$ 分别为流线上任意点 A、B 地下水中 j 矿物溶沉的饱和指数，无量纲；j 为水文地质系统中参与水文地球化学偏平衡进程的矿物数，$j = 1$，2，$\cdots$，m；i 为 j 矿物溶于水的 i 组分，$i = \mathrm{Ca}^{2+}$，Mg^{2+}，$\cdots$，Na^{+}。

进一步将水力学指标表示的达西定律 $V_{nAB} = KI_{AB} = K\dfrac{\Delta h_{AB}}{\Delta S_{AB}}$ 和与水化学指标表示渗透速度相等的关系代入式（3-40）得

$$K_{iAB} = \frac{\Delta S_{AB}^2 \sum\limits_{j=1}^{m} v_{ij} k_j (2 - \beta_{jA} - \beta_{jB})}{2\Delta a_{iAB} \Delta h_{AB}} \tag{3-41}$$

式中，Δh_{AB} 为流线上任意两点 A、B 的水位（压）差（m）；K_{iAB} 为流线上任意两点 A、B 用 i 组分化学指标确定的渗透系数（m/d）。

需要指出，按照式（3-41）计算渗透系数，与水文地质学或地下水动力学中的渗透系数一样，是取决于地质、水文地质、水文地球化学条件和岩石透水性能的常数，与纯化学意义的化学动力学常数的物理含义有所不同，故也可将其称为水文地质化学动力学常数或地下水化学动力学常数。

在多矿物溶解体系中，三种矿物（方解石、白云石、石膏）均能贡献 Ca^{2+}，Mg^{2+} 仅由白云石所贡献，SO_4^{2-} 仅由石膏所贡献。于是，进一步推导了一系列应用常规水化学成分资料（主要为水质简分析，包括 K^{+}、Na^{+}、Ca^{2+}、Mg^{2+}、NH_4^{+}、Cl^{-}、HCO_3^{-}、SO_4^{2-}、NO_3^{-}、pH 和水温等）计算渗透系数的公式如下：

$$K_{\mathrm{Ca}^{2+}AB} = \frac{\Delta S_{AB}^2 [k_{\mathrm{c}}(2 - \beta_{cA} - \beta_{cB}) + k_{\mathrm{d}}(2 - \beta_{dA} - \beta_{dB}) + k_{\mathrm{g}}(2 - \beta_{gA} - \beta_{gB})]}{2\Delta h_{AB} \cdot \Delta a_{\mathrm{Ca}^{2+}AB}}$$

$$\left[a_{\mathrm{Ca}^{2+}B} > a_{\mathrm{Ca}^{2+}A}; \ 2 \geqslant \begin{matrix} \beta_{cA} + \beta_{cB} \\ \beta_{dA} + \beta_{dB} \\ \beta_{gA} + \beta_{gB} \end{matrix} \right] \tag{3-42}$$

$$K_{\mathrm{Mg}^{2+}AB} = \frac{\Delta S_{AB}^2 k_{\mathrm{d}}(2 - \beta_{dA} - \beta_{dB})}{2\Delta h_{AB} \Delta a_{\mathrm{Mg}^{2+}AB}}$$

$$[a_{\mathrm{Mg}^{2+}B} > a_{\mathrm{Mg}^{2+}A}; \ 2 \geqslant \beta_{dA} + \beta_{dB}] \tag{3-43}$$

$$K_{\mathrm{SO}_4^{2-}AB} = \frac{\Delta S_{AB}^2 k_{\mathrm{g}}(2 - \beta_{gA} - \beta_{gB})}{2\Delta h_{AB} \Delta a_{\mathrm{SO}_4^{2-}AB}}$$

$$[a_{\mathrm{SO}_4^{2-}B} > a_{\mathrm{SO}_4^{2-}A}; \ 2 \geqslant \beta_{gA} + \beta_{gB}] \tag{3-44}$$

式中，$\Delta a_{\mathrm{Ca}^{2+}AB}$，$\Delta a_{\mathrm{Mg}^{2+}AB}$，$\Delta a_{\mathrm{SO}_4^{2-}AB}$ 分别为流线上任意点 A、B 距离间的 Ca^{2+}、Mg^{2+}、SO_4^{2-} 的活度差；Δh_{AB} 为 A、B 间距的水位（压）差；β_{cA}、β_{dA}、β_{gA} 和 β_{cB}、β_{dB}、β_{gB} 分别为 A、B 点

处方解石、白云石、石膏溶解反应比率或饱和指数；k_c、k_d、k_g 分别为方解石、白云石、石膏的动力学常数；ΔS_{AB} 为 A、B 两点间距。

由于 Ca^{2+}、Mg^{2+}、SO_4^{2-} 代表的矿物溶解速度和迁移的性能存在着差异，为确定某 "点" 处的渗透系数，则取它们的平均值：$\bar{K} = \dfrac{K_{Ca^{2+}AB} + K_{Mg^{2+}AB} + K_{SO_4^{2-}AB}}{3}$

对单斜构造且岩层倾角大于 20° 的岩溶隧道，对 Δh_{AB} 进行简化：$\Delta h_{AB} = \Delta S_{AB} \cdot \tan\alpha$（$\alpha$ 为岩层倾角）。为此，利用常规水化学成分计算渗透系数的公式可变为

$$K_{Ca^{2+}AB} = \frac{\Delta S_{AB}}{2\tan\alpha \cdot \Delta a_{Ca^{2+}AB}} \left[k_c(2 - \beta_{cA} - \beta_{cB}) + k_d(2 - \beta_{dA} - \beta_{dB}) + k_g(2 - \beta_{gA} - \beta_{gB}) \right]$$

$$\left[a_{Ca^{2+}B} > a_{Ca^{2+}A}; \quad 2 \geqslant \begin{matrix} \beta_{cA} + \beta_{cB} \\ \beta_{dA} + \beta_{dB} \\ \beta_{gA} + \beta_{gB} \end{matrix} \right] \tag{3-45}$$

$$K_{Mg^{2+}AB} = \frac{\Delta S_{AB}}{2\tan\alpha \cdot \Delta a_{Mg^{2+}AB}} \cdot k_d(2 - \beta_{dA} - \beta_{dB})$$

$$\left[a_{Mg^{2+}B} > a_{Mg^{2+}A}; \quad 2 \geqslant \beta_{dA} + \beta_{dB} \right] \tag{3-46}$$

$$K_{SO_4^{2-}AB} = \frac{\Delta S_{AB}}{2\tan\alpha \cdot \Delta a_{SO_4^{2-}AB}} \cdot k_g(2 - \beta_{gA} - \beta_{gB})$$

$$\left[a_{SO_4^{2-}B} > a_{SO_4^{2-}A}; \quad 2 \geqslant \beta_{gA} + \beta_{gB} \right] \tag{3-47}$$

需指出，尽管曹玉清、胡宽瑢建立的模型立足于北方岩溶，但前已述及，北方岩溶与南方岩溶在水动力学条件上存在明显差异，若二者的地下水径流长度不同、发生水–盐化学作用的时间不同，则形成不同的岩溶形态；它们都是由大气降水入渗后，与空隙、裂隙附近岩石矿物相互作用的结果；都存在 "包气带–浅部循环带–深部循环带" 的垂直分带现象；都是矿物–水溶液–CO_2 的三相平衡体系作用的产物。因此，曹、胡所提出的岩溶水化学动力学原理可以应用于南方岩溶水化学动力学研究。

基于化学动力学理论，利用常规水化学成分计算出隧道穿越区域岩溶围岩的渗透系数，从而为岩溶隧道涌水量预测奠定了基础。

根据陈崇希（1995）提出的 "三重空隙" 介质理论，岩溶含水介质的空隙是由各类空隙组成的复合体，它们对岩溶水的动态有着不同的贡献。依其作用可分为三种基本类型，基质（岩块）孔隙和微裂隙、中宽裂隙、岩溶管道和宽裂隙。按介质的水动力特征，可将含水介质划分为主要起储、释水作用的空隙介质（其水流遵循达西定律）、主要起导水作用的空隙介质（其水流服从达西定律）和起导水作用的空隙介质（其水流的流态属于紊流）。

三重空隙介质中存在不同的流态，使得渗透系数的表达式也不相同，为此提出折算渗透系数 K_L 的概念，将紊流态的水流如同层流态一样，其流动规律在形式上可以用线性定律表示为 $V = K_L \cdot J$，从而将三类空隙介质中存在的不同流态（层流与紊流）耦合在同一基本微分方程中，即达西–非达西流的控制方程：

$$\frac{\partial}{\partial x}\left(K_L(Re)\,\frac{\partial H}{\partial x}\right) + \frac{\partial}{\partial y}\left(K_L(Re)\,\frac{\partial H}{\partial y}\right) + \frac{\partial}{\partial z}\left(K_L(Re)\,\frac{\partial H}{\partial z}\right) + \varepsilon = \mu_s\,\frac{\partial H}{\partial t} \qquad (3\text{-}48)$$

式中，H 为水头（L），K_L 为折算渗透系数（LT^{-1}），ε 为源汇强度（LT^{-1}），μ_s 为单位储水系数（LT^{-1}），x、y、z 为空间坐标（L），t 为时间变量（T），Re 为雷诺数。

由式（3-48）可知，解决三重空隙介质地下水流问题的矛盾转化为如何建立管道、裂隙的 K（渗透系数）和 K_L（折算渗透系数）的表达式。

陈崇希（1995）分别针对对于层流和紊流情况，提出相应的 K_L 的表达式。在此基础上，本书进一步依据岩溶地下水化学动力学理论，将利用常规水化学成分计算出的隧道穿越区域岩溶围岩的渗透系数视为 K_L。需指出，采用岩溶地下水化学动力学法计算的渗透系数有正负之分，它主要反映了碳酸盐岩中矿物的溶沉方向和地下水流方向，故计算时采用绝对值。

根据以上理论，隧道涌水量预测模型的建立可以作如下考虑：隧道开挖导致隧道线路影响范围内地下水流场的局部改变，隧道开挖围岩临空面成为地下水新的排泄通道。

将 K_L 代入达西公式（$V = K_L \cdot J$）中，确定隧道开挖围岩临空面处岩溶水渗流速度。其中，J 为水力梯度$\left(J = \dfrac{\Delta H}{L}，\Delta H\text{ 为水头损失，}L\text{ 为地下水径流途径}\right)$，对于深埋长大隧道，地下水通常具有承压性，故假设 $J \approx \sin\alpha$（α 为岩层倾角）。

进一步利用公式 $Q = n \cdot S \cdot V$ 计算隧道开挖涌水量。于是，利用化学动力学水文地质理论和三重空隙介质理论建立的岩溶隧道涌水量计算新方法的公式为

$$Q = n \cdot D \cdot L \cdot K_L \cdot \sin\alpha \qquad (3\text{-}49)$$

式中，Q 为隧道分段岩溶涌水量（m^3/m）；n 为岩溶发育率，D 为隧道开挖临空面宽度（m），L 为隧道分段开挖长度（m）；S 为临空面或过水断面面积（S = 隧道开挖长度×临空面宽度）；K_L 为折算渗透系数（m/d），α 为岩层倾角。

至此，便将陈崇希（1995）提出的"三重空隙"介质理论和曹玉清等（2000）提出的岩溶地下水化学动力学理论一起融合到岩溶隧道涌水量预测模型中。

以武隆隧道为例，进行典型地区岩溶隧道地下水化学动力学参数计算实例分析。

以表 3-3 提供的原始数据为基础，利用式（3-41）～式（3-47）求解，武隆隧道主要取水点的水化学及水化学动力学参数计算结果见表 3-4。需指出，采用化学动力学法计算的渗透系数有正负之分，它主要反映了碳酸盐岩中矿物的溶沉方向，所以在进行涌水量计算时采用绝对值。

从表 3-4 可知（剔除"DK196+086 拱顶"和"DK196+165 右边墙脚"两个异常点），武隆隧道施工地下水方解石饱和指数 β_c 的范围在 0.77～4.82（$\beta_{c\text{平均}} = 2.66$），白云石饱和指数 β_d 的范围在 0.15～6.53（$\beta_{d\text{平均}} = 2.46$），石膏饱和指数 β_g 的范围在 0.0001～0.0051，$\beta_{g\text{平均}} = 0.0007$。

武隆隧道岩溶涌水量计算分段：主要根据隧道穿越区域水文地质条件（图 3-7）及隧道设计纵断面图，将隧道岩溶涌水量计算区域划分为 5 段（图 3-11）：①DK188+684～DK192+080；②DK192+080～DK192+576；③DK192+576～DK193+960；④DK193+960～DK195+960；⑤DK195+960～+DK198+102。其中，第①段主要为局部渗透基岩裂隙水，

不进行计算，仅给出经验参考值 $1m^3/(d\cdot m)$。重点对第②~④段进行分段涌水量计算。

表3-4 武隆隧道岩溶水化学及水化学动力学参数计算结果

编号	取样点里程及位置	pH	总硬度/(mg/L)	β_c	β_d	β_g	计算渗透系数 $K_L/(m/d)$
1	DK191+720 左边墙脚	7.6	177.7	2.97	3.08	0.0004	
2	PDK192+160 右边墙	7.2	233.2	1.78	0.87	0.0006	8844.3
3	DK192+250 拱顶	7.22	227.7	1.96	0.92	0.0006	6458.3
4	DK192+257 左边墙	7.4	213.2	2.14	1.12	0.0005	563.1
5	PDK192+292	7.2	142.6	0.77	0.15	0.0001	510.6
6	PDK193+175 左边墙	7.35	224.2	2.13	1.02	0.0005	−11842.9
7	Dk193+220	7.23	178.2	2.34	1.09	0.0004	1406.9
8	DK193+340	7.23	178.2	1.07	0.32	0.0001	2296.6
9	PDK195+854	7.15	444.4	4.82	6.53	0.0023	−10534.8
10	DK196+086 拱顶	7.5	853.3	17.50	75.04	0.0005	1143.4
11	DK196+108 右拱腰	7.1	1270.6	4.62	6.18	0.0010	−26.2
12	DK196+165 右边墙脚	7.3	722.6	14.27	41.72	0.0051	145.7
13	DK196+168	7.12	363.8	4.62	6.19	0.0010	10.1
14	DK198+252	7.28	320.3	2.72	2.03	0.0011	

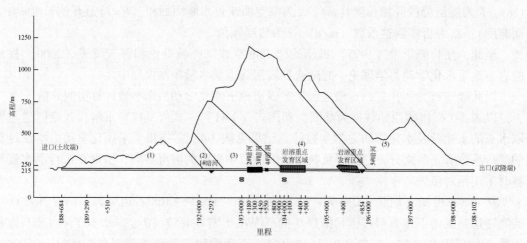

图3-11 武隆隧道涌水量计算分段示意图

表3-5 为各区段涌水量计算所需基本参数。因缺乏钻孔资料，分段岩溶发育率 n 主要根据现场开挖调查情况给出；采用水文地质化学动力学法计算折算渗透系数（表3-4）。根据式（3-49）计算分段涌水量，计算结果见表3-6。

表 3-5　武隆隧道分段岩溶涌水量计算所需基本参数

分段编号	里程段及长度	岩溶发育率 n	岩层倾角 $\alpha/(°)$	隧道开挖临空面宽度 D/m	渗透系数 $K_L/(m/d)$
②	DK192+080 ~ DK192+576 （496m）	0.4	22	7.0	510.6
③	DK192+576 ~ DK193+960 （1384m）	0.5	22	7.0	1907.4
④	DK193+960 ~ +DK195+960 （2000m）	0.3	22	7.0	1143.4
⑤	DK195+960 ~ DK198+102 （2142m）	0.2	22	7.0	10.1

表 3-6　武隆隧道分段涌水量计算结果

分段编号	里程及长度	分段涌水量计算结果/（m³/d）	开挖验证情况
②	DK192+080 ~ DK192+576 （496m）	26.6×10⁴	DK192+292 处 1# 暗河常年有水
③	DK192+576 ~ DK193+960 （1384m）	345.9×10⁴	DK193+220 处 2# 暗河 DK193+340 处 3# 暗河多次发生特大涌水，给施工单位造成严重损失
④	DK193+960 ~ DK195+960 （2000m）	179.8×10⁴	DK195+854 处 5# 暗河常年有水
⑤	DK195+960 ~ DK198+102 （2142m）	1.1×10⁴	局部股水
①	DK188+684 ~ DK192+080 （3396m）	0.3×10⁴	局部滴水

武隆隧道开挖总涌水量为

$$Q = \sum_{i=1}^{5} Q_i = 0.3 \times 10^4 + 26.6 \times 10^4 + 345.9 \times 10^4 + 179.8 \times 10^4 + 1.1 \times 10^4$$
$$= 553.7 \times 10^4 \, m^3/d$$

第4章 隧道开挖揭露岩溶形态及其分形特征

4.1 隧道地表及洞内开挖揭露的岩溶形态

4.1.1 隧道地表岩溶形态

地表岩溶形态可以用"千奇百怪"和"形态各异"来形容，分为两大类进行描述：岩溶个体形态和岩溶组合形态。

岩溶个体形态：溶隙、溶沟与石芽、落水洞与塌陷、漏斗于洼地、岩溶谷地（坡立谷）、峰林与溶丘、暗河（地下河）、溶洞、干谷与盲谷、岩溶泉，以及洞穴次生沉积物形成的各种岩溶形态。

岩溶组合形态：孤峰平原区（广西境内的湘桂、黔桂及黎湛等部分铁路地区）、溶洼地区（川黔线桐梓、息峰、扎佐一带岩溶区）、峰林谷地区（黔桂线的南丹至金城户、川黔线的乌江两岸等岩溶区）、山地河谷区（如成昆线的大渡河岩溶峡谷区）、陇岗槽谷区（如成渝线的中梁山隧道岩溶区）。

4.1.2 隧道洞内开挖揭露的岩溶形态

根据多座岩溶隧道现场调查分析，将岩溶形态分为溶孔、溶缝、溶槽、溶管、溶洞和岩溶暗河等。表4-1为隧道洞内开挖揭露各种岩溶形态的主要特征分析，充分显示出岩溶形态的不规则性。

表4-1　各种岩溶形态的主要特征

序号	岩溶形态	主要特征
1	溶孔	直径小于几厘米的小孔。它多是沿成岩孔隙、构造解理扩大溶蚀形成的。它可以分散成单个出现，也可以由许多溶孔组合成蜂巢状
2	溶缝	多沿节理、裂隙延伸方向发育，宽度从数毫米至数厘米，延伸长度视节理、裂隙发育情况而变化，通常对张性节理来说，延伸较长，一般多呈断续发育
3	溶槽	宽度大于溶缝，是在长期水动力或水化学作用下，溶缝进一步加宽所致
4	溶管	在形态上多呈不规则的圆柱状形，管径可大可小，但延伸较长，通常具有多级次分枝结构，尤其发育于浅部地下水垂直入渗带
5	溶洞	在几何上，立体上可表述为不规则的六面腔壁，其几何尺寸可大可小，小的为数立方厘米，大的可以达到数十、数百、数千立方米，形成巨型大溶洞
6	岩溶暗河	区别一般的溶洞和溶管，具有常水位或季节变动水位的大型线状岩溶

4.1.3　岩溶填充物的多样性

对于隧道开挖揭露的溶洞，可分为空洞和充填溶洞两大类。岩溶充填物因其形成作用分两大类：化学沉积和碎屑沉积。岩溶充填物具有松软、松散、性能、多孔、含水量高、下沉量大、强度低、稳定性差等特点。其中，化学沉积主要指各种形态的碳酸钙沉积物，如石笋、石柱、石幔、石钟乳、石灰体等；碎屑沉积物主要是黏土、淤泥、砂、砾石及岩块等，进一步可细分为黏土质充填物和松散堆积物。

（1）黏土质充填物：在地下水的润滑作用下，当隧道开挖揭穿黏土充填的溶洞，极有可能发生涌泥的危害。

（2）松散堆积物：指砂土、砂砾及岩块等而言。当隧道顶部岩层中，有填充大量堆积物的落水洞、竖井等垂直洞穴时，一旦被切穿，便会引起坍塌。尤其当充填物含水量高，洞穴直径大，在施工震动时，更易发生大规模的坍塌，威胁性更大。

（3）碳酸钙沉积物：在施工中稍有震动、撞击，就会出现易掉块坍落，造成危害。又因具有强度低、稳定性差的特点，一般不能置放建筑物基础。

4.2　应用分形理论开展岩溶研究的可行性

分形理论（fractal theory）是由伯努瓦·曼德尔布洛特（Benoit Mandelbrot）在 20 世纪 70 年代首次提出的（文志英，1999）。"分形"一词源于拉丁语形容词"fractus"，意为"不规则的或断裂的"。分形的两个最重要特性是自相似性和标度不变性。为此，能否将分形理论应用于岩溶形态研究，首先需要考察岩溶形态是否具有这两个基本特性。

以广东肇庆七星岩地表岩溶（图 4-1）为例进行分析。

图 4-1　七星岩地表岩溶照片

　　七星岩是我国典型的南方岩溶，在这里将其作为例子开展岩溶分形研究是非常有意义的。七星岩位于广东省肇庆市区北约 4km 处，原是由西江古河道形成的沥湖，主体由 7 座石灰岩山峰组成，排成如北斗星般撒落在碧波如镜的近 $600hm^2$ 的湖面上。

　　在七星岩景区附近拍摄了大量的、不同放大倍数的地表岩溶照片。从这些照片中可以看出，地表岩溶形态发育极不规则，形态各异，杂乱无章，且不同形态的岩溶相互交织。限于篇幅，这里仅以其中的一张照片为例进行分析。图 4-2 为广东肇庆七星岩地表岩溶原始照片。应用 Photoshop 图形处理软件，对图 4-2 采取"滤镜处理""锐化""强化边缘""灰度处理"等图形技术处理后，可得图 4-3。图 4-3 可以进一步反映出岩溶发育的随机性和"无规律性"。

图 4-2　广东肇庆七星岩地表岩溶原始照片　　　图 4-3　对图形 4-2 进行数值技术处理的成果图

　　改变观察的尺度，将处理后的照片（图 4-3）按比例放大，所得到的图形非常相似。如图 4-4 ~ 图 4-7 即为图 4-3 分别放大 1 倍（2^0）、2 倍（2^1）、4 倍（2^2）和 8 倍（2^3）后的图形。很明显，每一张图形都具有明确的相似性或自相似性，且不同比例放大倍数的图形之间也具有明显的相似性。为此，岩溶形态的发育特征具有分形图形的一个重要特性——自相似性。

图 4-4　肇庆七星岩地表岩溶图形（1∶1）

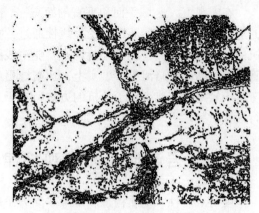

图 4-5　肇庆七星岩地表岩溶图形放大 2^1 倍

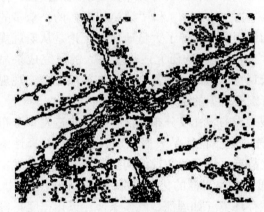

图 4-6　肇庆七星岩地表岩溶图形放大 2^2 倍

图 4-7　肇庆七星岩地表岩溶图形放大 2^3 倍

在明确岩溶形态具有自相似性基础上，进一步通过图形技术处理，改变观察尺度，改变图形放大系数，代表各类岩溶形态的特征不变，于是可以计算出不同岩溶形态的分形维数。进一步证明，岩溶发育的形态特征具备分形图形所必需的另一个特性——标度不变性。

图 4-8 为在图 4-3 基础进行分形计算的成果图（具体计算方法见第 4.4 章节）。

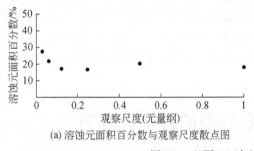

(a) 溶蚀元面积百分数与观察尺度散点图

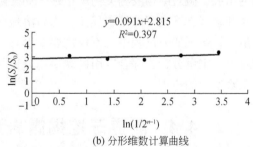

(b) 分形维数计算曲线

图 4-8　以图 4-3 为基础的分形计算成果图

由以上典型例子分析可知，地表岩溶形态具有分形图形的两个基本特性：自相似性和标度不变性。为此，将分形理论应用于地表岩溶形态分析是可行的。

在宏观上（区域平面和垂直剖面），岩溶发育分布是有规律可循的，但岩溶发育分布的形态又是各异的。隧道开挖呈线性通过，在隧道线路影响范围内揭露岩溶的可能性是随机的。根据岩溶隧道施工经验调查，隧道线路范围内的岩溶形态有溶孔、溶缝、溶槽、溶管、溶洞和岩溶暗河等。事实上，比溶缝更小尺度的"岩溶形态"还有节理、裂隙等。参考地表岩溶形态典型例子分析的方法，对于地下岩溶形态来说，同样可以应用分形理论进行规律研究。

4.3　岩溶形态的宏观规律与微观规律研究的辩证关系

受可溶岩性、地质构造和地下水动力条件三个必要条件的控制，以及在气候等环境因素的参与下，在区域平面分布和垂直剖面分布两个方面岩溶发育分布具有宏观规律性，但具体的岩溶形态却是"千奇百怪""形态各异""纷繁复杂"和"混沌随机"的。众多的岩溶地质专家针对岩溶的形成及其与地下水的作用机理开展了大量研究，无论是从宏观规律角度，还是从微观溶蚀作用机理角度等，均取得大量的研究成果。前人的研究成果显示，在一定的研究尺度范围内，地质现象的宏观特征与微观特征之间存在相似性，宏观现象是由微观现象组成的，而微观现象常反映着宏观现象的本质特征。

在宏观上，岩溶发育的控制性条件是碳酸盐岩的岩性及分布状况、地质构造发育分布特征和地下水动力条件；在微观上，岩溶发育的本质特征是表面反应控制下的选择性溶蚀，碳酸盐矿物的菱形解理是选择性溶蚀的优势点，岩石的微观结构控制了岩溶的微观发育和演化。大量的研究表明，微观溶蚀形态通常是由岩样的化学成分、岩石和矿物结构、不同成分矿物的组合关系、渗流条件和岩石赋存环境（如埋深、气候条件、风化程度）等多种因素共同控制的。但是，不同微区中成分的不均一性对微观溶蚀形态有很大的影响作用，尤其是可溶质成分钙和不溶质成分硅铝的分布及其组合关系常是微观溶孔发育的重要控制因素。

因此，研究隧道开挖揭露的岩溶形态及发育分布规律，除了从宏观上研究隧道区的地质构造和地下水动力条件对岩溶发育的影响外，还需要对岩石的岩性、化学组成、不同矿物的组成、微观结构及相关物理指标，如孔隙率等微观物理性质进行研究，以便从机理上了解和掌握岩溶发育的基本规律，为岩溶地质预报提供更清晰的理论依据。同时，在进行岩溶发育微观研究过程中，不仅需要对形态分布进行微观分析，还要对不同组成成分进行定量及半定量分析，综合应用微观形态分析与微观成分分析，这样才能更加清楚地揭示岩溶微观发育的机理。

4.4　隧道开挖揭露岩溶形态的分形计算方法

4.4.1　岩溶元概念

所谓岩溶元或称溶蚀元（karst unit）（李苍松，2006），是研究岩溶形态发育微观规律的基本单元，它是岩溶形态发育的最小单元。以该单元为起点，岩溶元沿着微裂隙、节理等结构面或岩石表面按照一定的规律生长，并逐步生长为溶孔、溶缝、溶槽、溶管，最终变为溶洞和岩溶暗河。

将这些不同的岩溶形态与该最小单元紧密联系起来的特征参数为岩溶形态发育的分形维数。

4.4.2　岩溶分形维数计算方法

1. 反映岩溶形态特征的图片数值处理技术

岩溶形态变化多样，需要对现场岩溶照片进行数值处理，以便获得有效的岩溶分形图形。

根据图片数值处理基本原理，应用 Photoshop 9.0 图像处理软件进行图片数值处理，具体过程如下：

（1）打开 Photoshop 9.0 图像处理软件，调入 * . jpg 图形文件，进行初始化，即得以下步骤所需的原始图片。

（2）进行图像的灰度处理，将 24 位真彩色照片改变为 8 位灰度照片。

（3）滤镜处理。对图片进行锐化处理，包括 USM 锐化、进一步锐化、锐化和锐化边缘。

（4）图像的亮度/对比度调整。在图形滤镜处理基础上，修改"亮度"和"对比度"数值，进行灰度处理。将图形的亮度调整为 80%，将对比度调整为 100%。

（5）进行图形的风格化处理，主要在锐化处理基础上进行"强化边缘"处理。根据图形清晰度的需要，一般可进行三次边缘查找。

2. 岩溶元的分形生长过程及岩溶分形维数的计算方法

岩溶元的分形生长过程如图 4-9 所示，其中第 N 级生长结果反映了特定条件的岩溶发育程度或岩溶形态。

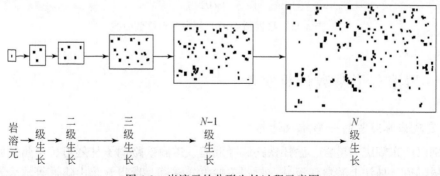

图 4-9　岩溶元的分形生长过程示意图

为了更好地了解和掌握第 N 级分形生长的特性，有必要计算其分形维数 D_N。以图 4-9 中的第 N 级分形生长为例，岩溶元的分形生长维数计算如下：

（1）取一定 L_i 为步长，对 N 级生长图进行网格剖分（图 4-10）。

（2）统计黑色小方格的个数 n_i，并计算黑色小方格占总格数 N_i 的百分比 X_i。

（3）重复第（1）、（2）步骤，将步长减小 2^1 倍（或将图片放大 2^1 倍），计算黑色小方格占总格数 N_{i-1} 的百分比 X_{i-1}。

依此类推，将步长减小 2^1，2^2，2^3，…，2^{n-1} 倍，计算黑色小方格占总格数的百分比 X_{i-1}，X_{i-2}，X_{i-3}，…，X_{n-1}。

（4）以 $\ln(1/2^{n-1})$ 为横坐标，$\ln(X_i)$ 为纵坐标作图，这里 $X_i = S_i/S_0$，i 为改变观察尺度的次数，X_i 为第 i 次改变观察尺度时，岩溶元累计面积占整个图片面积的百分数，S_0 为图片面积，S_i 为第 i 次改变观察尺度时的岩溶元累计面积，则图中的直线斜率即为所求的岩溶分形维数 D_N（图 4-11）。

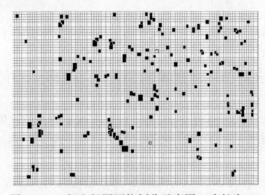

图 4-10　N 级生长图网格剖分示意图（步长为 L_i）

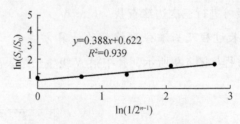

图 4-11　根据图 4-10 计算的分形维数曲线

4.4.3　岩溶分形维数计算实例

1. 宏观岩溶照片的分形维数计算

分别以广东肇庆七星岩、渝怀铁路武隆隧道、遂渝铁路桐子林隧道、贵州镇胜高速公路黄果树隧道、乌江上游黔江流域、贵州关岭 1 号隧道、贵州五龙山隧道等地表岩溶及部分隧道内开挖掌子面岩溶照片为例，进行岩溶分形维数计算及分形特征研究。

1）广东肇庆七星岩地表岩溶

七星岩地区岩溶分形图形的计算结果见表 4-2 和图 4-12。

表4-2　广东肇庆七星岩地区岩溶分形图形的计算结果统计

序号	分形图片编号	相关方程	相关系数平方 R^2	分形维数
1	QXY-1	$Y=-0.1x+3.0406$	0.534	-0.1
2	QXY-2	$Y=0.1551x+3.0562$	0.8822	0.1551
3	QXY-3	$Y=0.1114x+2.7993$	0.8648	0.1114
4	QXY-4	$Y=-0.2002x+2.8057$	0.6091	-0.2002
5	QXY-5	$Y=0.0447x+3.0404$	0.2439	-0.2002
6	QXY-6	$Y=0.2135x+2.6844$	0.7889	0.2135
7	QXY-7	$Y=-0.0143x+2.7817$	0.0138	-0.0143
8	QXY-8	$Y=0.4634x+0.7372$	0.9325	0.4634
9	QXY-9	$Y=0.005x+3.3465$	0.003	0.005
10	QXY-10	$Y=0.0407x+2.9736$	0.0747	0.0407
11	QXY-11	$Y=0.1428x+2.7045$	0.5401	0.1428
12	QXY-12	$Y=0.0917x+2.8155$	0.3977	0.0917
13	QXY-13	$Y=-0.0623x+2.9051$	0.2428	-0.0623
14	QXY-14	$Y=-0.3923x+2.8086$	0.5718	-0.3923
15	QXY-15	$Y=0.1959x+2.5683$	0.8961	0.1959
16	QXY-16	$Y=0.3505x+1.682$	0.3156	0.3505

从表4-2统计结果来看，分形计算的结果统计如下：分形维数为负数的有6个，范围在-0.0143～-0.3923；分形维数为正数的有10个，占总数的62.5%，范围在0.005～0.4634，平均为0.177；其中分形维数大于0.1的有7个，占总数的44%。计算获取的16条分形曲线相关系数平方 R^2 的平均值为0.494（即相关系数 $R_{平均}=0.703$，相似性一般），其中 R^2 大于0.6的有6个，占总数的37.5%。

以上统计结果表明，七星岩地表岩溶具有较明显的分形特征，且不同的岩溶形态照片所计算的岩溶分形维数是有一定变化。

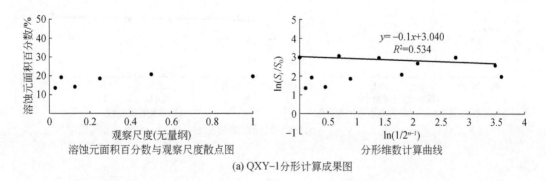

溶蚀元面积百分数与观察尺度散点图　　　分形维数计算曲线

(a) QXY-1分形计算成果图

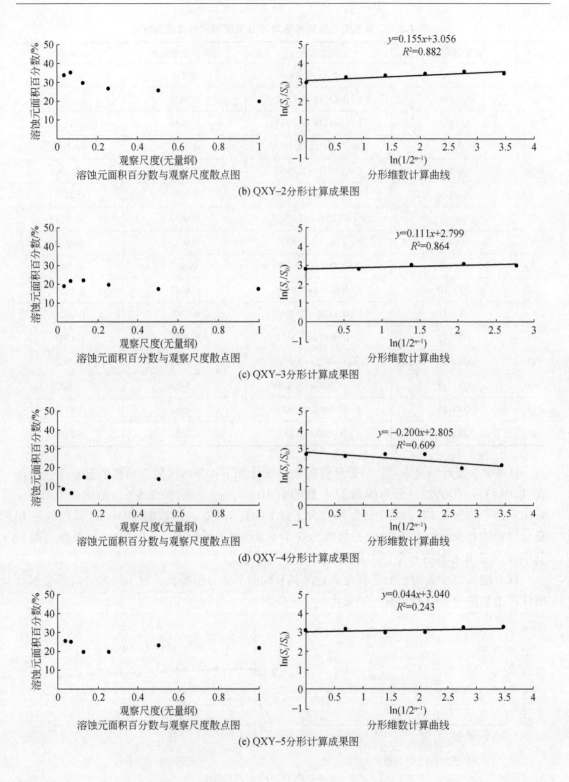

(b) QXY-2分形计算成果图

(c) QXY-3分形计算成果图

(d) QXY-4分形计算成果图

(e) QXY-5分形计算成果图

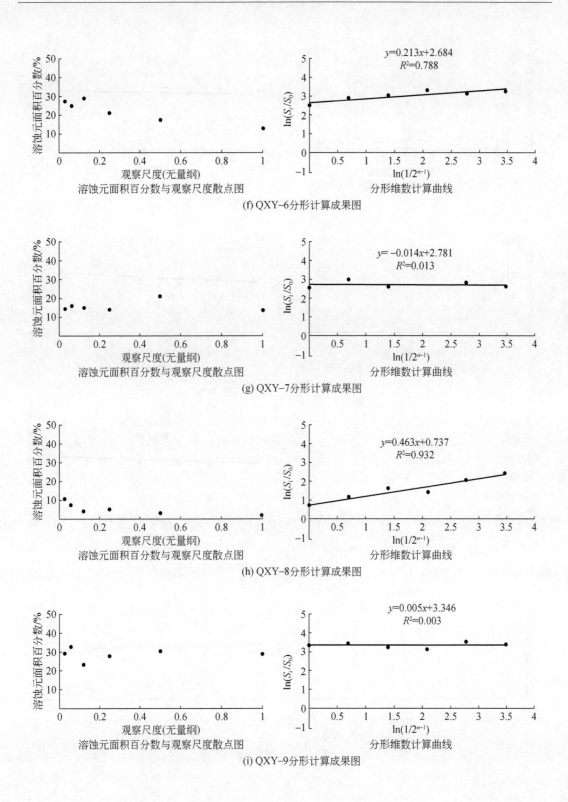

(f) QXY-6分形计算成果图

(g) QXY-7分形计算成果图

(h) QXY-8分形计算成果图

(i) QXY-9分形计算成果图

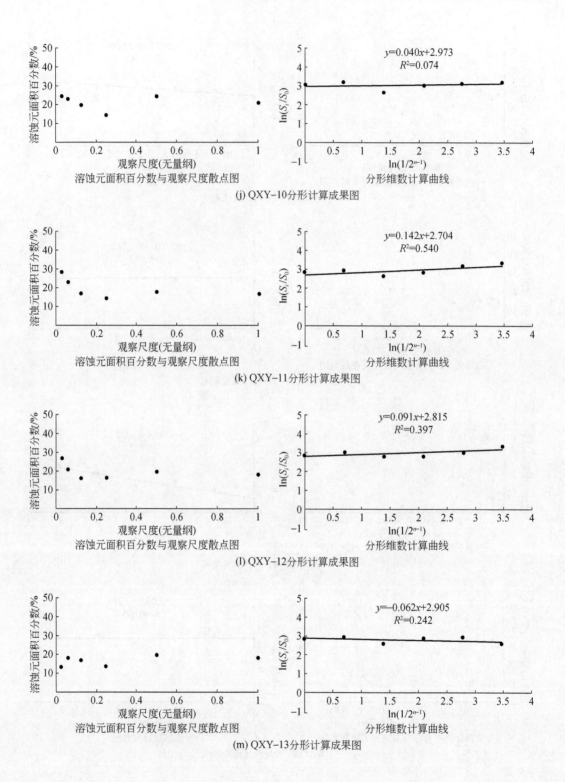

(j) QXY-10分形计算成果图

(k) QXY-11分形计算成果图

(l) QXY-12分形计算成果图

(m) QXY-13分形计算成果图

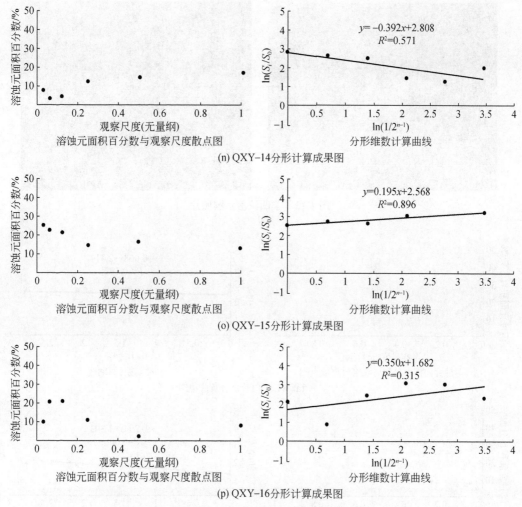

图 4-12　肇庆七星岩地表岩溶分形计算成果图

2）渝怀铁路武隆隧道地表岩溶

武隆隧道线路基本与乌江平行，乌江沿岸的灰岩层中，垂直溶隙、溶芽、溶管、溶洞及暗河发育，溶洞几乎呈"层"分布，在垂直剖面上表现为"串珠状"。隧道线路顶部地表岩溶发育，尤其是羊凹沱—渔家槽一带，岩溶形态多见溶缝、溶芽、溶柱、溶孔、溶槽及落水洞等，尤以羊凹沱落水洞最为典型（图 4-13），是武隆隧道穿越区域地表最大的岩溶现象。

图 4-14 为武隆隧道地表岩溶分形图形计算典型成果图，从统计结果看出，分形维数均为正数，范围在 0.0008 ~ 0.4472，平均 0.1934。

3）遂渝铁路桐子林隧道地表岩溶

该隧道位于嘉陵江左岸，隧道穿越区域岩溶及岩溶水发育，隧道开挖揭露多处小溶洞、一处特大型空溶洞及大型暗河系统。图 4-15 为该隧道地表岩溶分形图形计算典型成果图。从统计结果来看，分形维数均为负数，范围在 -0.1139 ~ -0.1169，平均 -0.1154。

图 4-13　羊凹沱落水洞照片

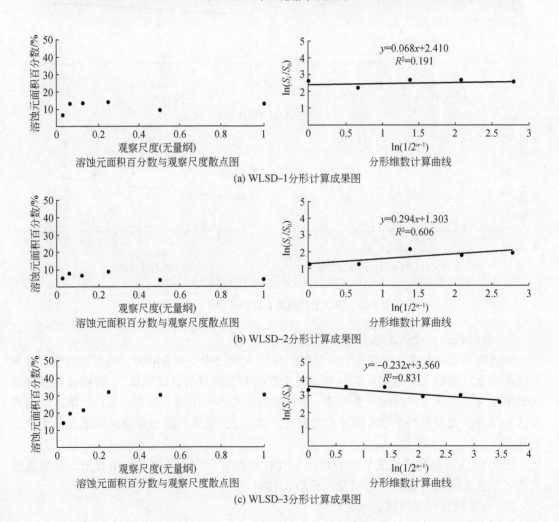

(a) WLSD-1分形计算成果图

(b) WLSD-2分形计算成果图

(c) WLSD-3分形计算成果图

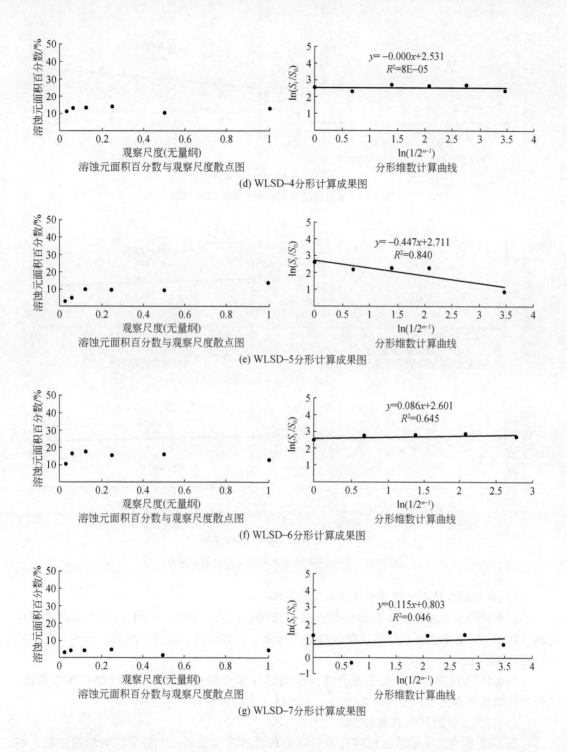

(d) WLSD-4 分形计算成果图

(e) WLSD-5 分形计算成果图

(f) WLSD-6 分形计算成果图

(g) WLSD-7 分形计算成果图

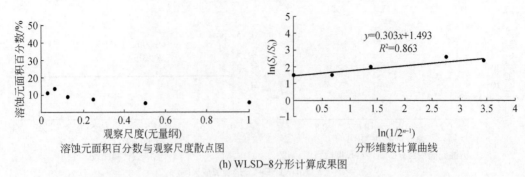

(h) WLSD-8分形计算成果图

图 4-14　武隆隧道地表岩溶分形计算成果图

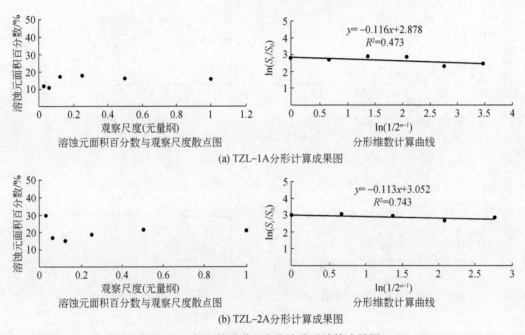

(a) TZL-1A分形计算成果图

(b) TZL-2A分形计算成果图

图 4-15　桐子林隧道地表岩溶分形计算成果图

4）贵州镇胜高速公路黄果树隧道地表岩溶

黄果树隧道区域位于著名旅游景点黄果树瀑布附近，所处地貌单元为中低山岩溶峰丛、洼地、谷地地貌区，隧道区微地貌主要为溶谷、溶洞群、溶槽、溶沟、石林、石柱等岩溶地貌形态。

图 4-16 为该隧道出口端地表岩溶分形图形计算典型成果图。从统计结果可以看出，分形维数基本为正数，范围在 0.0122～0.2848，平均 0.1752。

5）乌江上游黔江流域地表岩溶

图 4-17 为乌江上游黔江流域地表岩溶分形计算典型成果图，分形维数均为正数，范围在 0.0527～0.3921，平均 0.2176；分形评价指数范围在 0.18～0.62，平均 0.40。

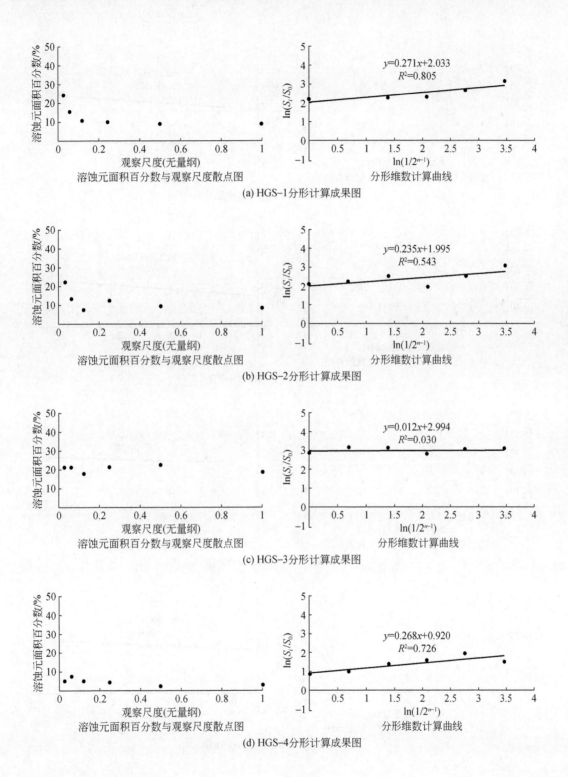

(a) HGS-1分形计算成果图

(b) HGS-2分形计算成果图

(c) HGS-3分形计算成果图

(d) HGS-4分形计算成果图

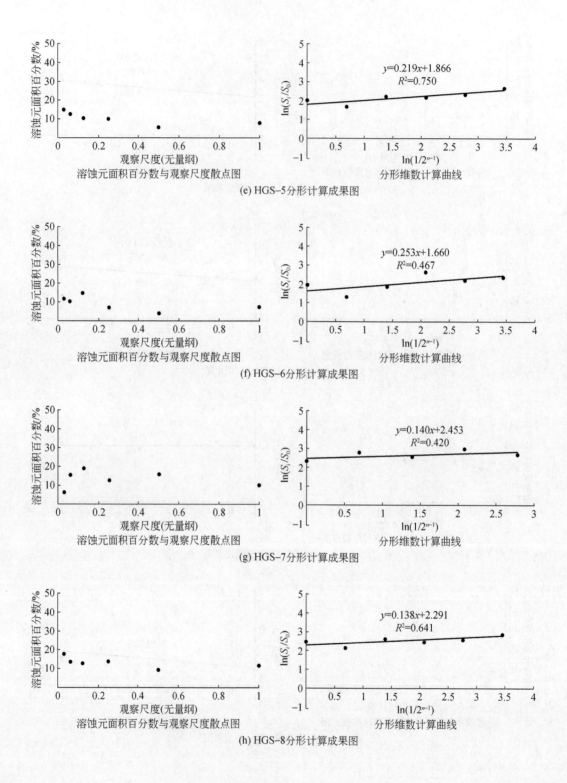

(e) HGS-5分形计算成果图

(f) HGS-6分形计算成果图

(g) HGS-7分形计算成果图

(h) HGS-8分形计算成果图

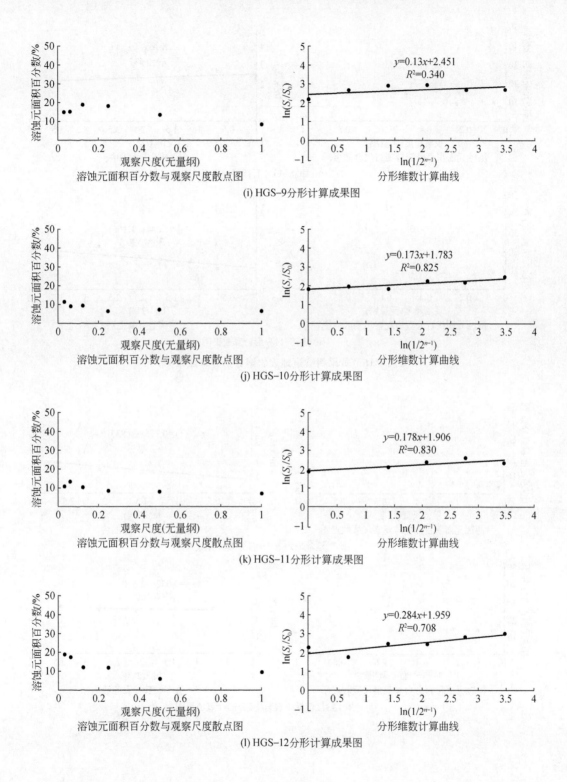

(i) HGS-9 分形计算成果图

(j) HGS-10 分形计算成果图

(k) HGS-11 分形计算成果图

(l) HGS-12 分形计算成果图

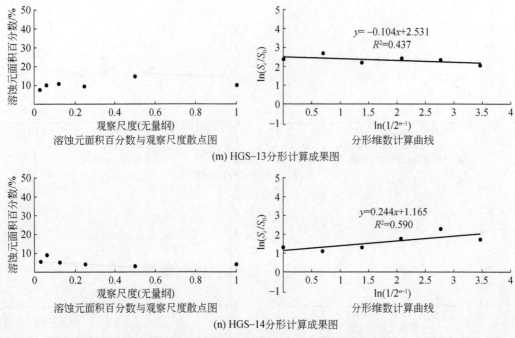

(m) HGS-13分形计算成果图

(n) HGS-14分形计算成果图

图4-16 黄果树隧道地表岩溶分形计算成果图

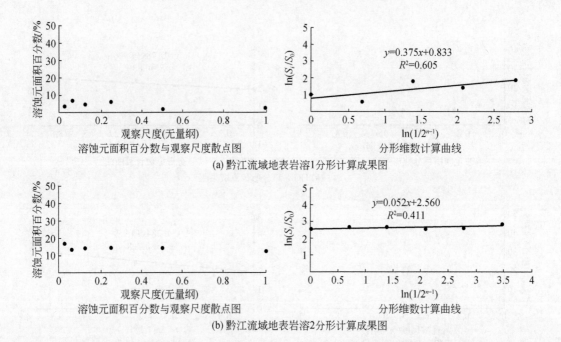

(a) 黔江流域地表岩溶1分形计算成果图

(b) 黔江流域地表岩溶2分形计算成果图

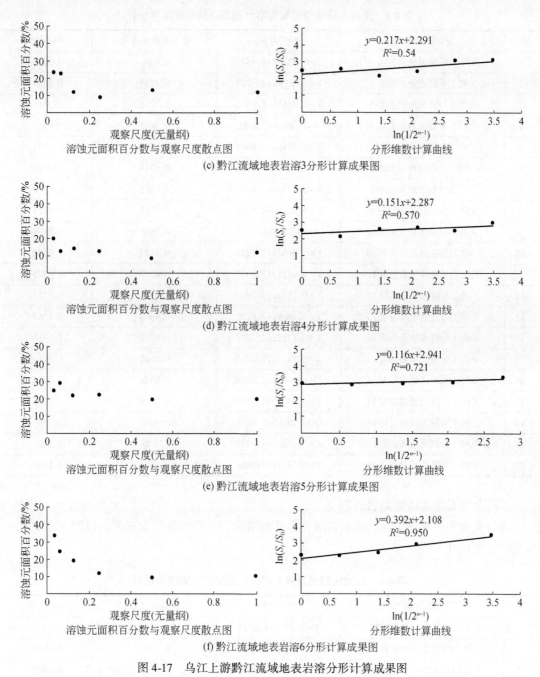

(c) 黔江流域地表岩溶3分形计算成果图

(d) 黔江流域地表岩溶4分形计算成果图

(e) 黔江流域地表岩溶5分形计算成果图

(f) 黔江流域地表岩溶6分形计算成果图

图 4-17　乌江上游黔江流域地表岩溶分形计算成果图

6）贵州关岭 1 号隧道地表岩溶

贵州关岭 1 号隧道地表岩溶分形计算结果见表 4-3，分形维数基本为正数，范围在 0.0403 ~ 0.3672，平均 0.1659。

表 4-3   关岭 1 号隧道地表岩溶分形图形的计算结果统计

序号	分形图片编号	相关方程	相关系数平方 R^2	分形维数
1	关岭 1 号隧道地表岩溶 1	$Y = 0.3249x + 1.5841$	0.8252	0.3249
2	关岭 1 号隧道地表岩溶 2	$Y = 0.2898x + 2.1723$	0.8133	0.2898
3	关岭 1 号隧道地表岩溶 3	$Y = 0.2711x + 1.9452$	0.9272	0.2711
4	关岭 1 号隧道地表岩溶 4	$Y = 0.081x + 2.8481$	0.3961	0.081
5	关岭 1 号隧道地表岩溶 5	$Y = 0.1051x + 2.8095$	0.7555	0.1051
6	关岭 1 号隧道地表岩溶 6	$Y = -0.0953x + 2.7934$	0.3314	-0.0953
7	关岭 1 号隧道地表岩溶 7	$Y = 0.0756x + 2.6187$	0.1865	0.0756
8	关岭 1 号隧道地表岩溶 8	$Y = 0.0815x + 2.5735$	0.4713	0.0815
9	关岭 1 号隧道地表岩溶 9	$Y = 0.0899x + 2.72$	0.8636	0.0899
10	关岭 1 号隧道地表岩溶 10	$Y = 0.0403x + 2.5328$	0.1827	0.0403
11	关岭 1 号隧道地表岩溶 11	$Y = 0.0875x + 2.4472$	0.6352	0.0875
12	关岭 1 号隧道地表岩溶 12	$Y = 0.1372x + 2.5803$	0.5841	0.1372
13	关岭 1 号隧道地表岩溶 13	$Y = 0.1669x + 2.6191$	0.8804	0.1669
14	关岭 1 号隧道地表岩溶 14	$Y = 0.1712x + 2.2934$	0.6178	0.1712
15	关岭 1 号隧道地表岩溶 15	$Y = 0.3411x + 1.4057$	0.8148	0.3411
16	关岭 1 号隧道地表岩溶 16	$Y = 0.3672x + 1.4506$	0.9224	0.3672
17	关岭 1 号隧道地表岩溶 17	$Y = 0.2309x + 1.9137$	0.7856	0.2309
18	关岭 1 号隧道地表岩溶 18	$Y = 0.298x + 2.1223$	0.9483	0.298
19	关岭 1 号隧道地表岩溶 19	$Y = 0.1083x + 1.8885$	0.5089	0.1083
20	关岭 1 号隧道地表岩溶 20	$Y = 0.1463x + 2.0456$	0.6686	0.1463

7）贵州五龙山隧道地表岩溶

表 4-4 为贵州五龙山隧道地表岩溶分形计算结果，分形维数均为正数，范围在 0.0702 ~ 0.3037，平均 0.1823。

表 4-4   五龙山隧道地表岩溶分形图形的计算结果统计

序号	分形图片编号	相关方程	相关系数平方 R^2	分形维数
1	五龙山隧道出口地表岩溶 1	$Y = 0.173x + 1.8818$	0.6181	0.173
2	五龙山隧道出口地表岩溶 2	$Y = 0.3037x + 0.8987$	0.5255	0.3037
3	五龙山隧道出口地表岩溶 3	$Y = 0.0702x + 2.5185$	0.7645	0.0702

8）部分隧道内开挖面岩溶

表 4-5 为部分隧道内（包括五龙山隧道、关岭 2 号隧道、龙凤隧道、中梁山隧道等）开挖面岩溶分形计算结果，反映的是贵州、重庆等南方岩溶地区隧道内开挖掌子面岩溶分形特征，计算分形维数在 0.1797 ~ 0.3959，平均 0.2896。表 4-5 的统计结果与前述地表岩溶分形计算结果进行比较，二者所计算的岩溶分形维数基本对应，表明地表岩溶的分形特

征和隧道内开挖所揭示岩溶的分形特征是基本一致的，为此可以根据地表对应层位的岩溶发育规律预测隧道内尚未开挖地段的岩溶分形特征。

表 4-5　部分隧道洞内岩溶分形图形的计算结果统计

序号	分形图片编号	相关方程	相关系数平方 R^2	分形维数
1	五龙山隧道出口隧道内岩溶 1	$Y=0.3959x+1.0621$	0.8418	0.3959
2	五龙山隧道出口隧道内岩溶 2	$Y=0.3482x+0.4159$	0.9055	0.3482
3	五龙山隧道出口隧道内岩溶 3	$Y=0.3726x+1.4177$	0.7904	0.3726
4	五龙山隧道出口隧道内岩溶 4	$Y=0.1796x+0.9837$	0.3752	0.1796
5	关岭 2 号隧道出口隧道内岩溶 1	$Y=0.2119x+1.3842$	0.5907	0.2119
6	龙凤隧道横洞段掌子面内岩溶 1	$Y=-0.2039x+5.4.061$	0.7706	-0.2039
7	中梁山隧道掌子面内岩溶 1	$Y=0.3155x+0.7228$	0.637	0.3155

2. 微观岩溶照片的分形维数计算

以遂渝铁路引入线桐子林隧道为例。采取岩样，开展石灰岩的岩相鉴定和电镜实验。在桐子林隧道石灰岩电镜实验基础上，应用分形理论的方法对所获取的电镜实验照片进行分形分析。分形计算结果见表 4-6，分形维数为负数的有 8 个，范围在 $-0.0141 \sim -0.6268$；分形维数为正数的有 28 个，占总数的 78%，范围在 $0.0662 \sim 0.533$，平均 0.2482；其中分形维数大于 0.2 的有 17 个，占总数的 47%。

表 4-6　桐子林隧道石灰岩电镜实验照片之分形图形的计算结果统计

序号	分形图片编号	相关方程	相关系数平方 R^2	分形维数
1	1-1A 样品	$Y=-0.6268x+1.9535$	0.6469	-0.6268
2	1-1B 样品	$Y=0.2218x+2.312$	0.524	0.2218
3	1-1C 样品	$Y=-0.0859x+1.9484$	0.1304	-0.0859
4	1-1D 样品	$Y=-0.114x+0.664$	0.0713	-0.114
5	1-1E 样品	$Y=-0.4309x+1.8459$	0.5593	-0.4309
6	1-1F 样品	$Y=0.0689x+1.8629$	0.1799	0.0689
7	1-1G 样品	$Y=0.2845x+2.3935$	0.9565	0.2845
8	1-2A 样品	$Y=0.274x+0.97$	0.5295	0.274
9	1-2B 样品	$Y=0.0869x+1.0398$	0.1053	0.0869
10	1-2C 样品	$Y=0.4504x+0.9793$	0.8524	0.4504
11	1-2D 样品	$Y=0.2452x+0.7768$	0.818	0.2452
12	1-2E 样品	$Y=0.3072x+0.7577$	0.6371	0.3072
13	1-2F 样品	$Y=0.389x+0.7286$	0.6093	0.389
14	1-3A 样品	$Y=-0.1341x+1.1182$	0.33	-0.1341
15	1-3B 样品	$Y=0.0992x+0.913$	0.3823	0.0992
16	1-3C 样品	$Y=0.1553x+1.2193$	0.859	0.1553

序号	分形图片编号	相关方程	相关系数平方 R^2	分形维数
17	1-3D 样品	$Y=0.1957x+0.3162$	0.659	0.1957
18	1-3E 样品	$Y=0.388x+0.622$	0.9398	0.388
19	1-3F 样品	$Y=0.0662x+0.8684$	0.2761	0.0662
20	2A 样品	$Y=0.2507x+1.7798$	0.9179	0.2507
21	2B 样品	$Y=-0.1287x+1.6686$	0.891	-0.1287
22	2C 样品	$Y=0.533x+1.0095$	0.8748	0.533
23	2D 样品	$Y=0.3815x+1.21$	0.9263	0.3815
24	2E 样品	$Y=0.159x+1.0835$	0.577	0.159
25	2F 样品	$Y=0.3639x+1.4381$	0.8008	0.3639
26	5A 样品	$Y=0.1321x+2.2667$	0.857	0.1321
27	5B 样品	$Y=0.3199x+2.0396$	0.8874	0.3199
28	5C 样品	$Y=0.2168x+1.648$	0.8681	0.2168
29	5D 样品	$Y=0.2579x+1.8227$	0.7426	0.2579
30	5E 样品	$Y=-0.1097x+2.2462$	0.4815	-0.1097
31	5F 样品	$Y=0.1215x+2.5694$	0.9133	0.1215
32	6A 样品	$Y=0.1274x+2.1188$	0.4206	0.1274
33	6B 样品	$Y=0.2806x+1.5965$	0.9533	0.2806
34	6C 样品	$Y=0.3876x+1.8389$	0.8855	0.3876
35	6D 样品	$Y=0.1864x+2.2105$	0.7173	0.1864
36	6E 样品	$Y=-0.0141x+2.2221$	0.0166	-0.0141

4.5 岩溶发育程度的分形指数评价方法

在充分考虑岩溶专家对岩溶发育可能性的认识或判断经验基础上，将岩溶发育程度初步分为五级：岩溶不发育，岩溶轻微发育，岩溶较发育，岩溶发育，岩溶很发育。本节将重点基于分形理论开展岩溶发育程度的评价技术研究。

4.5.1 岩溶发育程度的分形评价指数

通过对岩溶分形曲线的相关系数和岩溶分形维数定性分析，可以定性地描述被研究区域岩溶发育的可能性。其中，岩溶分形维数反映了岩溶元分形生长的自相似性，而岩溶分形曲线的相关系数大小则反映了岩溶分形生长的随机性，将二者采用几何平均的形式表达在同一数学式中，则该几何平均数包含岩溶元分形生长后的状态，即反映特定生长条件下的岩溶发育程度。于是提出岩溶发育程度的分形评价指数 I_{KFA}（the index of karst fractal assessment）的概念：

$$I_{KFA} = \sqrt{R \cdot |D|} \tag{4-1}$$

式中，I_{KFA}为岩溶发育程度分形评价指数，它反映了特定地质条件下，岩溶元按照一定的分形生长规律生长后的岩溶发育程度或相应的岩溶形态；D为岩溶分形维数；R为岩溶分形曲线的相关系数。于是，可以根据岩溶发育程度分形评价指数将岩溶发育程度进行分级，从而为岩溶发育程度的分形评价技术奠定了数学理论基础。

4.5.2　岩溶发育程度分形指数评价方法

1. 基本原理

岩溶发育分布在宏观上是有规律的，可以从岩溶发育的三大控制条件上分析判断区域岩溶发育的可能性；但同时，由于岩溶形态的不规则性、岩溶地下水流态的复杂性，要非常详细地搞清楚不同区域、不同层位、不同岩溶形态及不同岩溶地下水的流态几乎是不可能的。为此，基于分形理论的岩溶发育程度评价方法应充分考虑岩溶发育的宏观规律特点和微观规律特点，也就是说，应开展宏观岩溶发育可能性评价和微观岩溶发育程度的分形评价，并将二者有机地结合起来。

宏观岩溶发育可能性评价，即从宏观上根据隧道穿越区域岩溶水文地质、工程地质及地形、地貌和构造条件等对岩溶发育的可能性进行定性评价。根据预测目的的需要，将岩溶发育可能性分为三种可能：①不可能发育岩溶；②有可能发育岩溶；③肯定会发育岩溶。

微观岩溶发育程度的分形评价，主要根据隧道穿越区域不同里程段地表岩溶照片或代表性岩石照片处理后的分形图形，计算微观岩溶发育的分形维数、分形曲线的相似性系数，以及微观岩溶发育程度的分形评价指数，从而进行微观岩溶发育程度评价。

将这两部分岩溶发育评价结果进行耦合，从而提出岩溶发育程度分形指数评价方法。

2. 岩溶发育程度分形评价综合指数

鉴于岩溶发育的宏观规律与微观规律的一致性，宏观岩溶发育可能性评价指数与微观岩溶发育程度的分形评价指数宜进行几何平均，即将二者相乘后再开平方，从而得到岩溶发育程度分形评价综合指数 CI_{KFA}：

$$CI_{KFA} = \sqrt{P_Z \cdot I_{KFA}} \tag{4-2}$$

式中，CI_{KFA}为岩溶发育程度分形评价综合指数（the comprehensive index of karst fractal assessment），是指在综合考虑宏观区域岩溶发育可能性、微观岩溶发育的分形特点等情况下，借以评价特定条件下岩溶发育程度的综合指数。P_Z为宏观区域岩溶发育可能性评价指数（the possibility index of karst zone），将研究区域岩溶发育的可能性分三种情况：①不可能发育岩溶，$P_Z = 0$；②有可能发育岩溶，$P_Z = 0.5$；③肯定会发育岩溶，$P_Z = 1.0$。I_{KFA}为微观岩溶发育程度的分形评价指数，其计算方法见式（4-1）。

需要指出，在分形计算过程中分形维数可能为负数，正负值反应了岩溶元分形生长的方向，在进行岩溶发育程度分形评价时取绝对值，代入式（4-2）的数值均取正数。

3. 岩溶发育程度分形评价建议

在宏观及微观岩溶的分形理论分析基础上，对所计算的岩溶发育程度分形评价综合指

数 CI_{KFA} 进行统计、对比和归类分析，按照 0、$\dfrac{1}{10^2}$、$\dfrac{2^0}{10}$、$\dfrac{2^1}{10}$、$\dfrac{2^2}{10}$、$\dfrac{2^3}{10}$ 系列对 CI_{KFA} 进行分级，进一步提出岩溶发育程度分形评价建议，见表 4-7。

表 4-7　岩溶发育程度分形评价建议表

编号	岩溶发育程度分级	岩溶发育程度分形评价综合指数 CI_{KFA}	主要的岩溶形态
1	无岩溶	0	无
2	不发育	0 ~ 0.01	溶孔
3	轻微发育	0.01 ~ 0.1	溶缝、溶隙
4	较发育	0.1 ~ 0.2	溶槽
5	发育	0.2 ~ 0.4	一般溶洞
6	很发育	0.4 ~ 0.8	大型溶洞或暗河

第5章 隧道开挖条件下岩溶溶蚀作用机理实验研究

5.1 溶蚀实验研究技术现状

溶蚀实验是岩溶溶蚀作用机理研究的重要内容和方法之一。

从 20 世纪 70 年代以来国外学者陆续开展了有关碳酸盐岩在模拟地表和地层条件下的溶蚀实验，如 Plummer 等（1979）系统总结了方解石溶解和沉淀的动力学过程；Sjöeberg 和 Richard（1984）进行了在温度为 $1 \sim 62℃$ 和 pH 为 $2.7 \sim 8.4$ 的水溶液条件下方解石的溶解动力学实验；Amrhein 等（1984）提出方解石的溶解主要受到了 CO_2 分压的影响；Buhmann 和 Dreybrodt（1985）讨论了 H_2O-CO_2-$CaCO_3$ 系统中伴随外来离子沉淀的方解石溶解动力学；Svenson 和 Dreybrodt（1992）对接近方解石平衡的 CO_2–水系统中天然方解石矿物的溶解动力学进行了讨论；Liang 等（1996）系统研究了方解石–水界面的溶解动力学；Shiraki 等（2000）利用原子力微观显微镜（AFM）研究了 $0.1mol/L$ NaCl 溶液中方解石的溶解动力学；Pokrovsky 等（2005）系统研究碳酸盐矿物（包括方解石、白云石和菱镁矿）在 25℃ 和 $0 \sim 50atm$ CO_2 分压条件下的溶解动力学。

从 20 世纪 80 年代以来国内也开展了这方面的工作。翁金桃（1984）讨论了方解石和白云石的差异溶蚀作用；韩宝平（1988，1991）针对华北任丘油田碳酸盐岩储层开展了一系列的溶蚀实验研究；张晓鹏（1988）报道了有机二氧化碳在碳酸盐岩溶蚀孔隙形成中的作用及其定量计算；祝凤君（1990）系统讨论了碳酸盐岩裂隙溶蚀反应动力学的实验结果。

黄尚瑜和宋崇荣（1987）对碳酸盐溶蚀过程中的温度效应进行了研究；王洪涛和曹以临（1988）开展了碳酸盐岩溶蚀动力学模拟实验研究；祝凤君（1989）对碳酸盐岩中裂隙的溶蚀反应动力学机理开展了实验研究和理论数值模拟分析。刘再华及其合作者对岩溶发育的水文地球化学环境及溶蚀的动力学机制进行了深入研究（刘再华，1992；袁道先等，2002），并且对岩溶水溶液的化学平衡及其碳酸盐岩的溶解和沉积的动力学过程机理模型开展了一系列的实验研究与理论分析（刘再华，Dreybrodt，1998，2001，2002；刘再华等，2003，2005）。范明等（2007）开展了不同温度条件下 CO_2 水溶液对碳酸盐岩的溶蚀作用研究。但前面一系列研究都未将温度与水流速度进行综合模拟。

邵东梅（2012）对碳酸盐岩的溶蚀温度、水流速度和溶蚀速度的关系进行实验了研究，目的在于了解碳酸盐岩溶蚀速度在两者的共同作用下的性质。该实验只选取了两个水流速度和两组温度。

实验原理：溶蚀实验是将碳酸盐岩破碎到一定粒径或是切成一定体积的长方块体，之后通入含有高浓度 CO_2 的蒸馏水，不断缓慢地流过试样，使其互相作用，并测定溶蚀作用过程中溶蚀液的成分。经过试样持续地溶蚀一段时间后，求出试样的总溶解量或测定试样重量的变化，将其与试样的体积或面积相比，得出各试样的单位体积溶解度或单位面积溶解度。

邵东梅（2012）的实验装置设计如图 5-1 所示，主要包括两部分：碳酸水制备装置和溶蚀实验盘。实验工况见表 5-1。

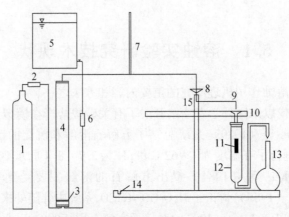

图 5-1　溶蚀实验装置示意图（邵东梅，2012）

1. 压缩 CO_2 钢瓶；2. 气体减压器及气体流量计；3. 砂心过滤板；4. 水气混合管；5. 下口瓶；6. 液体流量计；7. 玻璃管；8. 塑胶软管；9. 异形玻璃漏斗；10. 溶液分配盘；11. 试样；12. 溶蚀管；13. 容量瓶；14. 底盘环形水槽；15. 微电机

表 5-1　实验工况设计（邵东梅，2012）

试样批号	溶蚀时间/d	温度/℃	流量/(mL/min)	CO_2压力/MPa
2	6	24	16.67	0.06
3	6	15	16.67	0.06
4	6	15	60	0.06
5	6	24	60	0.06

实验步骤如下（邵东梅，2012）：

（1）将碳酸盐岩（每组 24 个样）切成 5mm×10mm×40mm 的长方块体，用微分卡尺测量后，用蒸馏水冲洗、烘干、称重得 W_1。再用棉线将试样悬置于溶蚀管中部，将溶蚀管固定并与分配槽连通。

（2）连通水源并打开 CO_2 钢瓶阀门，调节 CO_2 的流量，使水、气混合制备碳酸水。

（3）接通电源以启动转动轴，开始调节液体流量计控制水的流速并进行溶蚀。

（4）实验过程中注意记录溶蚀实验细节，如温度、碳酸水 pH 及各溶蚀管的异常状况，如连接的乳胶管掉落导致溶蚀液外流等。

（5）溶蚀实验结束后，冲洗试样、烘干、称重得 W_2，并记录试样溶蚀后的特征。

（6）试样溶蚀前后的重量差（W_1-W_2）即为其溶蚀量，为消除试样体积差异的影响，可以求出单位体积或单位面积的溶蚀量。

5.2　溶蚀实验方案设计

5.2.1　实验目的、内容及预期目标

1. 实验目的

（1）在不同流速、温度和 pH 等环境条件下，研究不同成分灰岩在水化学动力学参数和微观结构两方面的溶蚀特征；

（2）研究隧道开挖条件下的岩溶溶蚀作用机理；

（3）研究地下水动力学参数与岩溶分形特征之间的相关性。

2. 实验内容

（1）典型岩溶隧道不同成分灰岩在特定环境条件下，溶蚀量及溶蚀度分析；

（2）典型岩溶隧道不同成分灰岩在特定环境条件下，溶蚀作用前后的微观结构分析；

（3）典型岩溶隧道不同成分灰岩在特定环境条件下，溶蚀作用后的水化学分析实验。

3. 预期目标

根据实验结果，分析在不同流速、温度和 pH 等环境条件下，研究不同成分灰岩在水化学动力学参数和微观结构两方面的溶蚀特征，探索地下水动力学参数与岩溶分形特征之间的相关性，为岩溶发育程度的水化学动力学–分形指数评价数学模型的建立奠定理论基础。

5.2.2　实验原理及装置设计

1. 实验原理设计

常规溶蚀实验的原理：将碳酸盐岩破碎到一定粒径或是切成一定体积的长方块体，之后通入溶蚀水，使水不断缓慢地流过试样，使其互相作用，并测定溶蚀作用过程中溶蚀液的成分。在与试样持续地溶蚀作用经过一段时间后，求出试样的总溶解量或测定试样重量的变化，将其与试样的体积或面积相比，得出各试样的单位体积溶解度或单位面积溶解度。

本溶蚀实验的原理：基于常规溶蚀实验原理，但不重复研究溶蚀量及溶蚀度，而是重点研究微观溶蚀形态与水化学动力学参数的关系。加工不同成分灰岩为一定尺寸的长方体薄片，控制不同流速、温度和 pH 等环境条件，促使岩石试件与水发生溶蚀作用。经过一定时间后，取出试样并采取溶蚀后溶液，测定试件的重量变化，计算各试件单位体积溶蚀度或单位面积溶蚀度。在此基础上，对比分析岩石试件溶蚀前后的微观结构，以及开展溶蚀液的常规水化学成分分析。通过以上实验分析获得三个方面的原始数据（即，溶蚀度、微观结构分析图片和湾蚀液的水化学成分）以备后续分析研究，特别是后面两部分实验分析，是区别于以往溶蚀实验研究的。

2. 实验装置设计

实验装置主要包括两部分（图 5-2）：溶蚀水制备装置、溶蚀反应系统（包括温控系统和溶蚀液接收装置）。溶蚀水制备装置包括去离子水供水箱、供气装置、实验用水配水箱及相应管线和控制阀构成。实验用水的配水箱连接排气阀和 pH 检测口。配置好酸碱度的溶蚀水经控制阀 F4 进入反应系统。

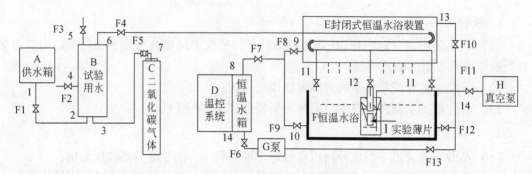

图 5-2　溶蚀实验装置设计示意图

图解说明：

装置：A 为供水箱；B 为试验用水；C 为二氧化碳气体；D 为温控系统；E 为封闭式恒温水浴装置；F 为恒温水浴；G 为水泵；H 为真空泵；I 为实验薄片。

控制阀：F1 ~ F13

接口详解：

1. 供水口；2. 实验用水装置进水口；3. 实验用水装置进气口（CO₂）；4. pH 检测口；5. 实验用水排气阀；6. 实验用水供水入口；7. 二氧化碳钢瓶阀门；8. 封闭式恒温水浴装置出口；9. 封闭式恒温水浴装置加热入口；10. 恒温水浴加热入口；11. 实验用水出口（10 路检测口）；12. 流量控制阀；13. 恒温水浴装置出口；14. 真空泵口。

溶蚀反应系统主要包括三部分：溶蚀反应主体装置，封闭式水浴恒温装置和槽式恒温水浴装置，以及溶蚀液接收装置。从配水箱 B 经控制阀 F4 流出的溶蚀水进入溶蚀管，在一定温度、流速和 pH 条件下，与其中悬空固定的岩石试件在表面进行溶蚀反应（包括物理和化学反应）。流速和 pH 条件通过装置进行控制或调节，温度条件则通过水浴恒温装置控制或调节。经充分反应后的溶蚀液流到溶蚀液接收装置，以供水化学分析。

5.2.3　实验方法及步骤设计

1. 实验方法设计

1）实验工况

根据隧道工程所处的环境条件，主要从地下水动力学和水化学环境条件进行考虑，初步选定三个主要影响因素参与实验工况设计，即 pH、温度和流速。

（1）pH 按照弱酸、中性和弱碱性 3 个条件考虑，即 5.5、7.0 和 8.5；天然条件下岩溶地下水的 pH 主要为 6.5 ~ 8.0，少数为 5.0 ~ 6.5 和 8.0 ~ 9.0。结合室内实验的控制条件，将主要的 pH 条件设定为 7.0。

（2）参考范明等（2007）、邵东梅（2012）的实验结果，从有利于溶蚀快速反应的角度考虑，温度条件设定为 15℃、25℃、50℃；通过对西南地区岩溶地下水温度的调研，地下水温度主要集中在 20～30℃，平均为 25℃。为此，将主要的温度条件设定为 25℃。

（3）地下水动力条件或模拟实验流速考虑 3 种情况，即静态溶蚀、缓慢流速和冲蚀状态，或者为浸润状、点滴状和线流状。岩溶地下水在天然条件下各种流态（层流、紊流）均存在，但多数为层流状态。在隧道施工现场揭露的岩溶地下水状态常见润湿状、点滴状和线流状，也有股流状及暗河等。考虑室内实验条件的控制及溶蚀液稀释后的测定精度、误差、尺度效应等因素，最终确定室内模拟实验仍然以静态溶蚀为主，补充测试点滴状实验条件，取消线流状实验条件。

实验工况的设计，对每一组试件分别针对 3 个环境因素进行变换。由于时间、工作量及经费等条件限制，不可能实施 3 个环境因素的全部组合变换。为此，本实验工况选择时，设定两个因素再变换第三个因素。

综合以上分析，剔除重复工况，共设计 6 种实验工况（表 5-2）。

每一组工况实验时间计划为一周（7 天，即 168 小时），6 种工况实验共需 42 天，实验装置准备时间为一个月，并考虑其他影响因素，所以实验总计划时间初步定为 4 个月。

表 5-2　溶蚀实验工况设计

试件编号	工况编号	pH	温度/℃	流速状态	工况说明	实验时间/d	备注
MMSD-SJ-X	SY1	5.5	25	浸润状	固定温度和流速状态改变 pH	7	
	SY2	7.0	25	浸润状		7	
	SY3	8.5	25	浸润状		7	
	SY4	7.0	15	浸润状	固定 pH 和流速状态改变温度	7	
		7.0	25	浸润状		7	同 SY2 工况，故不做
	SY5	7.0	50	浸润状		7	
	SY6	7.0	25	点滴状	固定 pH 和温度改变流速状态	7	
		7.0	25	浸润状		7	同 SY2 工况，故不做
		7.0	25	线流状			不做

2）溶蚀量及溶蚀度分析

针对典型岩溶隧道的不同地段或部位采取不同成分的灰岩，制成标准样本（长×宽×厚：30mm×10mm×5mm），对样本在溶蚀实验前、后的重量进行称量，计算溶蚀前后的重量差即为本试件条件下的溶蚀度，为消除试件体积差异的影响，可以求出各试件单位体积或单位面积溶蚀度。本部分内容与常规溶蚀实验相同，故不详述详情，可查阅有关文献。

3）微观结构分析

针对典型岩溶隧道的不同地段或部位采取不同成分的灰岩，制成标准样本（长×宽×厚：30mm×10mm×5mm），对样本进行溶蚀实验前后的微观结构分析。

采用偏光显微镜分析，根据情况适当补充电镜实验。初步设计实验采用 XP-300C 透射偏光显微镜（图 5-3）和 JFC-1100 型离子检测仪进行扫描电镜拍照（图 5-4）。

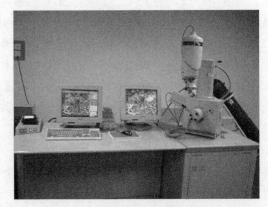

图 5-3　XP-300C 透射偏光显微镜　　　　图 5-4　电镜实验室仪器配置照片

通过拍摄试件表面的微观结构照片和肉眼观察，描述微观溶蚀结构的形态，并采用数值方法进行定量统计，采用 Photoshop 图形处理软件对拍摄的微观照片进行加工处理，为下一步开展微观岩溶分形计算提供基础数据。

4）水化学分析

经充分反应后的溶蚀液流到溶蚀液接收装置，本实验主要对所接收的溶蚀液进行常规水化学分析。

根据研究需要，对以下常规水化学成分进行分析，包括：$K^+ + Na^+$、Ca^{2+}、Mg^{2+}、NH_4^+ 和 Cl^-、SO_4^{2-}、HCO_3^-、CO_3^{2-}、NO_3^- 等常规离子的浓度（其中，NO_3^- 视首次实际测试情况而定，若浓度太小则可取消测试），以及 pH、温度、流速、流量、水压等参数的测试分析。各常规水化学成分的相关的分析方法参考水质分析规程，不再赘述。

以溶蚀液的水化学分析结果作为基础数据，计算相应的水化学动力学参数及水动力学参数、计算 CO_2 分压（P_{CO_2}）。

2. 实验步骤

（1）试件的制备。按照实验目标，初步确定在 3 个典型岩溶隧道的不同地段采取岩样，加工成标准试件（长×宽×厚：30mm×10mm×5mm）。

取样所在隧道分别为：渝怀铁路武隆隧道，四川南–大–梁高速公路华蓥山隧道，贵州厦蓉高速公路黄果树隧道。样品采取的统计情况见表 5-3。

（2）实验装置的安装及调试。按照图 5-2 进行实验装置的安装。从安全角度考虑，检查压缩 CO_2 钢瓶的气压表和阀门开关的工作性能，保证 CO_2 充气装置能够正常工作并能得到有效控制；调节供水装置的高度和水位调节器，保证供水系统的正常运行；检查并调节水浴恒温装置的有效性和稳定性；检查溶蚀液接收装置并预估可能产生的溶蚀液体积。

表 5-3　现场取样记录汇总表

序号	样品编号	隧道名称	取样地点	岩性描述
1	HYS-1	华蓥山隧道	进口右洞掌子面里程 YK108+112	灰色厚层灰岩。掌子面打止浆墙。掌子面往洞口方向 40～50m 段（+062+082），左侧边墙股状涌水，水质略浑浊但不呈黄色（为灰白色）；右侧排水沟流水较大，实为掌子面左侧边墙涌水排出，进行现场涌水量测试，沟宽 1m，深 15cm，流速 5m/10s =0.5m/s，估算涌水量 6480m³/d；拱顶多处点、线状滴水；沟底钙华沉积；本段有瓦斯气味
2	HYS-2		距出口右线掌子面约 50m 处（里程 YK111+420）	灰色灰岩，块状，溶蚀较发育
3	HYS-3		出口端右线，横通道加宽段附近（里程 YK113+200）	灰色泥质灰岩，块状，溶蚀不发育
4	WL-1	武隆隧道	隧道进口段，可溶岩与非可溶岩接触部位，1#暗河附近（里程 DK192+200 左右）	灰色厚层灰岩
5	WL-2		隧道中段，2#、3#暗河的泄水洞洞口（里程 DK193+450 左右）	灰色厚层灰岩
6	WL-3		隧道中段，4#溶洞附近，公路边溶洞附近（里程 DK194+100 左右）	灰色厚层灰岩
7	WL-4		隧道出口端，峡门口乌江大桥桥头，5#暗河附近（里程 DK195+800 左右）	灰色厚层灰岩
8	HGS-1	黄果树隧道	隧道进口，水黄二级公路边（里程 DK15+650 左右）	棕红－灰白杂色白云质灰岩
9	HGS-2		隧道中段地表冲沟，隧道施工期间揭露黏土充填溶洞附近（里程 DK17+100 左右）	灰白色白云质灰岩，地表溶蚀发育，溶芽、溶缝、溶槽发育
10	HGS-3		隧道出口段地表，灰岩与粉砂质泥岩交界面（里程 DK18+000 左右）	灰白色白云质灰岩。灰岩形成陡崖，溶蚀发育，岩体较破碎；交界面为平直光滑断层面

（3）采用偏光显微镜或扫描电镜分析每个岩石试件的微观结构并拍摄照片，储存图形文件；再用铜芯线系住试件，呈"V"形悬挂于溶蚀管顶部安设的横梁上，使试件悬置于溶蚀管中部，固定溶蚀管并连接传输碳酸水的导管。

（4）打开供水开关和压缩 CO_2 钢瓶阀门，调节供水速度和充气速度，使碳酸水装置正常工作并进行水气混合，从而制备设计 pH 的碳酸水；调节水浴恒温装置使其正常工作；待制备的碳酸水经传输管到达溶蚀管中的岩石试件表面开始，溶蚀实验正式开始计时。

（5）实验过程中注意记录溶蚀实验细节，如温度、碳酸水 pH 及各溶蚀管的异常状况、溶蚀液的外流情况等，并进行 pH、温度、流速、流量、水压等参数的测试。

（6）每一工况条件的溶蚀实验时间计划为一周（7 天，即 168 小时）。溶蚀实验结束后，冲洗试样、烘干，并采用扫描电镜分析溶蚀后岩石试件的微观结构，拍摄照片并储存图形文件，记录并描述试样溶蚀后的特征；采取溶蚀液接收瓶中的水样，进行水化学分析，分析项目包括：$K^+ + Na^+$、Ca^{2+}、Mg^{2+}、NH_4^+ 和 Cl^-、SO_4^{2-}、HCO_3^-、CO_3^{2-}、NO_3^- 等常规离子的浓度。

3. 数据处理

数据处理主要包括两部分：一是溶蚀实验原始数据的分析，包括岩石试件的重量变化、微观结构实验图形和溶蚀液的水化学成分分析；二是基于溶蚀实验原始数据而进行的地下水动力学参数与岩溶分形特征之间的相关性分析。

5.3 溶蚀实验的具体实施

5.3.1 实验装置及水样选取

实验装置如图 5-5 所示。

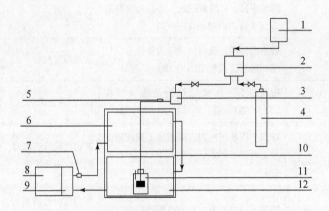

图 5-5　实验装置结构示意图

1. 供水箱；2. CO_2 气-水混合瓶；3. 分水瓶；4. 二氧化碳钢瓶；5. 流速控制阀；6. 上恒温水装置；
7. 水泵；8. 温度自动调节系统；9. 水箱；10. 支架；11. 岩样容纳瓶；12. 下恒温水装置

实验水样的选取：由于本实验溶蚀时间较短（7 天），经溶蚀进入水中的离子较少，最终送样检测时离子含量不易检测准确，因此选用自来水作为实验水样本底，这样有利于检测本底离子含量和最终实验之后的离子含量，并易于进行离子浓度变化对比。

5.3.2　实验步骤

1）实验装置的安装及调试

如图 5-5 所示，进行实验装置的安装。首先，检查压缩 CO_2 钢瓶的安全性，并保证 CO_2 充气装置能够正常工作并能得到有效控制；调节供水装置，保证供水系统的正常运行；检查溶蚀液接收的相关装置并预估可能产生的溶蚀液体积。调节仪器，使碳酸水装置正常工作并进行水气混合，从而制备设计 pH 的岩溶水；调节恒温水装置使其正常工作；待制备的碳酸水经传输管到达溶蚀管中的岩石试件表面开始，溶蚀实验正式开始。

2）实验过程观测与数据记录

实验过程中注意记录溶蚀实验细节，如温度、碳酸水 pH 及各溶蚀管的异常状况、溶蚀液的外流情况等，并进行 pH 、温度等参数的测试。具体数据见表 5-4。

表 5-4　岩石样品在各种工况下的溶蚀量数据

岩石编号	pH	流速状态	温度/℃	溶蚀前重量/g	溶蚀后重量/g	溶蚀变化量/g	溶蚀量/（mg/g）	溶蚀后电导率/μs	溶蚀后 pH
WL-1-1	5.5	浸润状	25	4.2266	4.1002	0.1264	29.9058	642	6.06
WL-1-2	7	浸润状	25	4.3138	4.3103	0.0035	0.8113	284	7.25
WL-1-3	8.5	浸润状	25	4.2383	4.2353	0.0030	0.7078	263	7.48
WL-1-4	7	浸润状	15	4.4044	4.4017	0.0027	0.6130	274	7.62
WL-1-5	7	浸润状	50	4.3999	4.3963	0.0036	0.8182	260	8.35
WL-1-6	7	点滴状	25	4.2744	4.2697	0.0047	1.0996	271	7.63
WL-2-1	5.5	浸润状	25	4.0773	5.4.9397	0.1376	35.4.7478	637	6.10
WL-2-2	7	浸润状	25	4.0409	4.0333	0.0076	1.8808	282	7.80
WL-2-3	8.5	浸润状	25	4.1719	4.1657	0.0062	1.4861	283	7.82
WL-2-4	7	浸润状	15	4.1266	4.1212	0.0054	1.3086	271	7.82
WL-2-5	7	浸润状	50	4.4276	4.4191	0.0085	1.9198	286	8.58
WL-2-6	7	点滴状	25	4.1020	4.0951	0.0069	1.6821	273	7.79
WL-3-1	5.5	浸润状	25	4.2900	4.1642	0.1258	29.3240	645	6.04
WL-3-2	7	浸润状	25	4.3588	4.3569	0.0019	0.4359	273	7.61
WL-3-3	8.5	浸润状	25	4.3428	4.3412	0.0016	0.3684	280	7.84
WL-3-4	7	浸润状	15	4.2919	4.2893	0.0026	0.6058	269	7.65
WL-3-5	7	浸润状	50	4.4478	4.4455	0.0023	0.5171	271	7.81
WL-3-6	7	点滴状	25	4.3043	4.3020	0.0023	0.5343	275	7.61
WL-4-1	5.5	浸润状	25	4.2599	4.1314	0.1285	30.1650	645	6.30

岩石编号	pH	流速状态	温度/℃	溶蚀前重量/g	溶蚀后重量/g	溶蚀变化量/g	溶蚀量/(mg/g)	溶蚀后电导率/μs	溶蚀后pH
WL-4-2	7	浸润状	25	4.2847	4.2831	0.0016	0.3734	292	7.36
WL-4-3	8.5	浸润状	25	4.3779	4.3771	0.0008	0.1827	271	7.66
WL-4-4	7	浸润状	15	4.2885	4.2868	0.0017	0.3964	273	7.57
WL-4-5	7	浸润状	50	4.2782	4.2766	0.0016	0.3740	262	8.17
WL-4-6	7	点滴状	25	4.4257	4.4248	0.0009	0.2034	261	7.60
HYS-1-1	5.5	浸润状	25	4.3808	4.3331	0.0477	10.8884	410	6.10
HYS-1-2	7	浸润状	25	4.3325	4.3227	0.0098	2.2620	294	7.13
HYS-1-3	8.5	浸润状	25	4.4327	4.4238	0.0089	2.0078	280	7.62
HYS-1-4	7	浸润状	15	4.3898	4.3795	0.0103	2.3463	275	7.46
HYS-1-5	7	浸润状	50	4.6295	4.6171	0.0124	2.6785	282	8.11
HYS-1-6	7	点滴状	25	4.5864	4.5803	0.0061	1.3300	273	7.43
HYS-2-1	5.5	浸润状	25	4.2988	4.1909	0.1079	25.1000	503	6.20
HYS-2-2	7	浸润状	25	4.1298	4.1273	0.0025	0.6054	282	7.26
HYS-2-3	8.5	浸润状	25	4.0605	4.0590	0.0015	0.3694	274	7.76
HYS-2-4	7	浸润状	15	5.4.9099	5.4.9076	0.0023	0.5883	269	7.57
HYS-2-5	7	浸润状	50	4.2921	4.2897	0.0024	0.5592	271	8.37
HYS-2-6	7	点滴状	25	4.0096	5.4.9166	0.0930	25.4.1943	271	7.70
HYS-3-1	5.5	浸润状	25	4.2556	4.1143	0.1413	35.4.2033	667	6.15
HYS-3-2	7	浸润状	25	4.2034	4.2010	0.0024	0.5710	295	7.36
HYS-3-3	8.5	浸润状	25	4.2045	4.2020	0.0025	0.5946	272	7.62
HYS-3-4	7	浸润状	15	4.0499	4.0476	0.0023	0.5679	263	7.75
HYS-3-5	7	浸润状	50	4.4167	4.4135	0.0032	0.7245	260	8.38
HYS-3-6	7	点滴状	25	4.0445	4.0406	0.0039	0.9643	286	7.80
HGS-1-1	5.5	浸润状	25	4.4722	4.4357	0.0365	8.1615	380	6.13
HGS-1-2	7	浸润状	25	4.2768	4.2753	0.0015	0.3507	269	7.41
HGS-1-3	8.5	浸润状	25	4.3394	4.3384	0.0010	0.2304	273	7.53
HGS-1-4	7	浸润状	15	4.3800	4.3795	0.0005	0.1142	265	7.61
HGS-1-5	7	浸润状	50	4.2303	4.2297	0.0006	0.1418	272	7.87
HGS-1-6	7	点滴状	25	4.1964	4.1936	0.0028	0.6672	265	7.81
HGS-2-1	5.5	浸润状	25	5.4.9125	5.4.7740	0.1385	35.3994	668	6.07
HGS-2-2	7	浸润状	25	4.0822	4.0810	0.0012	0.2940	283	7.46
HGS-2-3	8.5	浸润状	25	4.0700	4.0689	0.0011	0.2703	276	7.66
HGS-2-4	7	浸润状	15	5.4.9134	5.4.9130	0.0004	0.1022	275	7.81
HGS-2-5	7	浸润状	50	4.0302	4.0297	0.0005	0.1241	271	8.42

岩石编号	pH	流速状态	温度/℃	溶蚀前重量/g	溶蚀后重量/g	溶蚀变化量/g	溶蚀量/(mg/g)	溶蚀后电导率/μs	溶蚀后 pH
HGS-2-6	7	点滴状	25	5. 4.9199	5. 4.9166	0.0033	0.8419	263	7.80
HGS-3-1	5.5	浸润状	25	4.2975	4.1598	0.1377	32.0419	665	6.12
HGS-3-2	7	浸润状	25	4.3155	4.3133	0.0022	0.5098	286	7.48
HGS-3-3	8.5	浸润状	25	4.2682	4.2679	0.0003	0.0703	277	7.61
HGS-3-4	7	浸润状	15	4.0594	4.0586	0.0008	0.1971	267	7.69
HGS-3-5	7	浸润状	50	4.2642	4.2639	0.0003	0.0704	272	8.12
HGS-3-6	7	点滴状	25	4.2701	4.2674	0.0027	0.6323	269	7.72

5.3.3　实际工作量统计

（1）三条隧道共计划采取样品 10 件，实际加工薄片 70 件。

（2）分别对各试件在溶蚀前和溶蚀后进行微观结构分析，实际完成电镜实验照片 52 张，完成偏光显微镜分析照片 360 张。

（3）每种工况溶蚀实验结束后，对每个试件的最终溶蚀液取样进行常规水化学成分分析。实际获取水化学成分原始数据 612 个，溶蚀量分析数据 486 个。

5.4　实验结果初步分析与讨论

5.4.1　不同 pH、温度与流速状态下的溶蚀量

1. 中性（pH=7）、浸润状态、不同温度下的溶蚀量

图 5-6 ~ 图 5-8 分别为武隆隧道、华蓥山隧道、黄果树隧道岩石溶蚀量与温度关系示意图。由图 5-6 ~ 图 5-8 可知：

（1）武隆隧道岩石溶蚀量在温度变化趋势为：WL-1、WL-2 随温度升高，溶蚀量持续增加，但 WL-2 随温度升高溶蚀量增加较 WL-1 显著溶蚀量最大达 1.8808mg/g，并且 WL-2 在各温度段溶蚀量都大于其他位置。WL-3 随温度的升高，溶蚀量先减小后增大。而 WL-4 随温度的升高，溶蚀量变化十分微小。

（2）华蓥山隧道岩石溶蚀量随温度变化趋势为：HYS-1 随温度升高，溶蚀量先减小后增大，在温度为 50℃ 左右达到溶蚀量最大为 2.6785mg/g，且 HYS-1 在各温度段溶蚀量都大于其他位置。HYS-2 随温度的升高，溶蚀量基本无变化。HYS-3 随温度的升高，溶蚀量只有微小增加。

（3）黄果树隧道岩石溶蚀量随温度变化趋势为：HGS-1、HGS-2、HGS-3 随温度升高，其溶蚀量皆先增大后减小，但 HGS-3 在温度为 15℃、25℃ 时，其溶蚀量都比 HGS-1、

HGS-2 大，并在温度为 25℃左右达到最大溶蚀量 0.5098mg/g。

（4）在温度为 15℃、25℃、50℃时，武隆隧道、华蓥山隧道岩石样品溶蚀量随温度上升而呈多数增大趋势。黄果树隧道岩石样品溶蚀量随温度上升而呈先上升后下降趋势。

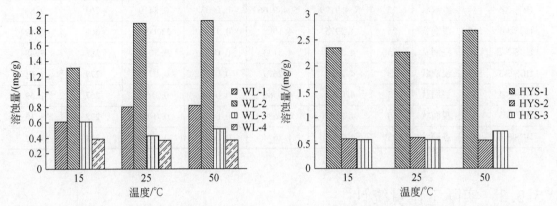

图 5-6　武隆隧道岩石溶蚀量与温度关系示意图　　图 5-7　华蓥山隧道岩石溶蚀量与温度关系示意图

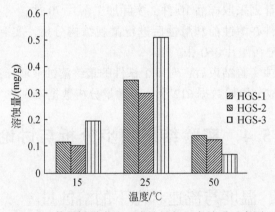

图 5-8　黄果树隧道岩石溶蚀量与温度关系示意图

2. 常温（25℃）、浸润状态、不同 pH 下的溶蚀量

图 5-9～图 5-11 分别为武隆隧道、华蓥山隧道、黄果树隧道岩石溶蚀量与 pH 关系示意图。由图 5-9～图 5-11 可知：

（1）武隆隧道岩石溶蚀量随 pH 变化趋势为：WL-1、WL-2、WL-3、WL-4 随 pH 升高溶蚀量先快速下降，并且溶蚀量基本一致，其中 WL-2 在酸性溶蚀条件下溶蚀量最大，为 35.4.7478mg/g。达到中性条件以后溶蚀量随 pH 升高基本无变化。

（2）华蓥山隧道岩石溶蚀量随 pH 变化趋势为：HYS-2、HYS-3 随 pH 升高溶蚀量先急剧下降，其中 HYS-3 在酸性溶蚀条件下溶蚀量最大，为 35.4.2033mg/g。HYS-1 下降较为平缓，但当达到中性条件以后溶蚀量随 pH 升高都基本无变化。

（3）黄果树隧道岩石溶蚀量随 pH 变化趋势为：HGS-2、HGS-3 随 pH 升高溶蚀量先快速下降，而 HGS-1 下降较 HGS-2、HGS-3 平缓，其中 HGS-2 在酸性溶蚀条件下溶蚀量最大，为 35.3994mg/g。但当处于中性或碱性条件以后溶蚀量随 pH 升高都基本无变化。

（4）在 pH 为 5.5、7.0、8.5 时，溶蚀实验后各隧道岩石样品的溶蚀量随着 pH 的升高先减少后基本不变。

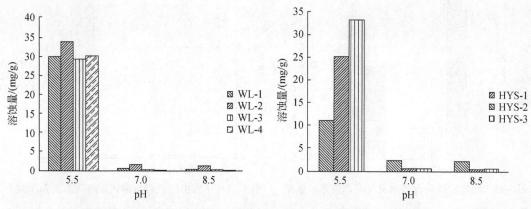

图 5-9　武隆隧道岩石溶蚀量与 pH 关系示意图　　图 5-10　华蓥山隧道岩石溶蚀量与 pH 关系示意图

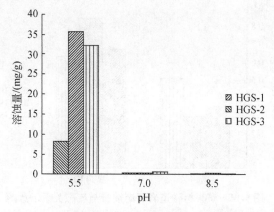

图 5-11　黄果树隧道岩石溶蚀量与 pH 关系示意图

3. 常温（25℃）、中性（pH=7）、不同流态下的溶蚀量（浸润与点滴状态）

图 5-12～图 5-14 分别为武隆隧道、华蓥山隧道、黄果树隧道岩石溶蚀量与流态关系示意图。由图 5-12～图 5-14 可知：

（1）武隆隧道岩石溶蚀量随流速状态变化趋势为：WL-1、WL-3、WL-4 由浸润状态下变为点滴状态下时溶蚀量普遍升高。仅 WL-2 在点滴状溶蚀条件下较浸润状溶蚀条件下溶蚀量少。其中 WL-2 在浸润状溶蚀条件下溶蚀量最大，为 31.8808 mg/g。

（2）华蓥山隧道岩石溶蚀量随流速状态变化趋势为：HYS-1、HYS-2、HYS-3 由浸润状态下变为点滴状态下时溶蚀量普遍升高。其中 HYS-2 在点滴状态下溶蚀量最大，为 25.4.1943mg/g。

（3）黄果树隧道岩石溶蚀量随流速状态变化趋势为：HGS-1、HGS-2、HGS-3 由浸润状态下变为点滴状态下时溶蚀量普遍升高。其中 HGS-2 在点滴状态下溶蚀量最大，为 0.8419 mg/g。

（4）在温度为常温、pH 为中性条件下，总体来说点滴状溶蚀对武隆隧道、华蓥山隧道、黄果树隧道岩石溶蚀量较浸润状大。

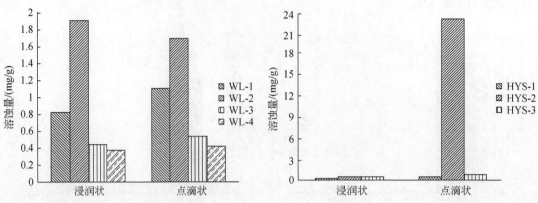

图 5-12　武隆隧道岩石溶蚀量与流态关系示意图　　图 5-13　华蓥山隧道岩石溶蚀量与流态关系示意图

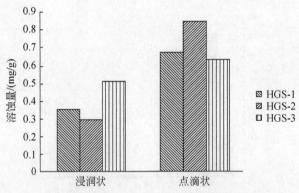

图 5-14　黄果树隧道岩石溶蚀量与流态关系示意图

5.4.2　不同 pH、温度与流态下的微观结构分析

分别对各试件在溶蚀前和溶蚀后进行微观结构分析，实际完成电镜实验照片 52 张，完成偏光显微镜分析照片 360 张。图 5-15 为典型实验照片。微观照片的初步定性分析如下：

（1）温度对于武隆隧道、华蓥山隧道、黄果树隧道岩石溶蚀过程中表面结构影响不大，岩石溶蚀前与溶蚀后的表面结构几乎没有显著变化。

（2）pH 对于武隆隧道、华蓥山隧道、黄果树隧道岩石溶蚀过程中表面结构影响较大，尤其是当 pH 处于酸性条件下时，酸性越强，其溶蚀现象越明显，如图 5-12 所示。而当处于中性或碱性条件下时，表面结构基本无变化。

（3）浸润状溶蚀对武隆隧道、华蓥山隧道、黄果树隧道岩石表面结构变化与点滴状溶蚀对武隆隧道、华蓥山隧道、黄果树隧道岩石表面结构变化区别不明显。

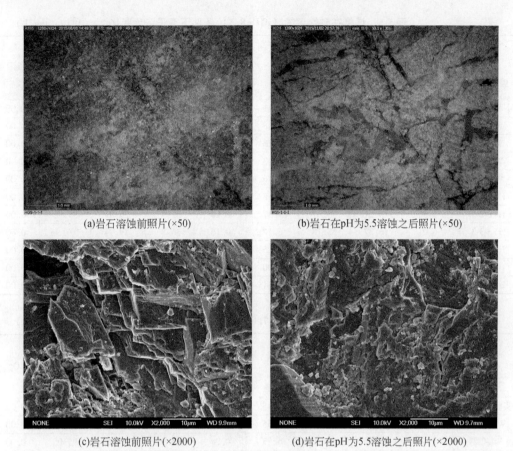

(a)岩石溶蚀前照片(×50)　　　　　　　(b)岩石在pH为5.5溶蚀之后照片(×50)

(c)岩石溶蚀前照片(×2000)　　　　　　(d)岩石在pH为5.5溶蚀之后照片(×2000)

图 5-15　试样在常温浸润状态酸性条件下岩石溶蚀照片（以溶蚀现象较明显照片为例）

5.4.3　不同 pH、温度与流速状态下的水化学成分

1. 常温（25℃）、浸润状态不同 pH 下的离子浓度变化

由表 5-5 ~ 表 5-7 可知：

（1）在酸性、中性或碱性实验条件下 Na^+、NH_4^+、Cl^-、CO_3^{2-} 离子浓度在实验前后基本无变化。K^+ 离子浓度在中性或碱性实验条件下基本无变化。但 K^+ 离子浓度在酸性条件下有最大 5.05mg/L 的增加。

（2）Ca^{2+}、Mg^{2+} 浓度在中性或碱性实验条件下总体有所增加，但在碱性实验条件下 Mg^{2+} 离子浓度基本无变化。在酸性实验条件下 Ca^{2+} 离子浓度增加十分显著，达 148.10mg/L。Mg^{2+} 离子浓度增加仅为 10.06mg/L。

（3）SO_4^{2-}、HCO_3^- 浓度在中性或碱性实验条件下有所增加，在酸性实验条件下 HCO_3^- 离子浓度相对于 SO_4^{2-} 增加更显著，为 359.83mg/L，SO_4^{2-} 仅为 56.50mg/L。

表 5-5　试样在碱性溶蚀（pH=8.5）条件下离子浓度变化　　（单位：mg/L）

编号 / 离子强度	K^+	Na^+	Ca^{2+}	Mg^{2+}	NH_4^+	Cl^-	SO_4^{2-}	HCO_3^-	CO_3^{2-}
实验前溶液	6.12	16.39	33.98	7.11	0.16	36.85	13.29	101.95	0.00
WL-1-3	5.75	16.20	32.82	6.18	0.12	36.85	23.27	95.95	0.00
WL-2-3	5.87	16.68	33.76	6.26	0.08	36.85	26.59	95.95	0.00
WL-3-3	5.68	15.90	33.00	6.13	0.08	36.85	33.24	101.95	0.00
WL-4-3	5.55	15.52	33.90	6.16	0.12	36.85	26.59	101.95	0.00
HYS-1-3	5.26	15.74	34.70	7.28	0.12	35.97	26.59	95.95	0.00
HYS-2-3	5.80	15.27	33.67	7.47	0.16	35.97	29.91	95.95	0.00
HYS-3-3	6.01	16.37	33.18	6.12	0.16	36.85	19.94	107.95	0.00
HGS-1-3	5.73	16.17	34.10	6.25	0.12	35.97	19.94	101.95	0.00
HGS-2-3	5.38	15.87	32.78	5.90	0.12	35.10	16.62	107.95	0.00
HGS-3-3	5.43	15.55	34.22	6.41	0.04	35.97	9.97	119.94	0.00

表 5-6　试样在中性（pH=7.0）溶蚀条件下离子浓度变化　　（单位：mg/L）

编号 / 离子强度	K^+	Na^+	Ca^{2+}	Mg^{2+}	NH_4^+	Cl^-	SO_4^{2-}	HCO_3^-	CO_3^{2-}
实验前溶液	5.72	14.05	32.94	6.15	0.28	36.85	13.29	95.95	0.00
WL-1-2	5.25	14.47	36.78	6.55	0.16	36.85	19.94	95.95	0.00
WL-2-2	5.50	13.89	36.10	6.57	0.24	35.97	23.27	95.95	0.00
WL-3-2	4.96	13.35	34.18	6.14	0.16	36.85	16.62	95.95	0.00
WL-4-2	4.68	12.90	35.44	6.26	0.16	36.85	13.29	101.95	0.00
HYS-1-2	4.84	13.49	35.92	7.65	0.16	35.97	29.91	95.95	0.00
HYS-2-2	4.83	13.31	35.12	6.20	0.00	35.10	16.62	95.95	0.00
HYS-3-2	4.80	13.26	34.50	6.10	0.24	35.97	23.27	95.95	0.00
HGS-1-2	4.68	13.89	34.84	6.38	0.20	35.97	16.62	101.95	0.00
HGS-2-2	4.82	13.45	33.58	5.91	0.20	35.97	16.62	101.95	0.00
HGS-3-2	4.68	13.01	33.84	6.17	0.20	36.85	16.62	101.95	0.00

表 5-7　试样在酸性（pH=5.5）溶蚀条件下离子浓度变化　　（单位：mg/L）

编号 / 离子强度	K^+	Na^+	Ca^{2+}	Mg^{2+}	NH_4^+	Cl^-	SO_4^{2-}	HCO_3^-	CO_3^{2-}
实验前溶液	5.62	13.89	32.46	6.12	0.20	36.85	16.62	95.95	0.00
WL-1-1	6.67	13.87	128.24	7.67	0.00	36.85	26.59	401.80	0.00
WL-2-1	10.67	13.98	125.32	7.09	0.00	40.36	23.27	395.81	0.00
WL-3-1	8.38	13.43	149.00	7.79	0.00	36.85	73.12	407.80	0.00
WL-4-1	7.43	13.06	132.52	6.71	0.00	37.73	16.62	413.80	0.00
HYS-1-1	7.62	13.72	56.28	16.18	0.00	36.85	19.94	197.90	0.00

续表

编号 \ 离子强度	K⁺	Na⁺	Ca²⁺	Mg²⁺	NH₄⁺	Cl⁻	SO₄²⁻	HCO₃⁻	CO₃²⁻
HYS-2-1	8.37	13.45	121.40	6.58	0.04	37.73	29.91	359.82	0.00
HYS-3-1	6.93	13.71	180.56	7.96	0.00	36.85	63.15	455.78	0.00
HGS-1-1	5.76	13.27	58.90	9.14	0.00	35.10	19.94	197.90	0.00
HGS-2-1	6.08	13.20	156.16	6.78	0.00	35.10	19.94	443.78	0.00
HGS-3-1	5.93	13.00	145.20	6.42	0.00	35.97	6.65	431.79	0.00

2. 中性（pH=7）、浸润状态、不同温度下的离子浓度变化

由表 5-8～表 5-10 可知：

（1）在低温、常温或高温实验条件下 K^+、Na^+、NH_4^+、Cl^-、CO_3^{2-} 离子浓度在实验前后基本无变化。

（2）Ca^{2+}、Mg^{2+} 离子浓度在低温、常温、高温实验条件下总体有所增加，Ca^{2+} 增加幅度最大，为 5.4.84mg/L。

（3）SO_4^{2-}、HCO_3^- 离子浓度在低温、常温、高温实验条件下均有增加，平均增加幅度：SO_4^{2-} 约为 15.00mg/L，HCO_3^- 约为 10.00mg/L。

表 5-8　试样在低温（15℃）溶蚀条件下离子浓度变化　　（单位：mg/L）

编号 \ 离子强度	K⁺	Na⁺	Ca²⁺	Mg²⁺	NH₄⁺	Cl⁻	SO₄²⁻	HCO₃⁻	CO₃²⁻
实验前溶液	5.72	14.05	32.94	6.15	0.28	36.85	15.4.29	95.95	0.00
WL-1-4	4.96	15.4.63	34.66	6.31	0.00	35.97	26.59	95.95	0.00
WL-2-4	5.37	15.4.86	34.96	6.41	0.00	36.85	16.62	95.95	0.00
WL-3-4	5.37	15.4.62	35.30	6.21	0.00	36.85	26.59	95.95	0.00
WL-4-4	5.02	15.4.16	34.62	6.18	0.00	35.97	25.4.27	95.95	0.00
HYS-1-4	4.71	15.4.12	36.68	7.82	0.00	35.10	29.91	95.95	0.00
HYS-2-4	5.29	15.4.13	35.66	6.30	0.00	35.10	29.91	95.95	0.00
HYS-3-4	5.25	15.4.67	35.46	6.15	0.00	35.97	25.4.27	95.95	0.00
HGS-1-4	5.11	15.4.22	34.40	6.36	0.00	35.97	19.94	95.95	0.00
HGS-2-4	4.63	15.4.10	35.58	5.97	0.00	35.10	16.62	107.95	0.00
HGS-3-4	4.51	15.4.07	35.4.00	5.87	0.00	35.97	15.4.29	101.95	0.00

表 5-9　试样在常温（25℃）溶蚀条件下离子浓度变化　　　（单位：mg/L）

编号 \ 离子强度	K+	Na+	Ca2+	Mg2+	NH4+	Cl-	SO42-	HCO3-	CO32-
实验前溶液	5.72	14.05	32.94	6.15	0.28	36.85	15.4.29	95.95	0.00
WL-1-2	5.25	14.47	36.78	6.55	0.16	36.85	19.94	95.95	0.00
WL-2-2	5.50	15.4.89	36.10	6.57	0.24	35.97	25.4.27	95.95	0.00
WL-3-2	4.96	15.4.35	34.18	6.14	0.16	36.85	16.62	95.95	0.00
WL-4-2	4.68	12.90	35.44	6.26	0.16	36.85	15.4.29	101.95	0.00
HYS-1-2	4.84	15.4.49	35.92	7.65	0.16	35.97	29.91	95.95	0.00
HYS-2-2	4.83	15.4.31	35.12	6.20	0.00	35.10	16.62	95.95	0.00
HYS-3-2	4.80	15.4.26	34.50	6.10	0.24	35.97	25.4.27	95.95	0.00
HGS-1-2	4.68	15.4.89	34.84	6.38	0.20	35.97	16.62	101.95	0.00
HGS-2-2	4.82	15.4.45	35.4.58	5.91	0.20	35.97	16.62	101.95	0.00
HGS-3-2	4.68	15.4.01	35.4.84	6.17	0.20	36.85	16.62	101.95	0.00

表 5-10　试样在高温（50℃）溶蚀条件下离子浓度变化　　　（单位：mg/L）

编号 \ 离子强度	K+	Na+	Ca2+	Mg2+	NH4+	Cl-	SO42-	HCO3-	CO32-
实验前溶液	5.72	14.05	32.94	6.15	0.28	36.85	15.4.29	95.95	0.00
WL-1-5	4.77	16.27	34.24	6.33	0.16	35.97	26.59	95.95	0.00
WL-2-5	5.59	16.29	34.48	6.45	0.12	36.85	25.4.27	101.95	0.00
WL-3-5	10.15	15.4.47	32.30	5.98	0.12	35.10	19.94	101.95	0.00
WL-4-5	4.49	15.25	35.4.20	6.24	0.16	35.97	25.4.27	95.95	0.00
HYS-1-5	4.36	15.10	35.4.84	7.30	0.16	35.10	26.59	95.95	0.00
HYS-2-5	4.91	15.90	32.80	6.11	0.28	35.10	25.4.27	95.95	0.00
HYS-3-5	4.97	15.27	32.40	6.05	0.12	34.22	16.62	101.95	0.00
HGS-1-5	4.47	15.22	34.38	7.56	0.12	35.10	19.94	107.95	0.00
HGS-2-5	4.62	15.27	32.96	6.16	0.20	35.10	16.62	107.95	0.00
HGS-3-5	4.42	14.92	31.70	5.90	0.12	35.10	16.62	101.95	0.00

3. 中性（pH=7）常温（25℃）状态下不同流速状态下的离子浓度变化

由表 5-11 ~ 表 5-12 可知：

（1）在浸润状、点滴状实验条件下 K^+、Na^+、NH_4^+、Cl^-、CO_3^{2-} 离子浓度在实验前后基本无变化。

（2）Ca^{2+}、Mg^{2+} 离子浓度在浸润状、点滴状实验条件下总体有所增加，Ca^{2+} 增加幅度最大，为 5.88mg/L。

（3）SO_4^{2-}、HCO_3^-离子浓度在浸润状、点滴状实验条件下有所增加，增加最显著的为SO_4^{2-}，达 19.95mg/L。

表 5-11　试样在浸润状溶蚀条件下离子浓度变化　　　　（单位：mg/L）

编号＼离子强度	K^+	Na^+	Ca^{2+}	Mg^{2+}	NH_4^+	Cl^-	SO_4^{2-}	HCO_3^-	CO_3^{2-}
实验前溶液	5.72	14.05	32.94	6.15	0.28	36.85	13.29	95.95	0.00
WL-1-2	5.25	14.47	36.78	6.55	0.16	36.85	19.94	95.95	0.00
WL-2-2	5.50	13.89	36.10	6.57	0.24	35.97	23.27	95.95	0.00
WL-3-2	4.96	13.35	34.18	6.14	0.16	36.85	16.62	95.95	0.00
WL-4-2	4.68	12.90	35.44	6.26	0.16	36.85	13.29	101.95	0.00
HYS-1-2	4.84	13.49	35.92	7.65	0.16	35.97	29.91	95.95	0.00
HYS-2-2	4.83	13.31	35.12	6.20	0.00	35.10	16.62	95.95	0.00
HYS-3-2	4.80	13.26	34.50	6.10	0.24	35.97	23.27	95.95	0.00
HGS-1-2	4.68	13.89	34.84	6.38	0.20	35.97	16.62	101.95	0.00
HGS-2-2	4.82	13.45	33.58	5.91	0.20	35.97	16.62	101.95	0.00
HGS-3-2	4.68	13.01	33.84	6.17	0.20	36.85	16.62	101.95	0.00

表 5-12　试样在点滴状溶蚀条件下离子浓度变化　　　　（单位：mg/L）

编号＼离子强度	K^+	Na^+	Ca^{2+}	Mg^{2+}	NH_4^+	Cl^-	SO_4^{2-}	HCO_3^-	CO_3^{2-}
实验前溶液	5.72	14.05	32.94	6.15	0.28	36.85	13.29	95.95	0.00
WL-1-6	5.20	13.69	35.62	6.45	0.12	36.85	26.59	95.95	0.00
WL-2-6	5.26	13.67	35.10	6.58	0.16	36.85	19.94	95.95	0.00
WL-3-6	5.12	12.92	34.16	6.24	0.16	36.85	23.27	95.95	0.00
WL-4-6	5.30	13.42	33.92	6.33	0.12	35.97	26.59	95.95	0.00
HYS-1-6	5.08	13.66	38.82	7.38	0.12	35.10	29.91	89.96	0.00
HYS-2-6	5.14	13.68	35.84	6.32	0.12	35.97	33.24	95.95	0.00
HYS-3-6	5.15	13.24	33.54	6.11	0.20	35.10	16.62	95.95	0.00
HGS-1-6	4.98	13.40	33.00	6.17	0.20	35.97	23.27	95.95	0.00
HGS-2-6	4.69	12.69	35.36	6.41	0.04	35.97	26.59	95.95	0.00
HGS-3-6	5.15	13.36	33.08	6.08	0.20	36.85	16.62	95.95	0.00

5.4.4　实验小结

通过溶蚀实验分析，可得以下结论：

（1）特定的环境条件下，溶蚀作用是有明显差别的。就温度而言，常温（25℃）下对溶蚀量影响较大；pH 影响则最为明显，酸度越强溶蚀量越大，在酸性条件下 Ca^{2+} 最大变化量达 148.10mg/L，HCO_3^- 最大变化量达 359.83mg/L，而在碱性或中性条件下离子变化远没有如此显著；就 pH 而言，酸性条件下对表面结构影响大，其酸性越强影响越大，碱性或者中性对表面结构影响较小。

（2）溶蚀实验获取了不同流速、温度和 pH 等环境条件下，不同成分灰岩溶蚀后的水化学成分，为后续开展不同成分灰岩溶蚀液的水化学动力学参数计算及水化学分形研究奠定了实验基础。

（3）溶蚀实验获取了不同流速、温度和 pH 等环境条件下，不同成分灰岩在溶蚀前后的微观结构图谱，为后续开展不同成分灰岩的岩溶分形特征奠定了实验基础。

（4）后续阶段应补充开展不同成分灰岩磨片的野外长观溶蚀实验研究。

第6章 岩溶形态分形特征与水化学动力学特征的相关性研究

6.1 溶蚀磨片的微观岩溶分形特征研究

6.1.1 溶蚀磨片微观分析工作简述

微观结构分析主要采用 XP-300C 透射偏光显微镜和 JFC-1100 型离子鉴测仪（扫描电镜）进行拍照。实际完成电镜实验照片 52 张，完成偏光显微镜分析照片 360 张。对所获取的偏光显微镜照片或电镜实验照片，应用 Photoshop 图形处理软件，进行"滤镜处理""锐化""强化边缘""灰度处理"等图形技术处理后，获得相应的分形图形，应用专门编制的分形图形计算软件，调用分形图形进行分形维数计算。

6.1.2 电镜实验结果分析

表 6-1 为电镜实验工况查询表。其中，对 WL-2 岩样进行 6 种工况溶蚀实验前后的电镜实验，其余 3 个样本只进行 pH = 7、浸润状、温度 25℃ 一种工况溶蚀实验前后的电镜实验。

表 6-1 电镜实验工况查询表

序号	岩石编号	溶蚀前（本底）及文件名（＊．BMP）	溶蚀后（本底）及文件名（＊．BMP）	溶蚀对应工况		
				pH	流速状态	温度/℃
1	HGS-2-2	HGS-2 本底 200× HGS-2 本底 700× HGS-2 本底 1500× HGS-2 本底 2000×	HGS-2-2B200× HGS-2-2B700× HGS-2-2B1500× HGS-2B02000×	7	浸润状	25
2	HYS-1-2	HYS-1 本底 200× HYS-1 本底 700× HYS-1 本底 1500× HYS-1 本底 2000×	HYS-1-2B200× HYS-1-2B700× HYS-1-2B1500× HYS-1-2B2000×	7	浸润状	25

序号	岩石编号	溶蚀前（本底）及文件名（＊.BMP）	溶蚀后（本底）及文件名（＊.BMP）	溶蚀对应工况		
				pH	流速状态	温度/℃
3	WL-2-1		WL-2-1B200× WL-2-1B700× WL-2-1B1500× WL-2-1B2000×	5.5	浸润状	25
4	WL-2-2		WL-2-2B200× WL-2-2B700× WL-2-2B1500× WL-2-2B2000×	7	浸润状	25
5	WL-2-3	WL-2 本底 200× WL-2 本底 700× WL-2 本底 1500× WL-2 本底 2000×	WL-2-3B200× WL-2-3B700× WL-2-3B1500× WL-2-3B2000×	8.5	浸润状	25
6	WL-2-4		WL-2-4B200× WL-2-4B700× WL-2-4B1500× WL-2-4B2000×	7	浸润状	15
7	WL-2-5		WL-2-5B200× WL-2-5B700× WL-2-5B1500× WL-2-5B2000×	7	浸润状	50
8	WL-2-6		WL-2-6B200× WL-2-6B700× WL-2-6B1500× WL-2-6B2000×	7	点滴状	25
9	WL-3-2	WL-3 本底 200× WL-3 本底 700× WL-3 本底 1500× WL-3 本底 2000×	WL-3-2B200× WL-3-2B700× WL-3-2B1500× WL-3-2B2000×	7	浸润状	25

注：×表示放大倍数，如 200×即为放大 200 倍，余同。

　　图 6-1 为 WL-2-2 样本溶蚀前的不同放大倍数电镜照片，图 6-2 为 WL-2-2 样本在 pH＝7、浸润状、温度 25℃工况下溶蚀后的不同放大倍数电镜照片。限于篇幅，其余样本及不同工况的溶蚀前后电镜照片在此不列举。

　　对图 6-1 和图 6-2 所示的电镜实验照片进行图形技术处理后，得到图 6-3 和图 6-4 所示的分形图形（图片数值处理具体过程见 4.4.2）。

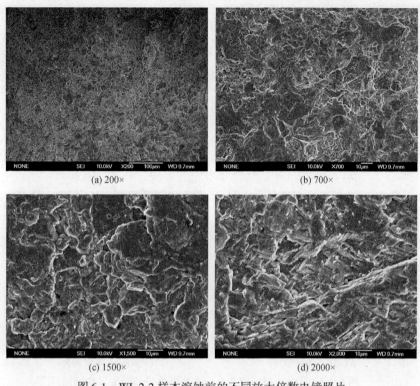

(a) 200×

(b) 700×

(c) 1500×

(d) 2000×

图 6-1　WL-2-2 样本溶蚀前的不同放大倍数电镜照片

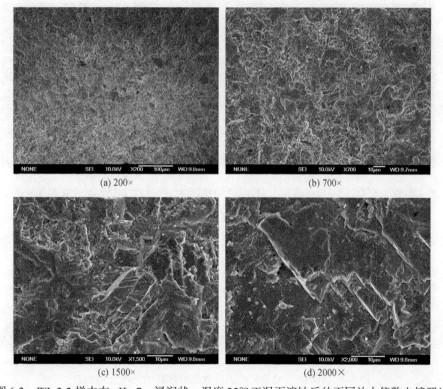

(a) 200×

(b) 700×

(c) 1500×

(d) 2000×

图 6-2　WL-2-2 样本在 pH=7、浸润状、温度 25℃工况下溶蚀后的不同放大倍数电镜照片

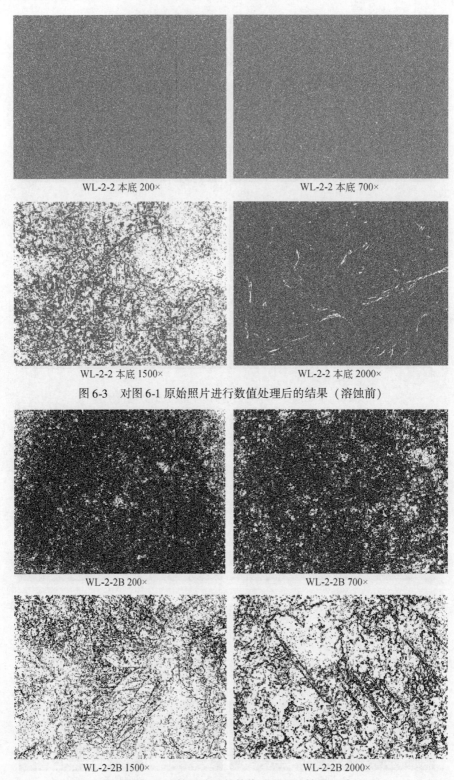

WL-2-2 本底 200×

WL-2-2 本底 700×

WL-2-2 本底 1500×

WL-2-2 本底 2000×

图6-3 对图6-1原始照片进行数值处理后的结果（溶蚀前）

WL-2-2B 200×

WL-2-2B 700×

WL-2-2B 1500×

WL-2-2B 2000×

图6-4 对图6-2原始照片进行数值处理后的结果（溶蚀后）

应用专门编制的分形图形计算软件，调用图 6-3 和图 6-4 所对应的分形图形（＊.BMP 格式）进行分形维数计算。图 6-5 和图 6-6 分别为图 6-3 中 WL-2-2 本底 1500×和图 6-4 中 WL-2-2B1500×的分形维数计算过程示意图，进一步得到相应的分形曲线，如图 6-7 和图 6-8所示（限于篇幅，仅举此例）。在此基础上，根据分形维数和分形曲线相关系数计算岩溶发育程度的分形评价指数，结果见表 6-2 和表 6-3。

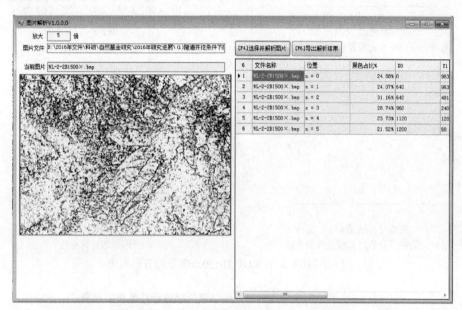

图 6-5　图 6-3 中 WL-2-2 本底 1500×的分形维数计算过程示意图

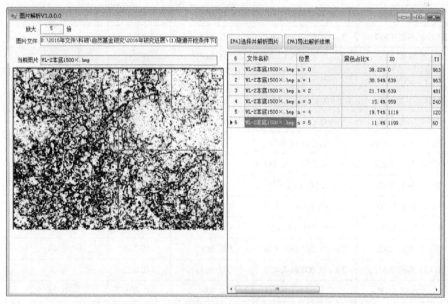

图 6-6　图 6-4 中 WL-2-2B1500×的分形维数计算过程示意图

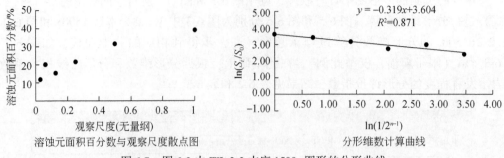

溶蚀元面积百分数与观察尺度散点图　　　　分形维数计算曲线

图 6-7　图 6-3 中 WL-2-2 本底 1500×图形的分形曲线

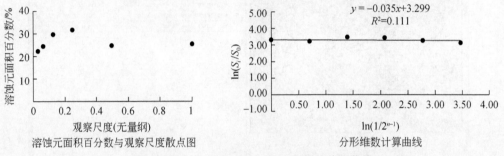

溶蚀元面积百分数与观察尺度散点图　　　　分形维数计算曲线

图 6-8　图 6-4 中 WL-2-2B1500×图形的分形曲线

表 6-2　溶蚀前电镜实验照片分形评价指数计算结果汇总表

序号	分形图片名称	相关方程	相关系数平方 R^2	分形维数	$Q = \sqrt{(R \times D)}$	$Q_{平均}$
1	HGS-2 本底 200×	$Y = 0.0001x + 4.443$	0.027	0.001	0.01	
2	HGS-2 本底 700×	$Y = -0.01x + 4.087$	0.125	-0.01	0.06	0.16
3	HGS-2 本底 1500×	$Y = -0.027x + 4.043$	0.448	-0.027	0.13	
4	HGS-2 本底 2000×	$Y = -0.231x + 3.983$	0.741	-0.231	0.45	
5	HYS-1 本底 200×	$Y = -0.282x + 4.548$	0.758	-0.282	0.50	
6	HYS-1 本底 700×	$Y = 0.003x + 4.434$	0.675	0.003	0.05	0.18
7	HYS-1 本底 1500×	$Y = -0.016x + 3.544$	0.334	-0.016	0.10	
8	HYS-1 本底 2000×	$Y = 0.01x + 4.072$	0.216	0.01	0.07	
9	WL-2 本底 200×	$Y = -0.007x + 4.449$	0.788	-0.007	0.08	
10	WL-2 本底 700×	$Y = 0.002x + 4.431$	0.816	0.002	0.04	0.18
11	WL-2 本底 1500×	$Y = -0.319x + 3.604$	0.871	-0.319	0.55	
12	WL-2 本底 2000×	$Y = 0.005x + 4.402$	0.764	0.005	0.07	
13	WL-3 本底 200×	$Y = -0.285x + 4.424$	0.631	-0.285	0.48	
14	WL-3 本底 700×	$Y = -0.002x + 4.436$	0.764	-0.002	0.04	0.21
15	WL-3 本底 1500×	$Y = -0.076x + 3.931$	0.738	-0.076	0.26	
16	WL-3 本底 2000×	$Y = -0.003x + 4.414$	0.85	-0.003	0.05	

表 6-3　溶蚀后电镜实验照片分形评价指数计算结果汇总表

序号	分形图片名称	相关方程	相关系数平方 R^2	分形维数	$Q=\sqrt{R\times D}$	Q 平均
1	HGS-2-2B200×	$Y=0.001x+4.404$	0.017	0.001	0.01	
2	HGS-2-2B700×	$Y=-0.001x+4.418$	0.131	−0.001	0.02	
3	HGS-2-2B1500×	$Y=0.004x+4.414$	0.805	0.004	0.06	0.09
4	HGS-2-2B2000×	$Y=-0.124x+3.832$	0.447	−0.124	0.29	
5	HYS-1-2B200×	$Y=-0.027x+4.459$	0.698	−0.027	0.15	
6	HYS-1-2B700×	$Y=-0.001x+4.442$	0.675	−0.001	0.03	
7	HYS-1-2B1500×	$Y=0.001x+4.422$	0.125	0.001	0.02	0.05
8	HYS-1-2B2000×	$Y=0.001x+4.415$	0.116	0.001	0.02	
9	WL-2-1B200×	$Y=-0.008x+4.429$	0.59	−0.008	0.08	
10	WL-2-1B700×	$Y=0.037x+4.143$	0.452	0.037	0.16	
11	WL-2-1B1500×	$Y=0.002x+4.432$	0.377	0.002	0.04	0.11
12	WL-2-1B2000×	$Y=0.042x+3.214$	0.66	0.042	0.18	
13	WL-2-2B200×	$Y=-0.36x+4.585$	0.775	−0.36	0.56	
14	WL-2-2B700×	$Y=-0.0221x+4.255$	0.585	−0.022	0.13	
15	WL-2-2B1500×	$Y=-0.035x+3.299$	0.111	−0.035	0.11	0.30
16	WL-2-2B2000×	$Y=-0.193x+3.568$	0.758	−0.193	0.41	
17	WL-2-3B200×	$Y=-0.016x+4.447$	0.884	−0.016	0.12	
18	WL-2-3B700×	$Y=-0.007x+4.416$	0.272	−0.007	0.06	
19	WL-2-3B1500×	$Y=-0.151x+3.747$	0.849	−0.151	0.37	0.25
20	WL-2-3B2000×	$Y=-0.221x+4.101$	0.87	−0.221	0.45	
21	WL-2-4B200×	$Y=-0.012x+4.454$	0.78	−0.012	0.10	
22	WL-2-4B700×	$Y=0.0001x+4.431$	0.004	0.0001	0.00	
23	WL-2-4B1500×	$Y=-0.137x+3.734$	0.781	−0.137	0.35	0.16
24	WL-2-4B2000×	$Y=0.062x+3.401$	0.324	0.062	0.19	
25	WL-2-5B200×	$Y=-0.034x+4.458$	0.811	−0.034	0.17	
26	WL-2-5B700×	$Y=-0.004x+4.436$	0.884	−0.004	0.06	
27	WL-2-5B1500×	$Y=-0.0004x+4.425$	0.026	−0.0004	0.01	0.11
28	WL-2-5B2000×	$Y=0.049x+3.731$	0.745	0.049	0.21	
29	WL-2-6B200×	$Y=-0.027x+4.462$	0.731	−0.027	0.15	
30	WL-2-6B700×	$Y=-0.008x+4.43$	0.856	−0.008	0.09	
31	WL-2-6B1500×	$Y=0.132x+3.792$	0.675	0.132	0.33	0.30
32	WL-2-6B2000×	$Y=-0.482x+4.19$	0.777	−0.482	0.65	
33	WL-3-2B200×	$Y=-0.019x+4.45$	0.88	−0.019	0.13	
34	WL-3-2B700×	$Y=0.001x+4.432$	0.257	0.001	0.02	
35	WL-3-2B1500×	$Y=0.0002x+4.426$	0.005	0.0002	0.00	0.05
36	WL-3-2B2000×	$Y=0.004x+4.406$	0.765	0.004	0.06	

　　图 6-9 为各样本溶蚀前后电镜实验照片分形指数对比散点图及分形指数变化情况。对样本照片分形指数平均值进行统计和对比分析，结果见表 6-4 和图 6-10。图 6-11 为武隆隧道各样本溶蚀前后电镜实验照片分形指数平均值的对比散点图及变化情况，图 6-12 则为

三座隧道在同一种溶蚀工况条件下（pH = 7、浸润状、温度 25℃）样本溶蚀前后电镜实验照片分形指数平均值的对比散点图及变化情况。

表 6-4　各隧道电镜实验照片分形指数平均值综合对比情况

编号	溶蚀前分形指数	溶蚀后分形指数	溶蚀前后分形指数变化量 DQ
HGS-2-2$Q_{平均}$	0.16	0.09	−0.07
HYS-1-2$Q_{平均}$	0.18	0.05	−0.13
WL-2-1$Q_{平均}$	0.18	0.11	−0.07
WL-2-2$Q_{平均}$	0.18	0.30	0.12
WL-2-3$Q_{平均}$	0.18	0.25	0.07
WL-2-4$Q_{平均}$	0.18	0.16	−0.02
WL-2-5$Q_{平均}$	0.18	0.11	−0.07
WL-2-6$Q_{平均}$	0.18	0.30	0.12
WL-3-2$Q_{平均}$	0.21	0.05	−0.16

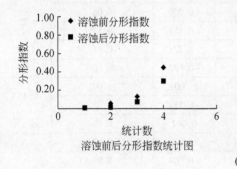
溶蚀前后分形指数统计图

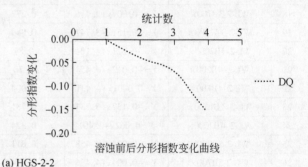
溶蚀前后分形指数变化曲线

(a) HGS-2-2

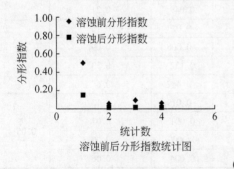
溶蚀前后分形指数统计图

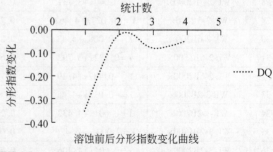
溶蚀前后分形指数变化曲线

(b) HYS-1-2

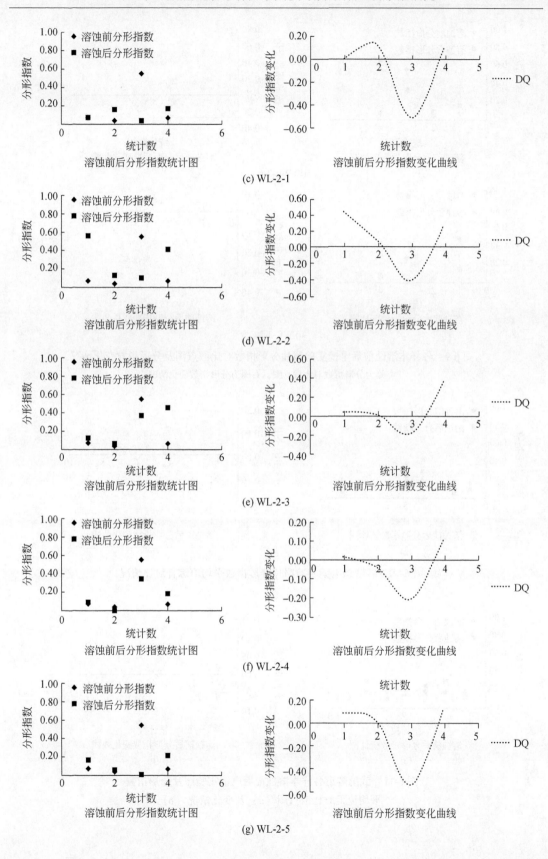

(c) WL-2-1

(d) WL-2-2

(e) WL-2-3

(f) WL-2-4

(g) WL-2-5

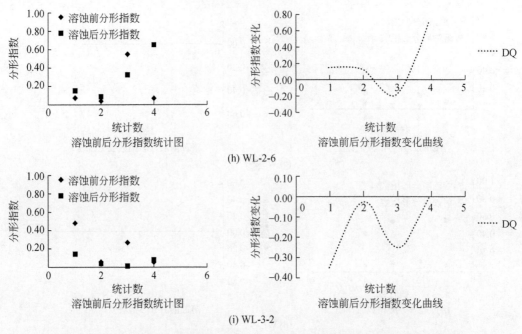

(h) WL-2-6

(i) WL-3-2

图 6-9　各样本溶蚀前后电镜实验照片分形指数对比散点图及分形指数变化情况
左侧为分形指数对比散点图，右侧为分形指数变化情况

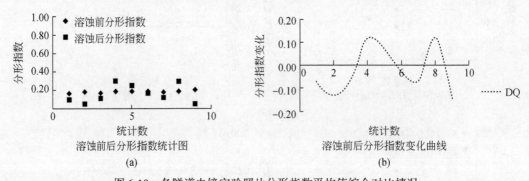

图 6-10　各隧道电镜实验照片分形指数平均值综合对比情况

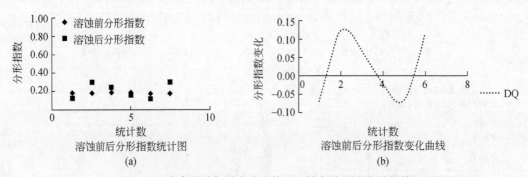

图 6-11　武隆隧道各样本溶蚀前后电镜实验照片分形指数
平均值得对比散点图（a）及变化情况（b）

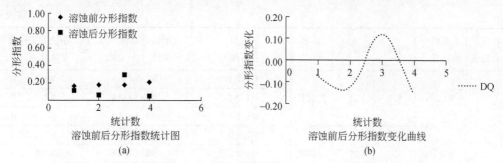

图 6-12　三座隧道在同一种溶蚀工况条件下（pH＝7、浸润状、温度 25℃）
样本溶蚀前后电镜实验照片分形指数对比散点图（a）及分形指数变化情况（b）

6.1.3　偏光显微镜实验结果分析

1. 武隆隧道

表 6-5 为武隆隧道溶蚀实验磨片偏光显微镜分析工况查询表，对所获取的偏光显微镜
照片（图 6-13）进行图形技术处理后，获得相应的分形图形（图 6-14），并进行分形维数
计算后获得分形曲线（图 6-15 和图 6-16）。

对比分析武隆隧道岩石磨片溶蚀前后偏光显微镜分析图片的分形指数计算结果见表 6-6，
图 6-17～图 6-20 为各岩样溶蚀前后分形指数散点图及变化情况。

表 6-5　武隆隧道溶蚀工况及溶蚀图片文件查询表

岩样 原始编号	实验 岩样编号	pH	温度/℃	流速 状态	岩石 分段编号	溶蚀前岩样图形 文件（＊.BMP）	溶蚀后岩样图形 文件（＊.BMP）
WL-1	WL-1-1	5.5	25	浸润状	WL-1-1-1	WL-1-1-1A	WL-1-1-1B
					WL-1-1-2	WL-1-1-2A	WL-1-1-2B
					WL-1-1-3	WL-1-1-3A	WL-1-1-3B
	WL-1-2	7.0	25	浸润状	WL-1-2-1	WL-1-2-1A	WL-1-2-1B
					WL-1-2-2	WL-1-2-2A	WL-1-2-2B
					WL-1-2-3	WL-1-2-3A	WL-1-2-3B
	WL-1-3	8.5	25	浸润状	WL-1-3-1	WL-1-3-1A	WL-1-3-1B
					WL-1-3-2	WL-1-3-2A	WL-1-3-2B
					WL-1-3-3	WL-1-3-3A	WL-1-3-3B
	WL-1-4	7.0	15	浸润状	WL-1-4-1	WL-1-4-1A	WL-1-4-1B
					WL-1-4-2	WL-1-4-2A	WL-1-4-2B
					WL-1-4-3	WL-1-4-3A	WL-1-4-3B
	WL-1-5	7.0	50	浸润状	WL-1-5-1	WL-1-5-1A	WL-1-5-1B
					WL-1-5-2	WL-1-5-2A	WL-1-5-2B
					WL-1-5-3	WL-1-5-3A	WL-1-5-3B
	WL-1-6	7.0	25	点滴状	WL-1-6-1	WL-1-6-1A	WL-1-6-1B
					WL-1-6-2	WL-1-6-2A	WL-1-6-2B
					WL-1-6-3	WL-1-6-3A	WL-1-6-3B

岩样原始编号	实验岩样编号	pH	温度/℃	流速状态	岩石分段编号	溶蚀前岩样图形文件（*.BMP）	溶蚀后岩样图形文件（*.BMP）
WL-2	WL-2-1	5.5	25	浸润状	WL-2-1-1	WL-2-1-1A	WL-2-1-1B
					WL-2-1-2	WL-2-1-2A	WL-2-1-2B
					WL-2-1-3	WL-2-1-3A	WL-2-1-3B
	WL-2-2	7.0	25	浸润状	WL-2-2-1	WL-2-2-1A	WL-2-2-1B
					WL-2-2-2	WL-2-2-2A	WL-2-2-2B
					WL-2-2-3	WL-2-2-3A	WL-2-2-3B
	WL-2-3	8.5	25	浸润状	WL-2-3-1	WL-2-3-1A	WL-2-3-1B
					WL-2-3-2	WL-2-3-2A	WL-2-3-2B
					WL-2-3-3	WL-2-3-3A	WL-2-3-3B
	WL-2-4	7.0	15	浸润状	WL-2-4-1	WL-2-4-1A	WL-2-4-1B
					WL-2-4-2	WL-2-4-2A	WL-2-4-2B
					WL-2-4-3	WL-2-4-3A	WL-2-4-3B
	WL-2-5	7.0	50	浸润状	WL-2-5-1	WL-2-5-1A	WL-2-5-1B
					WL-2-5-2	WL-2-5-2A	WL-2-5-2B
					WL-2-5-3	WL-2-5-3A	WL-2-5-3B
	WL-2-6	7.0	25	点滴状	WL-2-6-1	WL-2-6-1A	WL-2-6-1B
					WL-2-6-2	WL-2-6-2A	WL-2-6-2B
					WL-2-6-3	WL-2-6-3A	WL-2-6-3B
WL-3	WL-3-1	5.5	25	浸润状	WL-3-1-1	WL-3-1-1A	WL-3-1-1B
					WL-3-1-2	WL-3-1-2A	WL-3-1-2B
					WL-3-1-3	WL-3-1-3A	WL-3-1-3B
	WL-3-2	7.0	25	浸润状	WL-3-2-1	WL-3-2-1A	WL-3-2-1B
					WL-3-2-2	WL-3-2-2A	WL-3-2-2B
					WL-3-2-3	WL-3-2-3A	WL-3-2-3B
	WL-3-3	8.5	25	浸润状	WL-3-3-1	WL-3-3-1A	WL-3-3-1B
					WL-3-3-2	WL-3-3-2A	WL-3-3-2B
					WL-3-3-3	WL-3-3-3A	WL-3-3-3B
	WL-3-4	7.0	15	浸润状	WL-3-4-1	WL-3-4-1A	WL-3-4-1B
					WL-3-4-2	WL-3-4-2A	WL-3-4-2B
					WL-3-4-3	WL-3-4-3A	WL-3-4-3B
	WL-3-5	7.0	50	浸润状	WL-3-5-1	WL-3-5-1A	WL-3-5-1B
					WL-3-5-2	WL-3-5-2A	WL-3-5-2B
					WL-3-5-3	WL-3-5-3A	WL-3-5-3B
	WL-3-6	7.0	25	点滴状	WL-3-6-1	WL-3-6-1A	WL-3-6-1B
					WL-3-6-2	WL-3-6-2A	WL-3-6-2B
					WL-3-6-3	WL-3-6-3A	WL-3-6-3B

续表

岩样原始编号	实验岩样编号	pH	温度/℃	流速状态	岩石分段编号	溶蚀前岩样图形文件（＊.BMP）	溶蚀后岩样图形文件（＊.BMP）
WL-4	WL-4-1	5.5	25	浸润状	WL-4-1-1	WL-4-1-1A	WL-4-1-1B
					WL-4-1-2	WL-4-1-2A	WL-4-1-2B
					WL-4-1-3	WL-4-1-3A	WL-4-1-3B
	WL-4-2	7.0	25	浸润状	WL-4-2-1	WL-4-2-1A	WL-4-2-1B
					WL-4-2-2	WL-4-2-2A	WL-4-2-2B
					WL-4-2-3	WL-4-2-3A	WL-4-2-3B
	WL-4-3	8.5	25	浸润状	WL-4-3-1	WL-4-3-1A	WL-4-3-1B
					WL-4-3-2	WL-4-3-2A	WL-4-3-2B
					WL-4-3-3	WL-4-3-3A	WL-4-3-3B
	WL-4-4	7.0	15	浸润状	WL-4-4-1	WL-4-4-1A	WL-4-4-1B
					WL-4-4-2	WL-4-4-2A	WL-4-4-2B
					WL-4-4-3	WL-4-4-3A	WL-4-4-3B
	WL-4-5	7.0	50	浸润状	WL-4-5-1	WL-4-5-1A	WL-4-5-1B
					WL-4-5-2	WL-4-5-2A	WL-4-5-2B
					WL-4-5-3	WL-4-5-3A	WL-4-5-3B
	WL-4-6	7.0	25	点滴状	WL-4-6-1	WL-4-6-1A	WL-4-6-1B
					WL-4-6-2	WL-4-6-2A	WL-4-6-2B
					WL-4-6-3	WL-4-6-3A	WL-4-6-3B

溶蚀前　　　　　　　　　　　　　　　溶蚀后

图 6-13　WL-2-2-1 样本溶蚀前后的偏光显微镜原始照片（放大倍率为 50×）

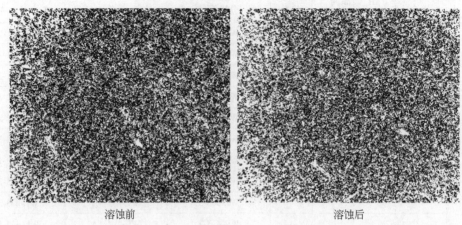

溶蚀前 溶蚀后

图 6-14 WL-2-2-1 样本溶蚀前后的偏光显微镜照片经处理后的分形图形

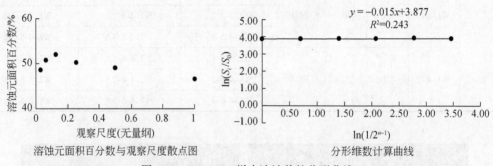

溶蚀元面积百分数与观察尺度散点图 分形维数计算曲线

图 6-15 WL-2-2-1 样本溶蚀前的分形曲线

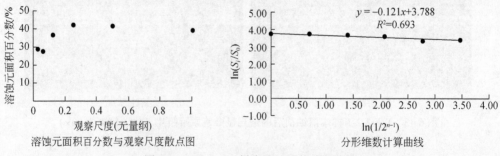

溶蚀元面积百分数与观察尺度散点图 分形维数计算曲线

图 6-16 WL-2-2-1 样本溶蚀后的分形曲线

表 6-6　武隆隧道各岩样分形指数对比统计结果

岩石编号	磨片编号	溶蚀前分形指数	溶蚀后分形指数	溶蚀前后分形指数变化量 DQ
WL-1	WL-1-1	0.16	0.58	0.42
	WL-1-2	0.18	0.27	0.09
	WL-1-3	0.15	0.17	0.02
	WL-1-4	0.10	0.18	0.08
	WL-1-5	0.15	0.67	0.52
	WL-1-6	0.13	0.23	0.10
WL-2	WL-2-1	0.24	0.66	0.42
	WL-2-2	0.07	0.14	0.07
	WL-2-3	0.15	0.15	0.00
	WL-2-4	0.10	0.11	0.01
	WL-2-5	0.23	0.13	−0.10
	WL-2-6	0.12	0.21	0.09
WL-3	WL-3-1	0.12	0.19	0.07
	WL-3-2	0.17	0.26	0.09
	WL-3-3	0.15	0.34	0.19
	WL-3-4	0.09	0.08	−0.01
	WL-3-5	0.13	0.15	0.02
	WL-3-6	0.18	0.26	0.08
WL-4	WL-4-1	0.65	0.59	−0.06
	WL-4-2	0.19	0.41	0.22
	WL-4-3	0.12	0.15	0.03
	WL-4-4	0.15	0.23	0.08
	WL-4-5	0.16	0.13	−0.03
	WL-4-6	0.16	0.35	0.19

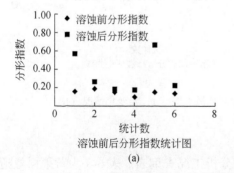

溶蚀前后分形指数统计图

(a)

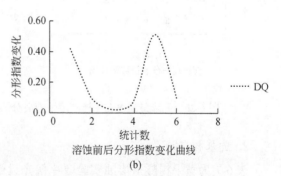

溶蚀前后分形指数变化曲线

(b)

图 6-17　武隆隧道 WL-1 样本溶蚀前后分形指数对比散点图（a）及变化情况（b）

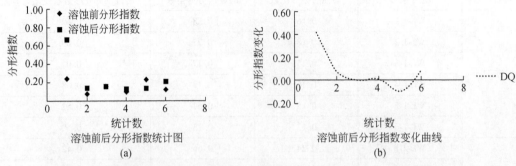

图 6-18　武隆隧道 WL-2 样本溶蚀前后分形指数对比散点图（a）及变化情况（b）

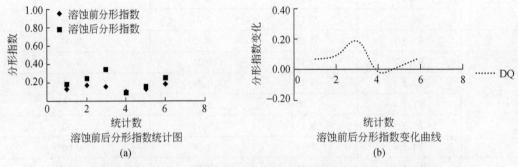

图 6-19　武隆隧道 WL-3 样本溶蚀前后分形指数对比散点图（a）及变化情况（b）

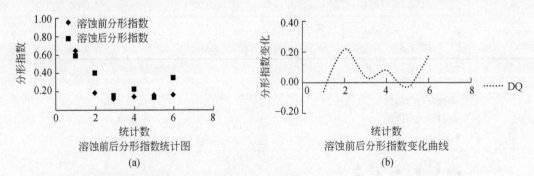

图 6-20　武隆隧道 WL-4 样本溶蚀前后分形指数对比散点图（a）及变化情况（b）

2. 黄果树隧道

表 6-7 为黄果树隧道溶蚀实验磨片偏光显微镜分析工况查询表。表 6-8 为黄果树隧道岩石磨片溶蚀前后偏光显微镜分析图片的分形指数计算对比统计结果，图 6-21 ~ 图 6-23 为各岩样溶蚀前后分形指数散点图及变化情况。

表 6-7　黄果树隧道溶蚀实验磨片偏光显微镜分析工况查询表

岩样原始编号	实验岩样编号	pH	温度/℃	流速状态	岩石分段编号	溶蚀前岩样图形文件（*.BMP）	溶蚀后岩样图形文件（*.BMP）
HGS-1	HGS-1-1	5.5	25	浸润状	HGS-1-1-1	HGS-1-1-1A	HGS-1-1-1B
					HGS-1-1-2	HGS-1-1-2A	HGS-1-1-2B
					HGS-1-1-3	HGS-1-1-3A	HGS-1-1-3B
	HGS-1-2	7.0	25	浸润状	HGS-1-2-1	HGS-1-2-1A	HGS-1-2-1B
					HGS-1-2-2	HGS-1-2-2A	HGS-1-2-2B
					HGS-1-2-3	HGS-1-2-3A	HGS-1-2-3B
	HGS-1-3	8.5	25	浸润状	HGS-1-3-1	HGS-1-3-1A	HGS-1-3-1B
					HGS-1-3-2	HGS-1-3-2A	HGS-1-3-2B
					HGS-1-3-3	HGS-1-3-3A	HGS-1-3-3B
	HGS-1-4	7.0	15	浸润状	HGS-1-4-1	HGS-1-4-1A	HGS-1-4-1B
					HGS-1-4-2	HGS-1-4-2A	HGS-1-4-2B
					HGS-1-4-3	HGS-1-4-3A	HGS-1-4-3B
	HGS-1-5	7.0	50	浸润状	HGS-1-5-1	HGS-1-5-1A	HGS-1-5-1B
					HGS-1-5-2	HGS-1-5-2A	HGS-1-5-2B
					HGS-1-5-3	HGS-1-5-3A	HGS-1-5-3B
	HGS-1-6	7.0	25	点滴状	HGS-1-6-1	HGS-1-6-1A	HGS-1-6-1B
					HGS-1-6-2	HGS-1-6-2A	HGS-1-6-2B
					HGS-1-6-3	HGS-1-6-3A	HGS-1-6-3B
HGS-2	HGS-2-1	5.5	25	浸润状	HGS-2-1-1	HGS-2-1-1A	HGS-2-1-1B
					HGS-2-1-2	HGS-2-1-2A	HGS-2-1-2B
					HGS-2-1-3	HGS-2-1-3A	HGS-2-1-3B
	HGS-2-2	7.0	25	浸润状	HGS-2-2-1	HGS-2-2-1A	HGS-2-2-1B
					HGS-2-2-2	HGS-2-2-2A	HGS-2-2-2B
					HGS-2-2-3	HGS-2-2-3A	HGS-2-2-3B
	HGS-2-3	8.5	25	浸润状	HGS-2-3-1	HGS-2-3-1A	HGS-2-3-1B
					HGS-2-3-2	HGS-2-3-2A	HGS-2-3-2B
					HGS-2-3-3	HGS-2-3-3A	HGS-2-3-3B
	HGS-2-4	7.0	15	浸润状	HGS-2-4-1	HGS-2-4-1A	HGS-2-4-1B
					HGS-2-4-2	HGS-2-4-2A	HGS-2-4-2B
					HGS-2-4-3	HGS-2-4-3A	HGS-2-4-3B
	HGS-2-5	7.0	50	浸润状	HGS-2-5-1	HGS-2-5-1A	HGS-2-5-1B
					HGS-2-5-2	HGS-2-5-2A	HGS-2-5-2B
					HGS-2-5-3	HGS-2-5-3A	HGS-2-5-3B
	HGS-2-6	7.0	25	点滴状	HGS-2-6-1	HGS-2-6-1A	HGS-2-6-1B
					HGS-2-6-2	HGS-2-6-2A	HGS-2-6-2B
					HGS-2-6-3	HGS-2-6-3A	HGS-2-6-3B

岩样原始编号	实验岩样编号	pH	温度/℃	流速状态	岩石分段编号	溶蚀前岩样图形文件（*.BMP）	溶蚀后岩样图形文件（*.BMP）
HGS-3	HGS-3-1	5.5	25	浸润状	HGS-3-1-1	HGS-3-1-1A	HGS-3-1-1B
					HGS-3-1-2	HGS-3-1-2A	HGS-3-1-2B
					HGS-3-1-3	HGS-3-1-3A	HGS-3-1-3B
	HGS-3-2	7.0	25	浸润状	HGS-3-2-1	HGS-3-2-1A	HGS-3-2-1B
					HGS-3-2-2	HGS-3-2-2A	HGS-3-2-2B
					HGS-3-2-3	HGS-3-2-3A	HGS-3-2-3B
	HGS-3-3	8.5	25	浸润状	HGS-3-3-1	HGS-3-3-1A	HGS-3-3-1B
					HGS-3-3-2	HGS-3-3-2A	HGS-3-3-2B
					HGS-3-3-3	HGS-3-3-3A	HGS-3-3-3B
	HGS-3-4	7.0	15	浸润状	HGS-3-4-1	HGS-3-4-1A	HGS-3-4-1B
					HGS-3-4-2	HGS-3-4-2A	HGS-3-4-2B
					HGS-3-4-3	HGS-3-4-3A	HGS-3-4-3B
	HGS-3-5	7.0	50	浸润状	HGS-3-5-1	HGS-3-5-1A	HGS-3-5-1B
					HGS-3-5-2	HGS-3-5-2A	HGS-3-5-2B
					HGS-3-5-3	HGS-3-5-3A	HGS-3-5-3B
	HGS-3-6	7.0	25	点滴状	HGS-3-6-1	HGS-3-6-1A	HGS-3-6-1B
					HGS-3-6-2	HGS-3-6-2A	HGS-3-6-2B
					HGS-3-6-3	HGS-3-6-3A	HGS-3-6-3B

表 6-8　黄果树隧道各岩样分形指数对比统计结果

岩石编号	磨片编号	溶蚀前分形指数	溶蚀后分形指数	溶蚀前后分形指数变化量 DQ
HGS-1	HGS-1-1	0.49	0.64	0.15
	HGS-1-2	0.33	0.23	-0.10
	HGS-1-3	0.52	0.14	-0.38
	HGS-1-4	0.42	0.42	0.00
	HGS-1-5	0.50	0.48	-0.02
	HGS-1-6	0.63	0.21	-0.42
HGS-2	HGS-2-1	0.55	0.29	-0.26
	HGS-2-2	0.42	0.30	-0.12
	HGS-2-3	0.33	0.50	0.17
	HGS-2-4	0.64	0.45	-0.19
	HGS-2-5	0.51	0.43	-0.08
	HGS-2-6	0.40	0.35	-0.05

岩石编号	磨片编号	溶蚀前分形指数	溶蚀后分形指数	溶蚀前后分形指数变化量 DQ
HGS-3	HGS-3-1	0.27	0.47	0.20
	HGS-3-2	0.24	0.35	0.11
	HGS-3-3	0.33	0.28	−0.05
	HGS-3-4	0.33	0.37	0.04
	HGS-3-5	0.39	0.36	−0.03
	HGS-3-6	0.16	0.45	0.29

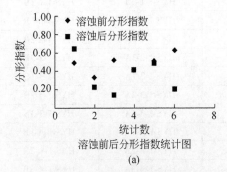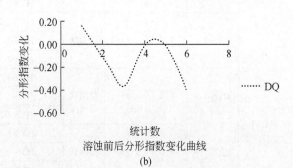

图 6-21　黄果树隧道 HGS-1 样本溶蚀前后分形指数对比散点图（a）及变化情况（b）

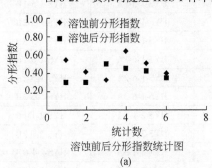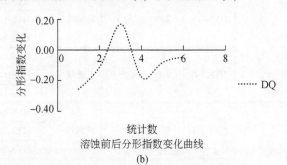

图 6-22　黄果树隧道 HGS-2 样本溶蚀前后分形指数对比散点图（a）及变化情况（b）

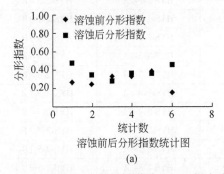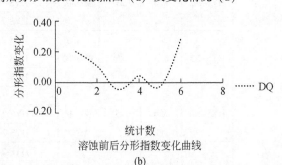

图 6-23　黄果树隧道 HGS-3 样本溶蚀前后分形指数对比散点图（a）及变化情况（b）

3. 华蓥山隧道

表 6-9 为华蓥山隧道溶蚀实验磨片偏光显微镜分析工况查询表。表 6-10 为华蓥山隧道

岩石磨片溶蚀前后偏光显微镜分析图片的分形指数计算对比统计结果，图 6-24 ~ 图 6-26 为各岩样溶蚀前后分形指数散点图及变化情况。

表 6-9 华蓥山隧道溶蚀实验磨片偏光显微镜分析工况查询表

岩样原始编号	实验岩样编号	pH	温度/℃	流速状态	岩石分段编号	溶蚀前岩样图形文件（*.BMP）	溶蚀后岩样图形文件（*.BMP）
HYS-1	HYS-1-1	5.5	25	浸润状	HYS-1-1-1	HYS-1-1-1A	HYS-1-1-1B
					HYS-1-1-2	HYS-1-1-2A	HYS-1-1-2B
					HYS-1-1-3	HYS-1-1-3A	HYS-1-1-3B
	HYS-1-2	7.0	25	浸润状	HYS-1-2-1	HYS-1-2-1A	HYS-1-2-1B
					HYS-1-2-2	HYS-1-2-2A	HYS-1-2-2B
					HYS-1-2-3	HYS-1-2-3A	HYS-1-2-3B
	HYS-1-3	8.5	25	浸润状	HYS-1-3-1	HYS-1-3-1A	HYS-1-3-1B
					HYS-1-3-2	HYS-1-3-2A	HYS-1-3-2B
					HYS-1-3-3	HYS-1-3-3A	HYS-1-3-3B
	HYS-1-4	7.0	15	浸润状	HYS-1-4-1	HYS-1-4-1A	HYS-1-4-1B
					HYS-1-4-2	HYS-1-4-2A	HYS-1-4-2B
					HYS-1-4-3	HYS-1-4-3A	HYS-1-4-3B
	HYS-1-5	7.0	50	浸润状	HYS-1-5-1	HYS-1-5-1A	HYS-1-5-1B
					HYS-1-5-2	HYS-1-5-2A	HYS-1-5-2B
					HYS-1-5-3	HYS-1-5-3A	HYS-1-5-3B
	HYS-1-6	7.0	25	点滴状	HYS-1-6-1	HYS-1-6-1A	HYS-1-6-1B
					HYS-1-6-2	HYS-1-6-2A	HYS-1-6-2B
					HYS-1-6-3	HYS-1-6-3A	HYS-1-6-3B
HYS-2	HYS-2-1	5.5	25	浸润状	HYS-2-1-1	HYS-2-1-1A	HYS-2-1-1B
					HYS-2-1-2	HYS-2-1-2A	HYS-2-1-2B
					HYS-2-1-3	HYS-2-1-3A	HYS-2-1-3B
	HYS-2-2	7.0	25	浸润状	HYS-2-2-1	HYS-2-2-1A	HYS-2-2-1B
					HYS-2-2-2	HYS-2-2-2A	HYS-2-2-2B
					HYS-2-2-3	HYS-2-2-3A	HYS-2-2-3B
	HYS-2-3	8.5	25	浸润状	HYS-2-3-1	HYS-2-3-1A	HYS-2-3-1B
					HYS-2-3-2	HYS-2-3-2A	HYS-2-3-2B
					HYS-2-3-3	HYS-2-3-3A	HYS-2-3-3B
	HYS-2-4	7.0	15	浸润状	HYS-2-4-1	HYS-2-4-1A	HYS-2-4-1B
					HYS-2-4-2	HYS-2-4-2A	HYS-2-4-2B
					HYS-2-4-3	HYS-2-4-3A	HYS-2-4-3B
	HYS-2-5	7.0	50	浸润状	HYS-2-5-1	HYS-2-5-1A	HYS-2-5-1B
					HYS-2-5-2	HYS-2-5-2A	HYS-2-5-2B
					HYS-2-5-3	HYS-2-5-3A	HYS-2-5-3B
	HYS-2-6	7.0	25	点滴状	HYS-2-6-1	HYS-2-6-1A	HYS-2-6-1B
					HYS-2-6-2	HYS-2-6-2A	HYS-2-6-2B
					HYS-2-6-3	HYS-2-6-3A	HYS-2-6-3B

续表

岩样原始编号	实验岩样编号	pH	温度/℃	流速状态	岩石分段编号	溶蚀前岩样图形文件（*.BMP）	溶蚀后岩样图形文件（*.BMP）
HYS-3	HYS-3-1	5.5	25	浸润状	HYS-3-1-1	HYS-3-1-1A	HYS-3-1-1B
					HYS-3-1-2	HYS-3-1-2A	HYS-3-1-2B
					HYS-3-1-3	HYS-3-1-3A	HYS-3-1-3B
	HYS-3-2	7.0	25	浸润状	HYS-3-2-1	HYS-3-2-1A	HYS-3-2-1B
					HYS-3-2-2	HYS-3-2-2A	HYS-3-2-2B
					HYS-3-2-3	HYS-3-2-3A	HYS-3-2-3B
	HYS-3-3	8.5	25	浸润状	HYS-3-3-1	HYS-3-3-1A	HYS-3-3-1B
					HYS-3-3-2	HYS-3-3-2A	HYS-3-3-2B
					HYS-3-3-3	HYS-3-3-3A	HYS-3-3-3B
	HYS-3-4	7.0	15	浸润状	HYS-3-4-1	HYS-3-4-1A	HYS-3-4-1B
					HYS-3-4-2	HYS-3-4-2A	HYS-3-4-2B
					HYS-3-4-3	HYS-3-4-3A	HYS-3-4-3B
	HYS-3-5	7.0	50	浸润状	HYS-3-5-1	HYS-3-5-1A	HYS-3-5-1B
					HYS-3-5-2	HYS-3-5-2A	HYS-3-5-2B
					HYS-3-5-3	HYS-3-5-3A	HYS-3-5-3B
	HYS-3-6	7.0	25	点滴状	HYS-3-6-1	HYS-3-6-1A	HYS-3-6-1B
					HYS-3-6-2	HYS-3-6-2A	HYS-3-6-2B
					HYS-3-6-3	HYS-3-6-3A	HYS-3-6-3B

表 6-10　华蓥山隧道各岩样分形指数对比统计结果

岩石编号	磨片编号	溶蚀前分形指数	溶蚀后分形指数	溶蚀前后分形指数变化量 DQ
HYS-1	HYS-1-1	0.52	0.63	0.11
	HYS-1-2	0.36	0.66	0.30
	HYS-1-3	0.46	0.46	0.00
	HYS-1-4	0.52	0.37	−0.15
	HYS-1-5	0.45	0.40	−0.05
	HYS-1-6	0.73	0.53	−0.20
HYS-2	HYS-2-1	0.20	0.52	0.32
	HYS-2-2	0.61	0.42	−0.19
	HYS-2-3	0.42	0.28	−0.14
	HYS-2-4	0.58	0.27	−0.31
	HYS-2-5	0.75	0.24	−0.51
	HYS-2-6	0.67	0.61	−0.06

续表

岩石编号	磨片编号	溶蚀前分形指数	溶蚀后分形指数	溶蚀前后分形指数变化量 DQ
HYS-3	HYS-3-1	0.40	0.94	0.54
	HYS-3-2	0.27	0.27	0.00
	HYS-3-3	0.51	0.22	−0.29
	HYS-3-4	0.20	0.12	−0.08
	HYS-3-5	0.37	0.09	−0.28
	HYS-3-6	0.33	0.39	0.06

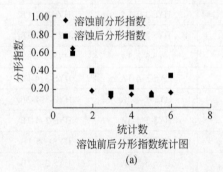
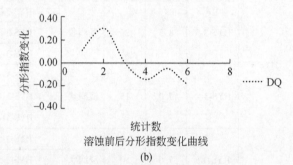

图 6-24　华蓥山隧道 HYS-1 样本溶蚀前后分形指数对比散点图 (a) 及变化情况 (b)

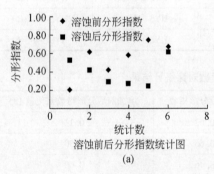
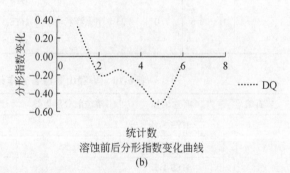

图 6-25　华蓥山隧道 HYS-1 样本溶蚀前后分形指数对比散点图 (a) 及变化情况 (b)

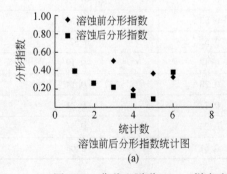
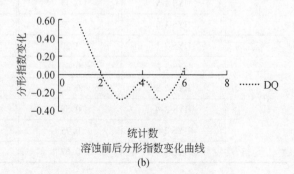

图 6-26　华蓥山隧道 HYS-1 样本溶蚀前后分形指数对比散点图 (a) 及变化情况 (b)

4. 综合统计分析

图 6-27 ~ 图 6-29 分别为各隧道岩样溶蚀前后分形指数散点图及变化情况，将各隧道岩样溶蚀前后分形指数散点图及变化情况绘制于同一图中，如图 6-30 和图 6-31。

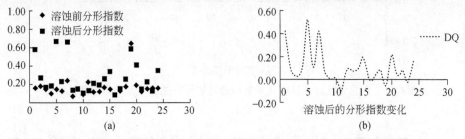

图 6-27　武隆隧道岩样溶蚀前后分形指数对比散点图（a）及变化情况（b）

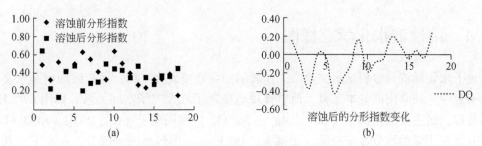

图 6-28　黄果树隧道岩样溶蚀前后分形指数对比散点图（a）及变化情况（b）

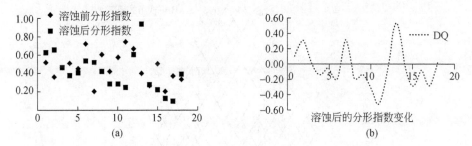

图 6-29　华蓥山隧道岩样溶蚀前后分形指数对比散点图（a）及变化情况（b）

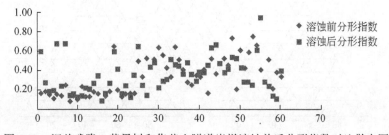

图 6-30　汇总武隆、黄果树和华蓥山隧道岩样溶蚀前后分形指数对比散点图

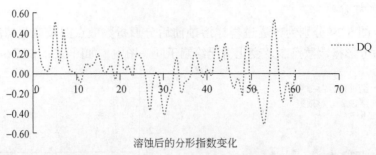

图 6-31   汇总武隆、黄果树和华蓥山隧道岩样溶蚀前后分形指数变化情况

6.2   岩溶地下水的水化学动力学参数及水化学分形特征

6.2.1   溶蚀液水化学三线图

地下水化学成分分析是水文地质工作者的一项重要研究工作，而三线图则是水文地球化学研究中一项常用的基本工具，简单直观地展现了八大离子空间关系。如图 6-32 所示，该图各以三组主要的阳离子（Ca^{2+}，Mg^{2+}，$Na^+ + K^+$）和阴离子（Cl^-，SO_4^{2-}，$HCO_3^- + CO_3^{2-}$）的每升毫克当量的百分数来表示（王瑞久，1983）。每图包括三个部分，在左下方和右下

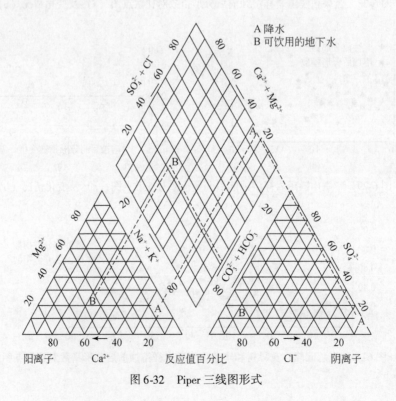

图 6-32   Piper 三线图形式

方分别为两部分等腰三角形域，中间上方夹着一部分菱形域，每域的边长均按 100 等分读数。在左下方的等腰三角形域，三个主要阳离子反应值的百分数按三线坐标用一个单点表示。在右下方的等腰三角形域，阴离子也用同样方法表示。这样，图上所作的二个单点表示了地下水中某些溶解物质的相对浓度。然后分别通过这二个单点平行三角形外边作射线，在菱形域内相交于一点。该交点通常可以说明地下水总的化学性质并用阴阳离子对表示地下水的相对成分。因此，三线图表示地下水性质，用的是化学成分的相对浓度而不是绝对浓度。

将数据点到三线图菱形域的一定位置，在此基础上，按不同地质环境的条件，配予其他一些图件的分析，便可对一些复杂的水文地质问题进行合理解释。

应用现成的 Aquachemistry 软件，调用室内溶蚀实验所获取的溶蚀液水化学成分分析资料（表6-11），分别绘制不同隧道岩样溶蚀液的三线图（图6-33～图6-36）。

从图中可以看出，武隆、华蓥山、黄果树等三座隧道岩样溶蚀液的水化学类型均为 $Ca-HCO_3$ 型水，且单点重叠性比较好。

表6-11　用于三线图计算的溶蚀液水化学资料　　　　　（单位：mg/L）

隧道名称	送样号	分析号	Na^+	K^+	Mg^{2+}	Ca^{2+}	NH_4^+	Cl^-	SO_4^{2-}	HCO_3^-	pH	T
	WL-1-1	2405	13.87	6.67	7.67	128.24	0.00	36.85	26.59	401.80	5.5	25
	WL-1-2	2406	14.47	5.25	6.55	36.78	0.16	36.85	19.94	95.95	7.0	25
	WL-1-3	2407	16.20	5.75	6.18	32.82	0.12	36.85	23.27	95.95	8.5	25
	WL-1-4	2408	13.63	4.96	6.31	34.66	0.00	35.97	26.59	95.95	7.0	15
	WL-1-5	2409	16.27	4.77	6.33	34.24	0.16	35.97	26.59	95.95	7.0	50
	WL-1-6	2410	13.69	5.20	6.45	35.62	0.12	36.85	26.59	95.95	7.0	25
	WL-2-1	2411	13.98	10.67	7.09	125.32	0.00	40.36	23.27	395.81	5.5	25
	WL-2-2	2412	13.89	5.50	6.57	36.10	0.24	35.97	23.27	95.95	7.0	25
	WL-2-3	2413	16.68	5.87	6.26	33.76	0.08	36.85	26.59	95.95	8.5	25
	WL-2-4	2414	13.86	5.37	6.41	34.96	0.00	36.85	16.62	95.95	7.0	15
	WL-2-5	2415	16.29	5.59	6.45	34.48	0.12	36.85	23.27	101.95	7.0	50
武隆隧道	WL-2-6	2416	13.67	5.26	6.58	35.10	0.16	36.85	19.94	95.95	7.0	25
	WL-3-1	2417	13.43	8.38	7.79	149.00	0.00	36.85	73.12	407.80	5.5	25
	WL-3-2	2418	13.35	4.96	6.14	34.18	0.16	36.85	16.62	95.95	7.0	25
	WL-3-3	2419	15.90	5.68	6.13	33.00	0.08	36.85	25.0	101.95	8.5	25
	WL-3-4	2420	13.62	5.37	6.21	35.30	0.00	36.85	26.59	95.95	7.0	15
	WL-3-5	2421	13.47	10.15	5.98	32.30	0.12	35.97	19.94	101.95	7.0	50
	WL-3-6	2422	12.92	5.12	6.24	34.16	0.16	36.85	23.27	95.95	7.0	25
	WL-4-1	2423	13.06	7.43	6.71	132.52	0.00	37.73	16.62	413.80	5.5	25
	WL-4-2	2424	12.90	4.68	6.26	35.44	0.16	36.85	13.29	101.95	7.0	25
	WL-4-3	2425	15.52	5.55	6.16	33.90	0.12	36.85	26.59	101.95	8.5	25
	WL-4-4	2426	13.16	5.02	6.18	34.62	0.00	35.97	23.27	95.95	7.0	15
	WL-4-5	2427	15.25	4.49	6.24	33.20	0.16	35.97	23.27	95.95	7.0	50
	WL-4-6	2428	13.42	5.30	6.33	33.92	0.12	35.97	26.59	95.95	7.0	25

续表

隧道名称	送样号	分析号	Na$^+$	K$^+$	Mg^{2+}	Ca^{2+}	NH$_4^+$	Cl$^-$	SO$_4^{2-}$	HCO$_3^-$	pH	T
华蓥山隧道	HYS-1-1	2429	13.72	7.62	16.18	56.28	0.00	36.85	19.94	197.90	5.5	25
	HYS-1-2	2430	13.49	4.84	7.65	35.92	0.16	35.97	29.91	95.95	7.0	25
	HYS-1-3	2431	15.74	5.26	7.28	34.70	0.12	35.97	26.59	95.95	8.5	25
	HYS-1-4	2432	13.12	4.71	7.82	36.68	0.00	35.10	29.91	95.95	7.0	15
	HYS-1-5	2433	15.10	4.36	7.30	33.84	0.16	35.10	26.59	95.95	7.0	50
	HYS-1-6	2434	13.66	5.08	7.38	38.82	0.12	35.10	29.91	89.96	7.0	25
	HYS-2-1	2435	13.45	8.37	6.58	121.40	0.04	37.73	29.91	359.82	5.5	25
	HYS-2-2	2436	13.31	4.83	6.20	35.12	0.00	35.10	16.62	95.95	7.0	25
	HYS-2-3	2437	15.27	5.80	7.47	33.67	0.16	35.97	29.91	95.95	8.5	25
	HYS-2-4	2438	13.13	5.29	6.30	35.66	0.00	35.10	29.91	95.95	7.0	15
	HYS-2-5	2439	15.90	4.91	6.11	32.80	0.28	35.10	23.27	95.95	7.0	50
	HYS-2-6	2440	13.68	5.14	6.32	35.84	0.12	35.97	33.24	95.95	7.0	25
	HYS-3-1	2441	13.71	6.93	7.96	180.56	0.00	36.85	63.15	455.78	5.5	25
	HYS-3-2	2442	13.26	4.80	6.10	34.50	0.24	35.97	23.27	95.95	7.0	25
	HYS-3-3	2443	16.37	6.01	6.12	33.18	0.16	36.85	19.94	107.95	8.5	25
	HYS-3-4	2444	13.67	5.25	6.15	35.46	0.00	35.97	23.27	95.95	7.0	15
	HYS-3-5	2445	15.27	4.97	6.05	32.40	0.00	34.22	16.62	101.95	7.0	50
	HYS-3-6	2446	13.24	5.15	6.11	33.54	0.20	35.10	16.62	95.95	7.0	25
黄果树隧道	HGS-1-1	2447	13.27	5.76	9.14	58.90	0.00	35.10	19.94	197.90	5.5	25
	HGS-1-2	2448	13.89	4.68	6.38	34.84	0.20	35.97	16.62	101.95	7.0	25
	HGS-1-3	2449	16.17	5.73	6.25	34.10	0.12	35.97	19.94	101.95	8.5	25
	HGS-1-4	2450	13.22	5.11	6.36	34.40	0.00	35.97	19.94	95.95	7.0	15
	HGS-1-5	2451	15.22	4.47	7.56	34.38	0.12	35.10	19.94	107.95	7.0	50
	HGS-1-6	2452	13.40	4.98	6.17	33.00	0.20	35.97	23.27	95.95	7.0	25
	HGS-2-1	2453	13.20	6.08	6.78	156.16	0.00	35.10	19.94	443.78	5.5	25
	HGS-2-2	2454	13.45	4.82	5.91	33.58	0.20	35.97	16.62	101.95	7.0	25
	HGS-2-3	2455	15.87	5.38	5.90	32.78	0.12	35.10	16.62	107.95	8.5	25
	HGS-2-4	2456	13.10	4.63	5.97	35.58	0.00	35.10	16.62	107.95	7.0	15
	HGS-2-5	2457	15.27	4.62	6.16	32.96	0.20	35.10	16.62	107.95	7.0	50
	HGS-2-6	2458	12.69	4.69	6.41	35.36	0.04	35.97	26.59	95.95	7.0	25
	HGS-3-1	2459	13.00	5.93	6.42	145.20	0.00	35.97	6.65	431.79	5.5	25
	HGS-3-2	2460	13.01	4.68	6.17	33.84	0.20	36.85	16.62	101.95	7.0	25
	HGS-3-3	2461	15.55	5.43	6.41	34.22	0.04	35.97	9.97	119.94	8.5	25
	HGS-3-4	2462	13.07	4.51	5.87	33.00	0.00	35.97	13.29	101.95	7.0	15
	HGS-3-5	2463	14.92	4.42	5.90	31.70	0.12	35.10	16.62	101.95	7.0	50
	HGS-3-6	2464	13.36	5.15	6.08	33.08	0.20	36.85	16.62	95.95	7.0	25

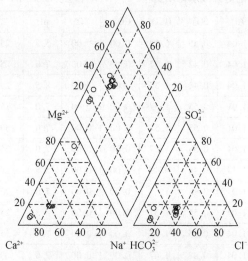

图 6-33　武隆隧道溶蚀液的三线图

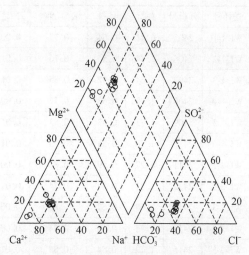

图 6-34　华蓥山隧道溶蚀液的三线图

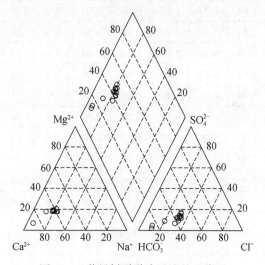

图 6-35　黄果树隧道溶蚀液的三线图

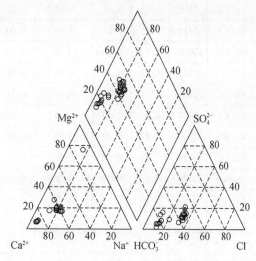

图 6-36　武隆、华蓥山、黄果树等三座隧道岩样
溶蚀液的三线图

6.2.2　溶蚀液的水化学动力学参数特征

溶蚀实验所获取各种工况条件下溶蚀液的水化学成分分析资料原始数据见表 6-11，为便于后续水化学动力学参数计算，对表 6-11 中的离子浓度单位进行转换（mg/L 转换为 mmol/L），结果见表 6-12。

表 6-12 经单位转换后的溶蚀液水化学资料 （单位：mmol/L）

送样号	分析号	Ca^{2+}	Mg^{2+}	$K^{+}+Na^{+}$	NH_4^+	Cl^-	SO_4^{2-}	HCO_3^-	CO_3^{2-}	NO_3^-	pH	T
WL-1-1	2405	6.41	0.64	0.77	0.00	1.04	0.55	6.59	0.00	0.00	5.5	25
WL-1-2	2406	1.84	0.55	0.76	0.01	1.04	0.42	1.57	0.00	0.00	7.0	25
WL-1-3	2407	1.64	0.52	0.85	0.01	1.04	0.48	1.57	0.00	0.00	8.5	25
WL-1-4	2408	1.73	0.53	0.72	0.00	1.01	0.55	1.57	0.00	0.00	7.0	15
WL-1-5	2409	1.71	0.53	0.83	0.01	1.01	0.55	1.57	0.00	0.00	7.0	50
WL-1-6	2410	1.78	0.54	0.73	0.01	1.04	0.55	1.57	0.00	0.00	7.0	25
WL-2-1	2411	6.27	0.59	0.88	0.00	1.14	0.48	6.49	0.00	0.00	5.5	25
WL-2-2	2412	1.81	0.55	0.74	0.01	1.01	0.48	1.57	0.00	0.00	7.0	25
WL-2-3	2413	1.69	0.52	0.88	0.00	1.04	0.55	1.57	0.00	0.00	8.5	25
WL-2-4	2414	1.75	0.53	0.74	0.00	1.04	0.35	1.57	0.00	0.00	7.0	15
WL-2-5	2415	1.72	0.54	0.85	0.01	1.04	0.48	1.67	0.00	0.00	7.0	50
WL-2-6	2416	1.76	0.55	0.72	0.01	1.04	0.42	1.57	0.00	0.00	7.0	25
WL-3-1	2417	7.45	0.65	0.79	0.00	1.04	1.52	6.69	0.00	0.00	5.5	25
WL-3-2	2418	1.71	0.51	0.71	0.01	1.04	0.35	1.57	0.00	0.00	7.0	25
WL-3-3	2419	1.65	0.51	0.84	0.01	1.04	0.52	1.67	0.00	0.00	8.5	25
WL-3-4	2420	1.77	0.52	0.73	0.00	1.04	0.55	1.57	0.00	0.00	7.0	15
WL-3-5	2421	1.62	0.50	0.85	0.01	1.01	0.42	1.67	0.00	0.00	7.0	50
WL-3-6	2422	1.71	0.52	0.69	0.01	1.04	0.48	1.57	0.00	0.00	7.0	25
WL-4-1	2423	6.63	0.56	0.76	0.00	1.06	0.35	6.78	0.00	0.00	5.5	25
WL-4-2	2424	1.77	0.52	0.68	0.01	1.04	0.28	1.67	0.00	0.00	7.0	25
WL-4-3	2425	1.70	0.51	0.81	0.01	1.04	0.55	1.67	0.00	0.00	8.5	25
WL-4-4	2426	1.73	0.52	0.70	0.00	1.01	0.48	1.57	0.00	0.00	7.0	15
WL-4-5	2427	1.66	0.52	0.78	0.01	1.01	0.48	1.57	0.00	0.00	7.0	50
WL-4-6	2428	1.70	0.53	0.72	0.01	1.01	0.55	1.57	0.00	0.00	7.0	25
HYS-1-1	2429	2.81	1.35	0.80	0.00	1.04	0.42	3.24	0.00	0.00	5.5	25
HYS-1-2	2430	1.80	0.64	0.71	0.01	1.01	0.62	1.57	0.00	0.00	7.0	25
HYS-1-3	2431	1.74	0.61	0.81	0.01	1.01	0.55	1.57	0.00	0.00	8.5	25
HYS-1-4	2432	1.83	0.65	0.69	0.00	0.99	0.62	1.57	0.00	0.00	7.0	15
HYS-1-5	2433	1.69	0.61	0.77	0.01	0.99	0.55	1.57	0.00	0.00	7.0	50
HYS-1-6	2434	1.94	0.62	0.72	0.01	0.99	0.62	1.47	0.00	0.00	7.0	25
HYS-2-1	2435	6.07	0.55	0.79	0.00	1.06	0.62	5.90	0.00	0.00	5.5	25
HYS-2-2	2436	1.76	0.52	0.70	0.00	0.99	0.35	1.57	0.00	0.00	7.0	25
HYS-2-3	2437	1.68	0.62	0.81	0.01	1.01	0.62	1.57	0.00	0.00	8.5	25

续表

HYS-2-4	2438	1.78	0.53	0.71	0.00	0.99	0.62	1.57	0.00	0.00	7.0	15
HYS-2-5	2439	1.64	0.51	0.82	0.02	0.99	0.48	1.57	0.00	0.00	7.0	50
HYS-2-6	2440	1.79	0.53	0.72	0.01	1.01	0.69	1.57	0.00	0.00	7.0	25
HYS-3-1	2441	9.03	0.66	0.78	0.00	1.04	1.32	7.47	0.00	0.00	5.5	25
HYS-3-2	2442	1.73	0.51	0.70	0.01	1.01	0.48	1.57	0.00	0.00	7.0	25
HYS-3-3	2443	1.66	0.51	0.86	0.01	1.04	0.42	1.77	0.00	0.00	8.5	25
HYS-3-4	2444	1.77	0.51	0.72	0.00	1.01	0.48	1.57	0.00	0.00	7.0	15
HYS-3-5	2445	1.62	0.50	0.79	0.00	0.96	0.35	1.67	0.00	0.00	7.0	50
HYS-3-6	2446	1.68	0.51	0.71	0.01	0.99	0.35	1.57	0.00	0.00	7.0	25
HGS-1-1	2447	2.95	0.76	0.73	0.00	0.99	0.42	3.24	0.00	0.00	5.5	25
HGS-1-2	2448	1.74	0.53	0.72	0.01	1.01	0.35	1.67	0.00	0.00	7.0	25
HGS-1-3	2449	1.71	0.52	0.85	0.01	1.01	0.42	1.67	0.00	0.00	8.5	25
HGS-1-4	2450	1.72	0.53	0.70	0.01	1.01	0.42	1.57	0.00	0.00	7.0	15
HGS-1-5	2451	1.72	0.63	0.76	0.01	0.99	0.42	1.77	0.00	0.00	7.0	50
HGS-1-6	2452	1.65	0.51	0.71	0.01	1.01	0.48	1.57	0.00	0.00	7.0	25
HGS-2-1	2453	7.81	0.57	0.73	0.00	1.01	0.42	7.28	0.00	0.00	5.5	25
HGS-2-2	2454	1.68	0.49	0.70	0.01	1.01	0.35	1.67	0.00	0.00	7.0	25
HGS-2-3	2455	1.64	0.49	0.83	0.01	0.99	0.35	1.77	0.00	0.00	8.5	25
HGS-2-4	2456	1.78	0.50	0.69	0.01	1.01	0.35	1.77	0.00	0.00	7.0	15
HGS-2-5	2457	1.65	0.51	0.78	0.01	0.99	0.35	1.77	0.00	0.00	7.0	50
HGS-2-6	2458	1.77	0.53	0.67	0.00	1.01	0.55	1.57	0.00	0.00	7.0	25
HGS-3-1	2459	7.26	0.54	0.72	0.00	1.01	0.14	7.08	0.00	0.00	5.5	25
HGS-3-2	2460	1.69	0.51	0.69	0.01	1.04	0.35	1.67	0.00	0.00	7.0	25
HGS-3-3	2461	1.71	0.53	0.82	0.00	1.01	0.21	1.97	0.00	0.00	8.5	25
HGS-3-4	2462	1.65	0.49	0.69	0.00	1.01	0.28	1.67	0.00	0.00	7.0	15
HGS-3-5	2463	1.59	0.49	0.76	0.01	0.99	0.35	1.67	0.00	0.00	7.0	50
HGS-3-6	2464	1.65	0.51	0.71	0.01	1.04	0.35	1.57	0.00	0.00	7.0	25

　　根据曹玉清、胡宽瑢建立的"岩溶化学环境水文地质学"基本理论中介绍的方法（曹玉清、胡宽瑢，1994；曹玉清等，2000，2009），利用常规水化学成分计算地下水动力学参数，本书主要进行方解石、白云石和石膏等矿物饱和指数计算（表6-13）。表6-14为室内溶蚀实验水化学动力学计算结果，图6-37～图6-40为各隧道矿物饱和指数汇总分析散点图。

表 6-13 以 WL-1-1 水样为例的水化学动力学参数计算情况

离子	Ca^{2+}	Mg^{2+}	K^++Na^+	NH_4^+	Cl^-	SO_4^{2-}	HCO_3^-	CO_3^{2-}	NO_3^-	H^+	温度（T）/℃	$\sqrt{I}$
电价（Z_i）	2	2	1	1	1	2	1	2	1	1		
浓度（C_i）/(mmol/L)	6.41	0.64	0.77	0.0	1.04	0.55	6.59	0.0	0.0	0.00409	25	0.0118
$(C_iZ_i)^2$	12.82	1.28	0.77	0.0	1.04	1.1	6.59	0.0	0.0	0.00409		0.1086
α	6	8	3	2.5	3	4	4.5	5	3	9		
$\log_{10}F_i$	-0.18184	-0.17175	-0.049852	-0.0507	-0.049852	-0.191863	-0.04755	-0.187342	-0.049852	-0.0418		
离子活度/(mol/L)	0.00534	0.00054	0.00073	0.0	0.00099	0.00045	0.00628	0.0	0.0	0.0		
	K_2	3.26×10^{-5}		K_c	0.002388		K_d	6.826×10^{-8}		K_g	0.01	
β_c	1.1712											
β_d		0.1156										
β_g		0.0002										

表 6-14　室内溶蚀实验水化学动力学计算结果

送样号	分析号	实验工况			矿物饱和指数		
		pH	T/℃	流速状态	方解石饱和指数 β_c	白云石饱和指数 β_d	石膏饱和指数 β_g
WL-1-1	2405	5.5	25	浸润状	1.17	0.11	0.0002
WL-1-2	2406	7.0	25	浸润状	0.38	0.04	0.0001
WL-1-3	2407	8.5	25	浸润状	1.53	0.62	0.0001
WL-1-4	2408	7.0	15	浸润状	0.29	0.02	0.0001
WL-1-5	2409	7.0	50	浸润状	0.56	0.09	0.0001
WL-1-6	2410	7.0	25	点滴状	0.37	0.03	0.0001
WL-2-1	2411	5.5	25	浸润状	1.13	0.10	0.0002
WL-2-2	2412	7.0	25	浸润状	0.38	0.04	0.0001
WL-2-3	2413	8.5	25	浸润状	1.58	0.64	0.0001
WL-2-4	2414	7.0	15	浸润状	0.29	0.02	0.0000
WL-2-5	2415	7.0	50	浸润状	0.59	0.11	0.0001
WL-2-6	2416	7.0	25	点滴状	0.37	0.04	0.0001
WL-3-1	2417	5.5	25	浸润状	1.36	0.14	0.0008
WL-3-2	2418	7.0	25	浸润状	0.36	0.03	0.0000
WL-3-3	2419	8.5	25	浸润状	1.64	0.70	0.0001
WL-3-4	2420	7.0	15	浸润状	0.29	0.02	0.0001
WL-3-5	2421	7.0	50	浸润状	0.56	0.10	0.0001
WL-3-6	2422	7.0	25	点滴状	0.36	0.03	0.0001
WL-4-1	2423	5.5	25	浸润状	1.25	0.11	0.0002
WL-4-2	2424	7.0	25	浸润状	0.39	0.04	0.0000
WL-4-3	2425	8.5	25	浸润状	1.69	0.72	0.0001
WL-4-4	2426	7.0	15	浸润状	0.29	0.02	0.0001
WL-4-5	2427	7.0	50	浸润状	0.54	0.09	0.0001
WL-4-6	2428	7.0	25	点滴状	0.35	0.03	0.0001
HYS-1-1	2429	5.5	25	浸润状	0.26	0.03	0.0001
HYS-1-2	2430	7.0	25	浸润状	0.37	0.04	0.0001
HYS-1-3	2431	8.5	25	浸润状	1.62	0.77	0.0001
HYS-1-4	2432	7.0	15	浸润状	0.30	0.03	0.0001
HYS-1-5	2433	7.0	50	浸润状	0.55	0.11	0.0001
HYS-1-6	2434	7.0	25	点滴状	0.38	0.04	0.0001
HYS-2-1	2435	5.5	25	浸润状	1.00	0.08	0.0003
HYS-2-2	2436	7.0	25	浸润状	0.37	0.03	0.0000
HYS-2-3	2437	8.5	25	浸润状	1.56	0.76	0.0001
HYS-2-4	2438	7.0	15	浸润状	0.30	0.02	0.0001

送样号	分析号	实验工况			矿物饱和指数		
		pH	T/℃	流速状态	方解石饱和指数 β_c	白云石饱和指数 β_d	石膏饱和指数 β_g
HYS-2-5	2439	7.0	50	浸润状	0.53	0.09	0.0001
HYS-2-6	2440	7.0	25	点滴状	0.37	0.03	0.0001
HYS-3-1	2441	5.5	25	浸润状	1.83	0.21	0.0008
HYS-3-2	2442	7.0	25	浸润状	0.36	0.03	0.0001
HYS-3-3	2443	8.5	25	浸润状	1.75	0.79	0.0001
HYS-3-4	2444	7.0	15	浸润状	0.29	0.02	0.0001
HYS-3-5	2445	7.0	50	浸润状	0.56	0.10	0.0000
HYS-3-6	2446	7.0	25	点滴状	0.35	0.03	0.0000
HGS-1-1	2447	5.5	25	浸润状	0.28	0.02	0.0001
HGS-1-2	2448	7.0	25	浸润状	0.39	0.04	0.0000
HGS-1-3	2449	8.5	25	浸润状	1.70	0.74	0.0001
HGS-1-4	2450	7.0	15	浸润状	0.29	0.02	0.0001
HGS-1-5	2451	7.0	50	浸润状	0.63	0.14	0.0001
HGS-1-6	2452	7.0	25	点滴状	0.34	0.03	0.0001
HGS-2-1	2453	5.5	25	浸润状	1.56	0.15	0.0002
HGS-2-2	2454	7.0	25	浸润状	0.37	0.03	0.0000
HGS-2-3	2455	8.5	25	浸润状	1.73	0.75	0.0000
HGS-2-4	2456	7.0	15	浸润状	0.33	0.03	0.0001
HGS-2-5	2457	7.0	50	浸润状	0.61	0.11	0.0000
HGS-2-6	2458	7.0	25	点滴状	0.37	0.03	0.0001
HGS-3-1	2459	5.5	25	浸润状	1.42	0.13	0.0001
HGS-3-2	2460	7.0	25	浸润状	0.38	0.04	0.0000
HGS-3-3	2461	8.5	25	浸润状	2.01	1.05	0.0000
HGS-3-4	2462	7.0	15	浸润状	0.29	0.02	0.0000
HGS-3-5	2463	7.0	50	浸润状	0.55	0.09	0.0000
HGS-3-6	2464	7.0	25	点滴状	0.34	0.03	0.0000

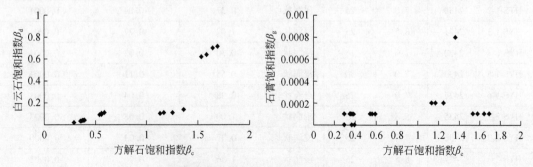

图 6-37　武隆隧道溶蚀实验矿物饱和指数汇总分析散点图

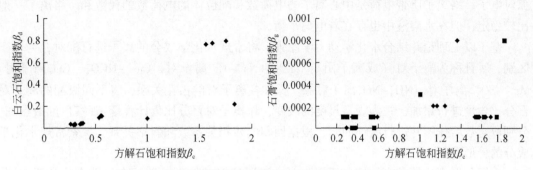

图 6-38 华蓥山隧道溶蚀实验矿物饱和指数汇总分析散点图

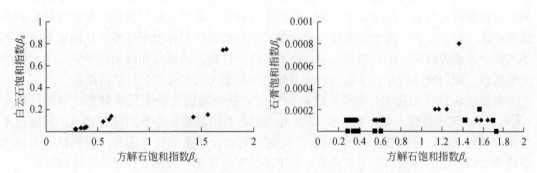

图 6-39 黄果树隧道溶蚀实验矿物饱和指数汇总分析散点图

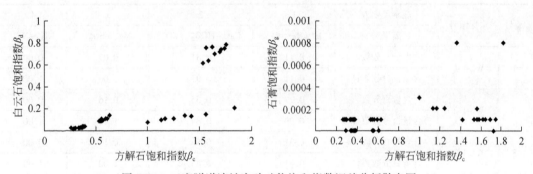

图 6-40 三座隧道溶蚀实验矿物饱和指数汇总分析散点图

6.2.3 溶蚀液的水化学分形特征

根据分析化学中的络合反应理论，分子或者离子与金属离子结合形成很稳定的新离子的过程被称作为络合反应。有关络合反应的理论和实践知识是分析化学的重要内容之一，该理论广泛地应用于分析化学的各种分离与测定中，如许多显色剂、萃取剂等都是络合剂。参与络合反应的离子被称作络离子，是由一种离子跟一种或多种分子，或由两种或多种不同离子所形成的一类复杂离子或分子。络离子由中心离子同配位体以配位键结合而成，是具有一定稳定性的复杂离子。在形成配位键时，中心离子提供空轨道，配位体提供孤对电子。络离子所带电荷是中心离子的电荷数和配位体的电荷数的代数和。络离子一般比较稳定，但在水溶液中也存在着电离平衡。

　　基于以上理论并结合水化学动力学原理，将常规水化学成分的离子进行配对，为便于区别，暂且称为离子对（或离子团），如 $K^+ + Na^+ - Cl^-$ 离子对，$Ca^{2+} - HCO_3^-$、CO_3^- 离子对，$Mg^{2+} - SO_4^{2-}$ 离子对，$NH_4^+ - NO_3^-$ 离子对等。探索各离子对的占比关系，将不同级配的离子对百分比含量进行累加，视为观察尺度的改变，作离子对百分比累计含量−观察尺度散点图，分别取对数后作图并进行线性回归，根据回归曲线相关系数和斜率关系，探索常规水化学成分的分形特征。

　　根据分形理论的基本原理，不同地区、不同环境条件下，地下水化学成分各不相同，不同离子成分的组成具有随机性；但是，正如前面所述，以水化学成分中的离子对百分比累计含量为研究对象，改变观察尺度，若离子对百分比累计含量与观察尺度取对数后的曲线呈线性相关，则表明离子对累计百分含量具有自相似性和标度不变性，从而满足分形图形的两个最重要特性，即自相似性和标度不变性。在此，将回归曲线的斜率定义为水化学分形维数，回归曲线的相关系数与斜率的几何平均定义为水化学分形评价指数。

　　根据表 6-11（水化学分形计算的初始数据）获得溶蚀实验水化学分形计算原始数据（表 6-15）。限于篇幅，图 6-41 ~ 图 6-43 分别列出武隆隧道、华蓥山隧道和黄果树隧道部分水样的离子对百分比累计含量−观察尺度散点图和分形维数计算曲线。表 6-16 ~ 表 6-18 分别为武隆隧道、华蓥山隧道和黄果树隧道溶蚀实验水化学分形评价指数计算结果统计。

表 6-15　溶蚀实验水化学分形计算原始数据

编号	水样编号	观察尺度 N	1	2	3	4
		离子对	$K^+ + Na^+ - Cl^-$	$Ca^{2+} - HCO_3^-$、CO_3^-	$Mg^{2+} - SO_4^{2-}$	$NH_4^+ - NO_3^-$
1	WL-1-1	含量百分数	0.11	0.81	0.07	0.00
		含量百分数累计	0.11	0.93	1.00	1.00
2	WL-1-2	含量百分数	0.29	0.55	0.16	0.00
		含量百分数累计	0.29	0.84	1.00	1.00
3	WL-1-3	含量百分数	0.31	0.53	0.16	0.00
		含量百分数累计	0.31	0.83	1.00	1.00
4	WL-1-4	含量百分数	0.28	0.54	0.18	0.00
		含量百分数累计	0.28	0.82	1.00	1.00
5	WL-1-5	含量百分数	0.30	0.53	0.17	0.00
		含量百分数累计	0.30	0.82	1.00	1.00
6	WL-1-6	含量百分数	0.28	0.54	0.18	0.00
		含量百分数累计	0.28	0.82	1.00	1.00
7	WL-2-1	含量百分数	0.13	0.81	0.07	0.00
		含量百分数累计	0.13	0.93	1.00	1.00
8	WL-2-2	含量百分数	0.28	0.55	0.17	0.00
		含量百分数累计	0.28	0.83	1.00	1.00

续表

编号	水样编号	观察尺度 N	1	2	3	4
		离子对	$K^+ + Na^+ - Cl^-$	$Ca^{2+} - HCO_3^-$、CO_3^-	$Mg^{2+} - SO_4^{2-}$	$NH_4^+ - NO_3^-$
9	WL-2-3	含量百分数	0.31	0.52	0.17	0.00
		含量百分数累计	0.31	0.83	1.00	1.00
10	WL-2-4	含量百分数	0.30	0.56	0.15	0.00
		含量百分数累计	0.30	0.85	1.00	1.00
11	WL-2-5	含量百分数	0.30	0.54	0.16	0.00
		含量百分数累计	0.30	0.84	1.00	1.00
12	WL-2-6	含量百分数	0.29	0.55	0.16	0.00
		含量百分数累计	0.29	0.84	1.00	1.00
13	WL-3-1	含量百分数	0.10	0.78	0.12	0.00
		含量百分数累计	0.10	0.88	1.00	1.00
14	WL-3-2	含量百分数	0.30	0.56	0.15	0.00
		含量百分数累计	0.30	0.85	1.00	1.00
15	WL-3-3	含量百分数	0.30	0.53	0.17	0.00
		含量百分数累计	0.30	0.83	1.00	1.00
16	WL-3-4	含量百分数	0.29	0.54	0.17	0.00
		含量百分数累计	0.29	0.83	1.00	1.00
17	WL-3-5	含量百分数	0.31	0.54	0.15	0.00
		含量百分数累计	0.31	0.85	1.00	1.00
18	WL-3-6	含量百分数	0.29	0.54	0.17	0.00
		含量百分数累计	0.29	0.83	1.00	1.00
19	WL-4-1	含量百分数	0.11	0.83	0.06	0.00
		含量百分数累计	0.11	0.94	1.00	1.00
20	WL-4-2	含量百分数	0.29	0.58	0.13	0.00
		含量百分数累计	0.29	0.86	1.00	1.00
21	WL-4-3	含量百分数	0.29	0.54	0.17	0.00
		含量百分数累计	0.29	0.83	1.00	1.00
22	WL-4-4	含量百分数	0.28	0.55	0.17	0.00
		含量百分数累计	0.28	0.83	1.00	1.00
23	WL-4-5	含量百分数	0.30	0.54	0.17	0.00
		含量百分数累计	0.30	0.83	1.00	1.00
24	WL-4-6	含量百分数	0.28	0.54	0.18	0.00
		含量百分数累计	0.28	0.82	1.00	1.00
25	HYS-1-1	含量百分数	0.19	0.63	0.18	0.00
		含量百分数累计	0.19	0.82	1.00	1.00

编号	水样编号	观察尺度 N	1	2	3	4
		离子对	$K^+ + Na^+ - Cl^-$	$Ca^{2+} - HCO_3^-$、CO_3^-	$Mg^{2+} - SO_4^{2-}$	$NH_4^+ - NO_3^-$
26	HYS -1-2	含量百分数	0.27	0.53	0.20	0.00
		含量百分数累计	0.27	0.80	1.00	1.00
27	HYS -1-3	含量百分数	0.29	0.53	0.18	0.00
		含量百分数累计	0.29	0.81	1.00	1.00
28	HYS -1-4	含量百分数	0.26	0.54	0.20	0.00
		含量百分数累计	0.26	0.80	1.00	1.00
29	HYS -1-5	含量百分数	0.28	0.53	0.19	0.00
		含量百分数累计	0.28	0.81	1.00	1.00
30	HYS -1-6	含量百分数	0.27	0.54	0.19	0.00
		含量百分数累计	0.27	0.80	1.00	1.00
31	HYS -2-1	含量百分数	0.12	0.80	0.08	0.00
		含量百分数累计	0.12	0.92	1.00	1.00
32	HYS -2-2	含量百分数	0.29	0.57	0.15	0.00
		含量百分数累计	0.29	0.85	1.00	1.00
33	HYS -2-3	含量百分数	0.29	0.51	0.20	0.00
		含量百分数累计	0.29	0.80	1.00	1.00
34	HYS -2-4	含量百分数	0.27	0.54	0.19	0.00
		含量百分数累计	0.27	0.81	1.00	1.00
35	HYS -2-5	含量百分数	0.30	0.53	0.16	0.00
		含量百分数累计	0.30	0.83	1.00	1.00
36	HYS -2-6	含量百分数	0.27	0.53	0.19	0.00
		含量百分数累计	0.27	0.81	1.00	1.00
37	HYS -3-1	含量百分数	0.09	0.81	0.10	0.00
		含量百分数累计	0.09	0.90	1.00	1.00
38	HYS -3-2	含量百分数	0.28	0.55	0.16	0.00
		含量百分数累计	0.28	0.83	1.00	1.00
39	HYS -3-3	含量百分数	0.30	0.55	0.15	0.00
		含量百分数累计	0.30	0.85	1.00	1.00
40	HYS -3-4	含量百分数	0.29	0.55	0.16	0.00
		含量百分数累计	0.29	0.84	1.00	1.00
41	HYS -3-5	含量百分数	0.30	0.56	0.14	0.00
		含量百分数累计	0.30	0.86	1.00	1.00
42	HYS -3-6	含量百分数	0.29	0.56	0.15	0.00
		含量百分数累计	0.29	0.85	1.00	1.00

续表

编号	水样编号	观察尺度 N	1	2	3	4
		离子对	$K^+ + Na^+ - Cl^-$	$Ca^{2+} - HCO_3^-$、CO_3^-	$Mg^{2+} - SO_4^{2-}$	$NH_4^+ - NO_3^-$
43	HGS -1-1	含量百分数	0.19	0.68	0.13	0.00
		含量百分数累计	0.19	0.87	1.00	1.00
44	HGS -1-2	含量百分数	0.29	0.57	0.15	0.00
		含量百分数累计	0.29	0.85	1.00	1.00
45	HGS -1-3	含量百分数	0.30	0.55	0.15	0.00
		含量百分数累计	0.30	0.85	1.00	1.00
46	HGS -1-4	含量百分数	0.29	0.55	0.16	0.00
		含量百分数累计	0.29	0.84	1.00	1.00
47	HGS -1-5	含量百分数	0.28	0.55	0.17	0.00
		含量百分数累计	0.28	0.83	1.00	1.00
48	HGS -1-6	含量百分数	0.29	0.54	0.17	0.00
		含量百分数累计	0.29	0.83	1.00	1.00
49	HGS -2-1	含量百分数	0.10	0.85	0.06	0.00
		含量百分数累计	0.10	0.94	1.00	1.00
50	HGS -2-2	含量百分数	0.29	0.57	0.14	0.00
		含量百分数累计	0.29	0.86	1.00	1.00
51	HGS -2-3	含量百分数	0.30	0.56	0.14	0.00
		含量百分数累计	0.30	0.86	1.00	1.00
52	HGS -2-4	含量百分数	0.28	0.58	0.14	0.00
		含量百分数累计	0.28	0.86	1.00	1.00
53	HGS -2-5	含量百分数	0.29	0.56	0.14	0.00
		含量百分数累计	0.29	0.86	1.00	1.00
54	HGS -2-6	含量百分数	0.28	0.55	0.18	0.00
		含量百分数累计	0.28	0.82	1.00	1.00
55	HGS -3-1	含量百分数	0.10	0.86	0.04	0.00
		含量百分数累计	0.10	0.96	1.00	1.00
56	HGS -3-2	含量百分数	0.29	0.56	0.14	0.00
		含量百分数累计	0.29	0.85	1.00	1.00
57	HGS -3-3	含量百分数	0.29	0.59	0.12	0.00
		含量百分数累计	0.29	0.88	1.00	1.00
58	HGS -3-4	含量百分数	0.29	0.57	0.13	0.00
		含量百分数累计	0.29	0.87	1.00	1.00
59	HGS -3-5	含量百分数	0.30	0.56	0.14	0.00
		含量百分数累计	0.30	0.85	1.00	1.00

续表

编号	水样编号	观察尺度 N	1	2	3	4
		离子对	$K^+ + Na^+ - Cl^-$	$Ca^{2+} - HCO_3^-$、CO_3^-	$Mg^{2+} - SO_4^{2-}$	$NH_4^+ - NO_3^-$
60	HGS-3-6	含量百分数	0.30	0.55	0.15	0.00
		含量百分数累计	0.30	0.85	1.00	1.00

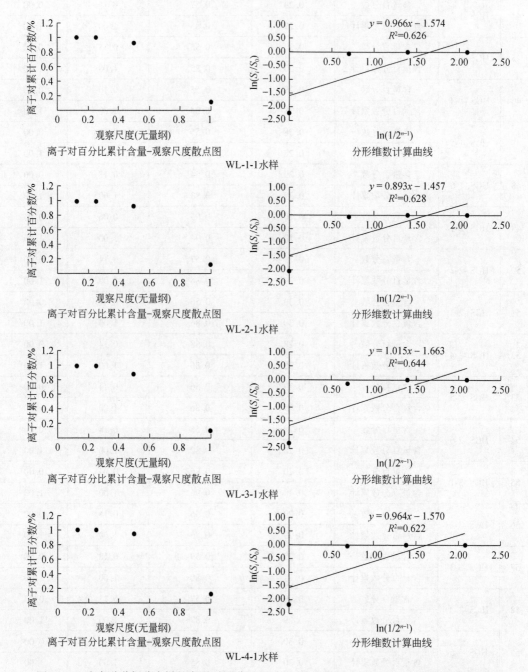

图 6-41　武隆隧道部分水样的离子对百分比累计含量-观察尺度散点图和分形维数计算曲线

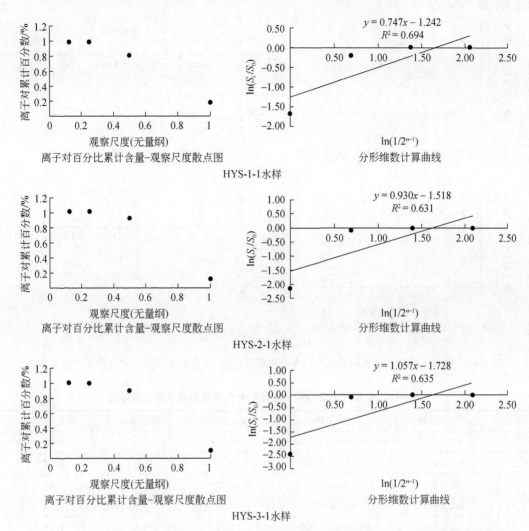

图 6-42　华蓥山隧道部分水样的离子对百分比累计含量–观察尺度散点图和分形维数计算曲线

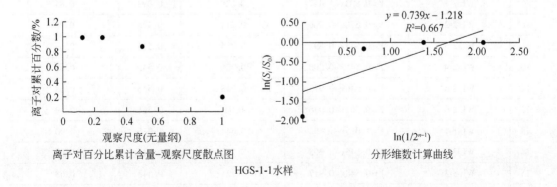

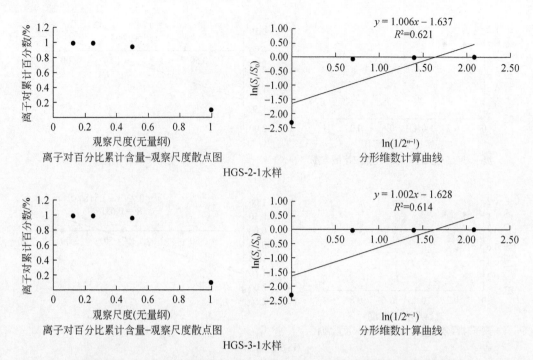

离子对百分比累计含量-观察尺度散点图　　　　　　分形维数计算曲线

HGS-2-1水样

离子对百分比累计含量-观察尺度散点图　　　　　　分形维数计算曲线

HGS-3-1水样

图 6-43　黄果树隧道部分水样的离子对百分比累计含量-观察尺度散点图和分形维数计算曲线

表 6-16　武隆隧道溶蚀实验水化学分形评价指数计算结果统计

序号	分形图片名称	相关方程	相关系数平方 R^2	分形维数	$Q = \sqrt{R \times D}$
1	WL-1-1	$Y = 0.966x - 1.574$	0.626	0.966	0.87
2	WL-1-2	$Y = 0.561x - 0.936$	0.71	0.561	0.69
3	WL-1-3	$Y = 0.534x - 0.894$	0.724	0.534	0.67
4	WL-1-4	$Y = 0.58x - 0.97$	0.721	0.58	0.70
5	WL-1-5	$Y = 0.55x - 0.922$	0.728	0.55	0.69
6	WL-1-6	$Y = 0.58x - 0.97$	0.721	0.58	0.70
7	WL-2-1	$Y = 0.893x - 1.457$	0.628	0.893	0.84
8	WL-2-2	$Y = 0.578x - 0.966$	0.714	0.578	0.70
9	WL-2-3	$Y = 0.534x - 0.894$	0.724	0.534	0.67
10	WL-2-4	$Y = 0.545x - 0.908$	0.706	0.545	0.68
11	WL-2-5	$Y = 0.546x - 0.913$	0.713	0.546	0.68
12	WL-2-6	$Y = 0.561x - 0.936$	0.71	0.561	0.69
13	WL-3-1	$Y = 1.015x - 1.663$	0.644	1.015	0.90
14	WL-3-2	$Y = 0.545x - 0.908$	0.706	0.545	0.68
15	WL-3-3	$Y = 0.548x - 0.917$	0.721	0.548	0.68
16	WL-3-4	$Y = 0.563x - 0.941$	0.717	0.563	0.69
17	WL-3-5	$Y = 0.53x - 0.885$	0.709	0.53	0.67

序号	分形图片名称	相关方程	相关系数平方 R^2	分形维数	$Q=\sqrt{R\times D}$
18	WL-3-6	$Y=0.563x-0.941$	0.717	0.563	0.69
19	WL-4-1	$Y=0.964x-1.57$	0.622	0.964	0.87
20	WL-4-2	$Y=0.558x-0.927$	0.696	0.558	0.68
21	WL-4-3	$Y=0.563x-0.941$	0.717	0.563	0.69
22	WL-4-4	$Y=0.578x-0.966$	0.714	0.578	0.70
23	WL-4-5	$Y=0.548x-0.917$	0.721	0.548	0.68
24	WL-4-6	$Y=0.58x-0.97$	0.721	0.58	0.70

表 6-17　华蓥山隧道溶蚀实验水化学分形评价指数计算结果统计

序号	分形图片名称	相关方程	相关系数平方 R^2	分形维数	$Q=\sqrt{R\times D}$
1	HYS-1-1	$Y=0.747x-1.242$	0.694	0.747	0.79
2	HYS-1-2	$Y=0.599x-1.006$	0.732	0.599	0.72
3	HYS-1-3	$Y=0.566x-0.951$	0.732	0.566	0.70
4	HYS-1-4	$Y=0.615x-1.032$	0.729	0.615	0.72
5	HYS-1-5	$Y=0.581x-0.975$	0.728	0.581	0.70
6	HYS-1-6	$Y=0.599x-1.006$	0.732	0.599	0.72
7	HYS-2-1	$Y=0.93x-1.518$	0.631	0.93	0.86
8	HYS-2-2	$Y=0.559x-0.932$	0.703	0.559	0.68
9	HYS-2-3	$Y=0.568x-0.956$	0.739	0.568	0.70
10	HYS-2-4	$Y=0.597x-1.001$	0.725	0.597	0.71
11	HYS-2-5	$Y=0.548x-0.917$	0.721	0.548	0.68
12	HYS-2-6	$Y=0.597x-1.001$	0.725	0.597	0.71
13	HYS-3-1	$Y=1.057x-1.728$	0.635	1.057	0.92
14	HYS-3-2	$Y=0.578x-0.966$	0.714	0.578	0.70
15	IIYS-3-3	$Y=0.545x-0.908$	0.706	0.545	0.68
16	HYS-3-4	$Y=0.561x-0.936$	0.71	0.561	0.69
17	HYS-3-5	$Y=0.543x-0.903$	0.699	0.543	0.67
18	HYS-3-6	$Y=0.559x-0.932$	0.703	0.559	0.68

表 6-18　黄果树隧道溶蚀实验水化学分形评价指数计算结果统计

序号	分形图片名称	相关方程	相关系数平方 R^2	分形维数	$Q=\sqrt{R\times D}$
1	HGS-1-1	$Y=0.739x-1.218$	0.667	0.739	0.78
2	HGS-1-2	$Y=0.559x-0.932$	0.703	0.559	0.68
3	HGS-1-3	$Y=0.545x-0.908$	0.706	0.545	0.68
4	HGS-1-4	$Y=0.561x-0.936$	0.71	0.561	0.69

序号	分形图片名称	相关方程	相关系数平方 R^2	分形维数	$Q=\sqrt{R \times D}$
5	HGS-1-5	$Y=0.578x-0.966$	0.714	0.578	0.70
6	HGS-1-6	$Y=0.563x-0.941$	0.717	0.563	0.69
7	HGS-2-1	$Y=1.006x-1.637$	0.621	1.006	0.89
8	HGS-2-2	$Y=0.558x-0.927$	0.696	0.558	0.68
9	HGS-2-3	$Y=0.543x-0.903$	0.699	0.543	0.67
10	HGS-2-4	$Y=0.573x-0.951$	0.693	0.573	0.69
11	HGS-2-5	$Y=0.558x-0.927$	0.696	0.558	0.68
12	HGS-2-6	$Y=0.58x-0.97$	0.721	0.58	0.70
13	HGS-3-1	$Y=1.002x-1.628$	0.614	1.002	0.89
14	HGS-3-2	$Y=0.559x-0.932$	0.703	0.559	0.68
15	HGS-3-3	$Y=0.554x-0.918$	0.682	0.554	0.68
16	HGS-3-4	$Y=0.556x-0.922$	0.689	0.556	0.68
17	HGS-3-5	$Y=0.545x-0.908$	0.706	0.545	0.68
18	HGS-3-6	$Y=0.545x-0.908$	0.706	0.545	0.68

6.2.4　岩溶地下水的水化学动力学参数及水化学分形特征

在 3.3 中已经介绍,在渝怀铁路隧道施工期间,现场采取隧道开挖揭露的岩溶地下水进行水化学成分分析(表 3-3)。以表 3-3 提供的原始数据为基础,根据曹玉清、胡宽瑢建立的"岩溶化学环境水文地质学"基本理论,利用常规水化学成分计算地下水的水化学动力学参数和水动力学参数(表 3-4)。

根据表 3-3 的初始数据获得武隆隧道岩溶地下水的水化学分形计算原始数据(表 6-19)。限于篇幅,图 6-44 为武隆隧道施工地下水的离子对百分比累计含量–观察尺度散点图和分形维数计算曲线。表 6-20 为武隆隧道施工地下水的水化学分形评价指数计算结果统计。

表 6-19　武隆隧道施工地下水水化学分形计算原始数据

编号	取样点里程及位置	观察尺度 N	1	2	3	4
		离子对	$K^+ + Na^+ - Cl^-$	$Ca^{2+} - HCO_3^-、CO_3^-$	$Mg^{2+} - SO_4^{2-}$	$NH_4^+ - NO_3^-$
1	隧道进口 地表水	含量百分数	0.15	0.41	0.43	0.00
		含量百分数累计	0.15	0.56	1.00	1.00
2	DK191+720 左边墙脚	含量百分数	0.30	0.28	0.41	0.00
		含量百分数累计	0.30	0.59	1.00	1.00
3	PDK192+160 右边墙	含量百分数	0.17	0.45	0.38	0.00
		含量百分数累计	0.17	0.61	1.00	1.00

续表

编号	取样点里程及位置	观察尺度 N	1	2	3	4
		离子对	$K^+ + Na^+ - Cl^-$	$Ca^{2+} - HCO_3^-$、CO_3^-	$Mg^{2+} - SO_4^{2-}$	$NH_4^+ - NO_3^-$
4	DK192+250 拱顶	含量百分数	0.16	0.45	0.38	0.00
		含量百分数累计	0.16	0.61	1.00	1.00
5	DK192+257 左边墙	含量百分数	0.16	0.45	0.40	0.00
		含量百分数累计	0.16	0.60	1.00	1.00
6	PDK192+292	含量百分数	0.12	0.43	0.44	0.01
		含量百分数累计	0.12	0.55	0.99	1.00
7	PDK193+175 左边墙	含量百分数	0.15	0.46	0.39	0.01
		含量百分数累计	0.15	0.60	0.99	1.00
8	Dk193+220	含量百分数	0.14	0.43	0.41	0.02
		含量百分数累计	0.14	0.57	0.98	1.00
9	DK193+340	含量百分数	0.04	0.46	0.49	0.00
		含量百分数累计	0.04	0.51	1.00	1.00
10	PDK195+854	含量百分数	0.12	0.53	0.35	0.00
		含量百分数累计	0.12	0.65	1.00	1.00
11	DK196+086 拱顶	含量百分数	0.16	0.45	0.40	0.00
		含量百分数累计	0.16	0.60	1.00	1.00
12	DK196+108 右拱腰	含量百分数	0.05	0.59	0.36	0.01
		含量百分数累计	0.05	0.64	0.99	1.00
13	DK196+165 右边墙脚	含量百分数	0.07	0.58	0.35	0.00
		含量百分数累计	0.07	0.65	1.00	1.00
14	DK196+168	含量百分数	0.15	0.41	0.44	0.00
		含量百分数累计	0.15	0.56	1.00	1.00
15	DK198+252	含量百分数	0.09	0.55	0.36	0.00
		含量百分数累计	0.09	0.64	1.00	1.00

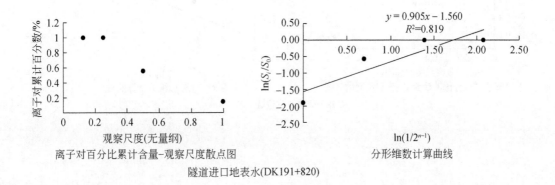

离子对百分比累计含量-观察尺度散点图　　分形维数计算曲线

隧道进口地表水(DK191+820)

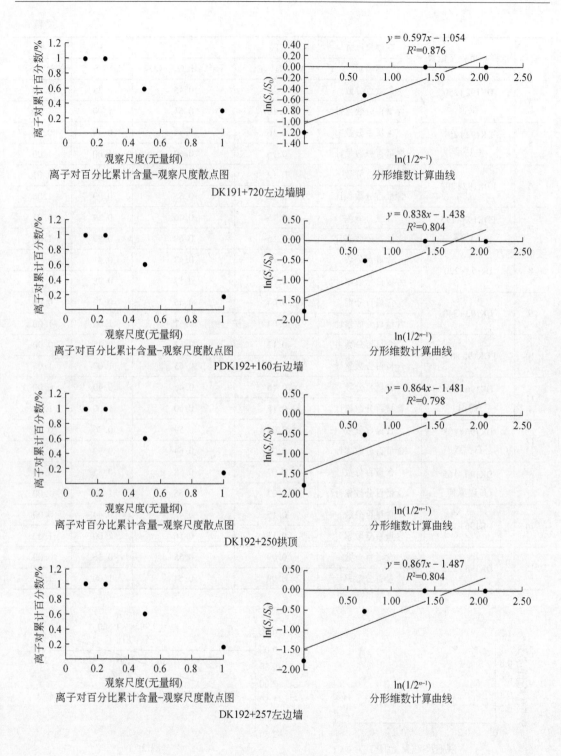

离子对百分比累计含量-观察尺度散点图　　　分形维数计算曲线

DK191+720左边墙脚

离子对百分比累计含量-观察尺度散点图　　　分形维数计算曲线

PDK192+160右边墙

离子对百分比累计含量-观察尺度散点图　　　分形维数计算曲线

DK192+250拱顶

离子对百分比累计含量-观察尺度散点图　　　分形维数计算曲线

DK192+257左边墙

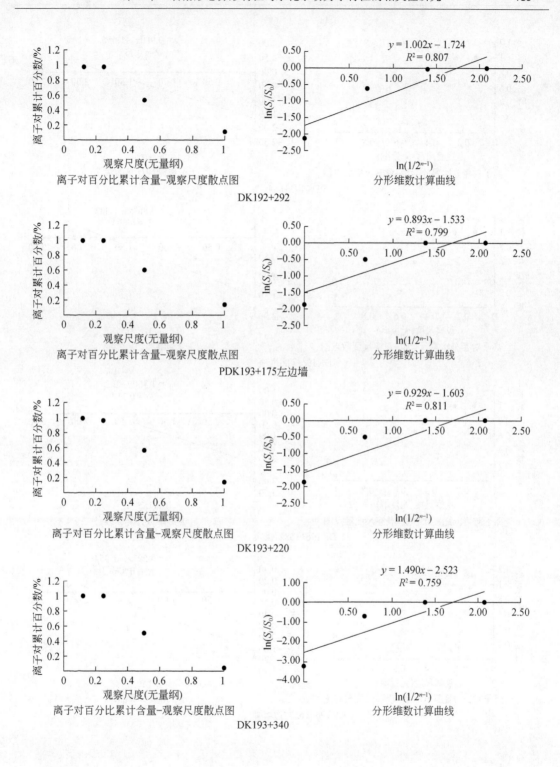

离子对百分比累计含量-观察尺度散点图　　　　　分形维数计算曲线
DK192+292

离子对百分比累计含量-观察尺度散点图　　　　　分形维数计算曲线
PDK193+175左边墙

离子对百分比累计含量-观察尺度散点图　　　　　分形维数计算曲线
DK193+220

离子对百分比累计含量-观察尺度散点图　　　　　分形维数计算曲线
DK193+340

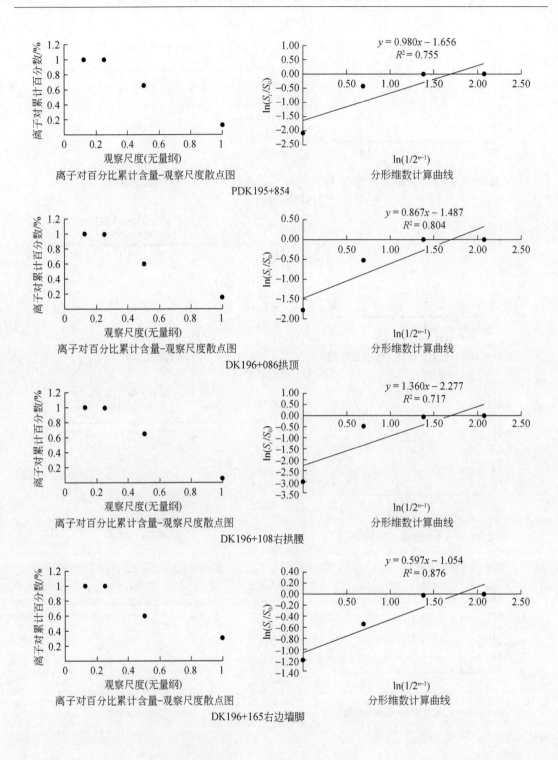

离子对百分比累计含量-观察尺度散点图　　　分形维数计算曲线

PDK195+854

离子对百分比累计含量-观察尺度散点图　　　分形维数计算曲线

DK196+086拱顶

离子对百分比累计含量-观察尺度散点图　　　分形维数计算曲线

DK196+108右拱腰

离子对百分比累计含量-观察尺度散点图　　　分形维数计算曲线

DK196+165右边墙脚

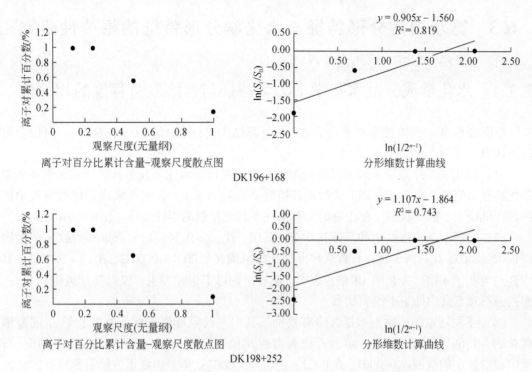

图 6-44　武隆隧道施工地下水的离子对百分比累计含量-观察尺度散点图和分形维数计算曲线

表 6-20　武隆隧道施工地下水水化学分形评价指数计算统计表

序号	分形图片名称	相关方程	相关系数平方 R^2	分形维数	$Q=\sqrt{R\times D}$
1	隧道进口地表水	$Y=0.905x-1.56$	0.819	0.905	0.90
2	DK191+720 左边墙脚	$Y=0.597x-1.054$	0.876	0.597	0.75
3	PDK192+160 右边墙	$Y=0.838x-1.438$	0.804	0.838	0.87
4	DK192+250 拱顶	$Y=0.864x-1.481$	0.798	0.864	0.88
5	DK192+257 左边墙	$Y=0.867x-1.487$	0.804	0.867	0.88
6	PDK192+292	$Y=1.002x-1.724$	0.807	1.002	0.95
7	PDK193+175 左边墙	$Y=0.893x-1.533$	0.799	0.893	0.89
8	Dk193+220	$Y=0.929x-1.603$	0.811	0.929	0.91
9	DK193+340	$Y=1.49x-2.523$	0.759	1.49	1.14
10	PDK195+854	$Y=0.98x-1.656$	0.755	0.98	0.92
11	DK196+086 拱顶	$Y=0.867x-1.487$	0.804	0.867	0.88
12	DK196+108 右拱腰	$Y=1.36x-2.277$	0.717	1.36	1.07
13	DK196+165 右边墙脚	$Y=0.597x-1.054$	0.876	0.597	0.75
14	DK196+168	$Y=0.905x-1.56$	0.819	0.905	0.90
15	DK198+252	$Y=1.107x-1.864$	0.743	1.107	0.98

6.3　微观岩溶分形特征与水化学分形特征的相关性研究

6.3.1　水化学成分及水化学动力学特征与岩溶发育程度的相关性

根据表 6-14 室内溶蚀实验水化学动力学计算结果进行统计分析（表 6-21），可以获得以下认识：

（1）根据三座隧道所采取岩样进行溶蚀实验的溶蚀液水化学成分计算的水化学动力学参数具有相似的规律，即总体上矿物饱和指数平均值小于 1，表明所采取岩样溶蚀液中矿物质含量处于不饱和状态，在相应的实验条件下具有强烈的溶蚀效应，溶蚀作用明显。

（2）方解石饱和指数 β_c 的范围在 0.28 ~ 2.01，$\beta_{c平均} = 0.74$；白云石饱和指数 β_d 的范围在 0.02 ~ 1.05，$\beta_{d平均} = 0.18$；石膏饱和指数 β_g 的范围在 0.0001 ~ 0.0002，$\beta_{g平均} = 0.0001$；其中 β_c 约为 β_d 的 4 倍，为 β_g 的 10^4 倍。表明方解石矿物以不饱和为主，仅局部接近饱和状态，而白云石和石膏均处于不饱和状态。

（3）不同隧道的矿物饱和指数略有差别。其中，武隆隧道方解石饱和指数 β_c 的范围在 0.29 ~ 1.69，$\beta_{c平均} = 0.74$，白云石饱和指数 β_d 的范围在 0.02 ~ 0.72，$\beta_{d平均} = 0.16$，石膏饱和指数 β_g 的范围在 0.0001 ~ 0.0002，$\beta_{g平均} = 0.0001$；华蓥山隧道方解石饱和指数 β_c 的范围在 0.26 ~ 1.83，$\beta_{c平均} = 0.71$，白云石饱和指数 β_d 的范围在 0.02 ~ 0.79，$\beta_{d平均} = 0.18$，石膏饱和指数 β_g 的范围在 0.0001 ~ 0.0002，$\beta_{g平均} = 0.0001$；黄果树隧道方解石饱和指数 β_c 的范围在 0.28 ~ 2.01，$\beta_{c平均} = 0.76$，白云石饱和指数 β_d 的范围在 0.02 ~ 1.05，$\beta_{d平均} = 0.19$，石膏饱和指数 β_g 的范围在 0.0001 ~ 0.0002，$\beta_{g平均} = 0.0001$。

（4）以上三点与隧道取样现场附近的岩溶发育状况是基本吻合的：武隆隧道多处发育大型溶洞及岩溶暗河，黄果树隧道在局部地段发育较大型溶洞，而华蓥山隧道发育的溶洞规模则相对小得多。

表 6-21　室内溶蚀实验水化学动力学计算结果的统计分析

编号	矿物饱和指数					
	方解石饱和指数 β_c		白云石饱和指数 β_d		石膏饱和指数 β_g	
	范围	平均值	范围	平均值	范围	平均值
WL-1	0.37 ~ 1.53	0.72	0.02 ~ 0.62	0.15	0.0001 ~ 0.0002	0.0001
WL-2	0.29 ~ 1.58	0.72	0.02 ~ 0.64	0.16	0.0001 ~ 0.0002	0.0001
WL-3	0.29 ~ 1.64	0.76	0.02 ~ 0.70	0.17	0.0001 ~ 0.0002	0.0001
WL-4	0.29 ~ 1.69	0.75	0.02 ~ 0.72	0.17	0.0001 ~ 0.0002	0.0001
HYS-1	0.26 ~ 1.62	0.58	0.03 ~ 0.77	0.17	0.0001 ~ 0.0002	0.0001
HYS-2	0.30 ~ 1.56	0.69	0.02 ~ 0.76	0.17	0.0001 ~ 0.0002	0.0001
HYS-3	0.29 ~ 1.83	0.86	0.02 ~ 0.79	0.20	0.0001 ~ 0.0002	0.0001
HGS-1	0.28 ~ 1.70	0.61	0.02 ~ 0.74	0.17	0.0001 ~ 0.0002	0.0001

续表

编号	矿物饱和指数					
	方解石饱和指数 β_c		白云石饱和指数 β_d		石膏饱和指数 β_g	
	范围	平均值	范围	平均值	范围	平均值
HGS-2	0.33 ~ 1.73	0.83	0.03 ~ 0.75	0.18	0.0001 ~ 0.0002	0.0001
HGS-3	0.29 ~ 2.01	0.83	0.02 ~ 1.05	0.23	0.0001 ~ 0.0002	0.0001

对比分析表 3-4 和表 6-21 的统计结果来看，二者所计算的矿物饱和指数在绝对数值上不具有很好的可比性，分析认为这主要与室内实验的尺度效应问题有关。但二者所反映的规律则是相似的，即水化学动力学特征与岩溶发育程度在趋势上具有一定的相关性。

6.3.2 岩溶水水化学动力学参数与岩溶发育程度分形指数的相关性

表 6-22 为室内溶蚀实验水化学动力学参数、水化学分形评价指数及岩溶发育程度分形评价指数计算汇总结果。

图 6-45 ~ 图 6-47 分别为方解石饱和指数 β_c、白云石饱和指数 β_d、石膏饱和指数 β_g 与采用偏光显微镜分析溶蚀磨片所获取的岩溶发育程度分形评价指数之间的散点图及相关分析。

从图中可以看出，图形非常散乱，表明水化学动力学参数与岩溶发育程度分形评价指数之间不具有明显相关性。

表 6-22 溶蚀实验水化学动力学参数、水化学分形评价指数及岩溶发育程度分形指数计算汇总结果

送样号	矿物饱和指数			水化学分形评价指数 Q_w	岩溶发育程度分形评价指数 Q_p
	方解石饱和指数 β_c	白云石饱和指数 β_d	石膏饱和指数 β_g		
WL-1-1	1.17	0.11	0.0002	0.87	0.58
WL-1-2	0.38	0.04	0.0001	0.69	0.27
WL-1-3	1.53	0.62	0.0001	0.67	0.17
WL-1-4	0.29	0.02	0.0001	0.7	0.18
WL-1-5	0.56	0.09	0.0001	0.69	0.51
WL-1-6	0.37	0.03	0.0001	0.7	0.23
WL-2-1	1.13	0.1	0.0002	0.84	0.66
WL-2-2	0.38	0.04	0.0001	0.7	0.14
WL-2-3	1.58	0.64	0.0001	0.67	0.15
WL-2-4	0.29	0.02	0	0.68	0.11
WL-2-5	0.59	0.11	0.0001	0.68	0.13
WL-2-6	0.37	0.04	0.0001	0.69	0.21
WL-3-1	1.36	0.14	0.0008	0.9	0.19

送样号	矿物饱和指数			水化学分形评价指数 Q_w	岩溶发育程度分形评价指数 Q_p
	方解石饱和指数 β_c	白云石饱和指数 β_d	石膏饱和指数 β_g		
WL-3-2	0.36	0.03	0	0.68	0.26
WL-3-3	1.64	0.7	0.0001	0.68	0.34
WL-3-4	0.29	0.02	0.0001	0.69	0.08
WL-3-5	0.56	0.1	0.0001	0.67	0.15
WL-3-6	0.36	0.03	0.0001	0.69	0.26
WL-4-1	1.25	0.11	0.0002	0.87	0.59
WL-4-2	0.39	0.04	0	0.68	0.41
WL-4-3	1.69	0.72	0.0001	0.69	0.15
WL-4-4	0.29	0.02	0.0001	0.7	0.23
WL-4-5	0.54	0.09	0.0001	0.68	0.13
WL-4-6	0.35	0.03	0.0001	0.7	0.35
HYS-1-1	0.26	0.03	0.0001	0.79	0.63
HYS-1-2	0.37	0.04	0.0001	0.72	0.66
HYS-1-3	1.62	0.77	0.0001	0.7	0.46
HYS-1-4	0.3	0.03	0.0001	0.72	0.37
HYS-1-5	0.55	0.11	0.0001	0.7	0.4
HYS-1-6	0.38	0.04	0.0001	0.72	0.53
HYS-2-1	1	0.08	0.0003	0.86	0.52
HYS-2-2	0.37	0.03	0	0.68	0.42
HYS-2-3	1.56	0.76	0.0001	0.7	0.28
HYS-2-4	0.3	0.02	0.0001	0.71	0.27
HYS-2-5	0.53	0.09	0.0001	0.68	0.24
HYS-2-6	0.37	0.03	0.0001	0.71	0.61
HYS-3-1	1.83	0.21	0.0008	0.92	0.94
HYS-3-2	0.36	0.03	0.0001	0.7	0.27
HYS-3-3	1.75	0.79	0.0001	0.68	0.22
HYS-3-4	0.29	0.02	0.0001	0.69	0.12
HYS-3-5	0.56	0.1	0	0.67	0.09
HYS-3-6	0.35	0.03	0	0.68	0.39
HGS-1-1	0.28	0.02	0.0001	0.78	0.64
HGS-1-2	0.39	0.04	0	0.68	0.23
HGS-1-3	1.7	0.74	0.0001	0.68	0.14
HGS-1-4	0.29	0.02	0.0001	0.69	0.42
HGS-1-5	0.63	0.14	0.0001	0.7	0.48

送样号	矿物饱和指数			水化学分形评价指数 Q_w	岩溶发育程度分形评价指数 Q_p
	方解石饱和指数 β_c	白云石饱和指数 β_d	石膏饱和指数 β_g		
HGS-1-6	0.34	0.03	0.0001	0.69	0.21
HGS-2-1	1.56	0.15	0.0002	0.89	0.29
HGS-2-2	0.37	0.03	0	0.68	0.3
HGS-2-3	1.73	0.75	0	0.67	0.5
HGS-2-4	0.33	0.03	0.0001	0.69	0.45
HGS-2-5	0.61	0.11	0	0.68	0.43
HGS-2-6	0.37	0.03	0.0001	0.7	0.35
HGS-3-1	1.42	0.13	0.0001	0.89	0.47
HGS-3-2	0.38	0.04	0	0.68	0.35
HGS-3-3	2.01	1.05	0	0.68	0.28
HGS-3-4	0.29	0.02	0	0.68	0.37
HGS-3-5	0.55	0.09	0	0.68	0.36
HGS-3-6	0.34	0.03	0	0.68	0.45

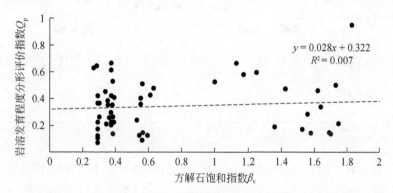

图 6-45　方解石饱和指数 β_c 与岩溶发育程度分形评价指数 Q_p 散点图及相关分析

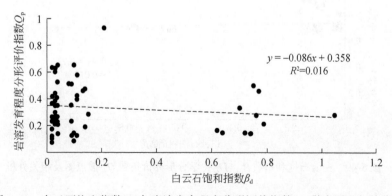

图 6-46　白云石饱和指数 β_d 与岩溶发育程度分形评价指数 Q_p 散点图及相关分析

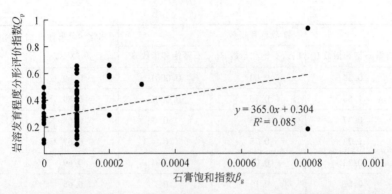

图 6-47　石膏饱和指数 β_g 与岩溶发育程度分形评价指数 Q_p 散点图及相关分析

图 6-48 ~ 图 6-50 分别为方解石饱和指数 β_c、白云石饱和指数 β_d、石膏饱和指数 β_g 与水化学分形评价指数 Q_w 之间的散点图及相关分析。

从图中可以看出，无论方解石饱和指数 β_c、白云石饱和指数 β_d，还是石膏饱和指数 β_g，均与水化学分形评价指数 Q_w 之间存在一定的相关性，相关系数分别为 0.35、0.13 和 0.72。

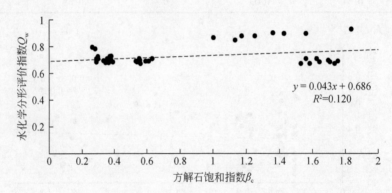

图 6-48　方解石饱和指数 β_c 与水化学分形评价指数 Q_w 散点图及相关分析

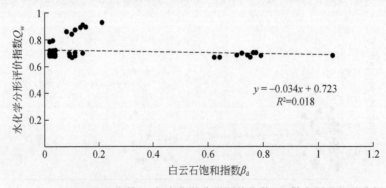

图 6-49　白云石饱和指数 β_d 与水化学分形评价指数 Q_w 散点图及相关分析

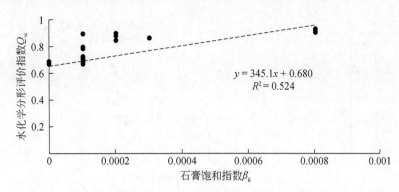

图 6-50　石膏饱和指数 β_g 与水化学分形评价指数 Q_w 散点图及相关分析

6.3.3　水化学分形指数与微观岩溶分形指数的相关性

图 6-51 ~ 图 6-54 分别为武隆隧道、华蓥山隧道、黄果树隧道及三座隧道汇总后的溶蚀实验水化学分形评价指数 Q_w 与偏光显微镜实验微观岩溶分形指数 Q_p 之间的散点图及相关分析。表 6-23 为相关分析统计结果。

可以看出，溶蚀实验水化学分形评价指数 Q_w 与偏光显微镜实验微观岩溶分形指数 Q_p 之间的相关性总体上是显著的。

表 6-23　溶蚀实验水化学分形评价指数 Q_w 与偏光显微镜实验微观岩溶分形指数 Q_p 相关分析统计结果

序号	隧道名称	回归方法	相关方程	相关系数	自由度 $(n-2)$	显著性检验 $(\alpha=0.01)$	相关性评价
1	武隆隧道	多项式回归	$y=-25.48x^2+41.09x-15.97$	0.70	22	0.515	显著相关
2	华蓥山隧道	多项式回归	$y=-7.057x^2+13.50x-5.633$	0.76	16	0.590	显著相关
3	黄果树隧道	多项式回归	$y=-7.067x^2+12.39x-4.837$	0.53	16	0.590	相关性较差
4	三座隧道汇总	多项式回归	$y=-13.84x^2+23.02x-8.987$	0.70	58	0.330	显著相关

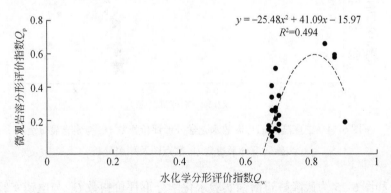

图 6-51　武隆隧道水化学分形评价指数 Q_w 与偏光显微镜实验岩溶

分形指数 Q_p 之间的散点图及相关分析

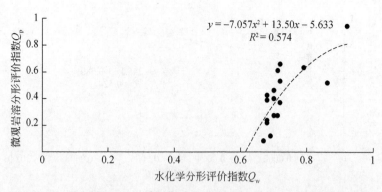

图 6-52　华蓥山隧道水化学分形评价指数 Q_w 与偏光显微镜实验岩溶
分形指数 Q_p 之间的散点图及相关分析

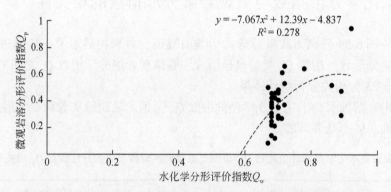

图 6-53　黄果树隧道水化学分形评价指数 Q_w 与偏光显微镜实验岩溶
分形指数 Q_p 之间的散点图及相关分析

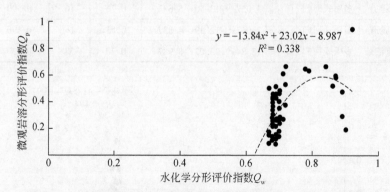

图 6-54　三座隧道汇总后的水化学分形评价指数 Q_w 与偏光显微镜
实验岩溶分形指数 Q_p 散点图及相关分析

表 6-24 和图 6-55 为武隆隧道溶蚀实验水化学分形评价指数 Q_w 与电镜实验微观岩溶分形指数 Q_p 之间的散点图及相关分析。

从表和图中可以看出，武隆隧道溶蚀实验水化学分形评价指数 Q_w 相对比较稳定，范围在 0.68 ~ 0.84，平均为 0.70；溶蚀前电镜实验微观岩溶分形指数 Q_p 非常稳定，范围在 0.16 ~ 0.21，平均为 0.18；溶蚀后电镜实验微观岩溶分形指数 Q_p 波动较大，范围在 0.05 ~ 0.3，平均为 0.16；由此可知，武隆隧道溶蚀实验水化学分形评价指数 Q_w 与电镜实验微观岩溶分形指数 Q_p 之间的相关性较差。

表 6-24　水化学分形评价指数与电镜实验微观岩溶分形评价指数的相关性分析

序号	送样号	水化学分形评价指数 Q_w	溶蚀前电镜实验分形评价指数 Q_p	溶蚀后电镜实验分形评价指数 Q_p
1	WL-2-1	0.84	0.18	0.11
2	WL-2-2	0.7	0.18	0.3
3	WL-2-3	0.67	0.18	0.25
4	WL-2-4	0.68	0.18	0.16
5	WL-2-5	0.68	0.18	0.11
6	WL-2-6	0.69	0.18	0.3
7	WL-3-2	0.68	0.21	0.05
8	HYS-1-2	0.72	0.18	0.05
9	HGS-2-2	0.68	0.16	0.09
10	平均	0.70	0.18	0.16

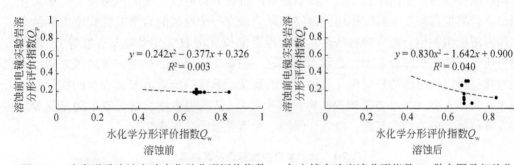

图 6-55　武隆隧道溶蚀实验水化学分形评价指数 Q_w 与电镜实验岩溶分形指数 Q_p 散点图及相关分析

第7章 岩溶发育程度的水化学动力学–分形指数评价技术

通过前面各章的研究，探索了岩溶发育程度与岩溶形态和地下水动力学、水化学动力学参数之间的相关性，对岩溶水化学特征与岩溶发育程度之间的相关性问题进行分析研究，为建立基于水化学动力学参数和岩溶形态分形指数的岩溶发育程度评价模型奠定了理论基础。为此，本章将以前面各章的研究成果为基础，重点探讨岩溶发育程度的水化学动力学–分形指数评价技术，以期为提高岩溶及地下水预报准确性提供新的理论方法。

7.1 岩溶发育程度评价的指标体系

7.1.1 岩溶发育程度的概念

岩溶发育程度，即可溶岩体在特定内部驱动力和外部营力的作用下形成岩溶地质现象的不同阶段和状态。中国中铁二院工程集团有限责任公司通过大量的铁路选线工程实践研究指出：岩溶发育程度是岩溶作用的最终结果。研究一个地区的岩溶发育程度需要结合该地区的岩溶层组类型、地质构造条件、岩溶地貌部位（河谷、分水岭及谷坡等），以及岩溶发育历史等特点来综合考虑，必须因地制宜，很难得出统一的标准，各地区之间也不宜截然对比，所以得出的结果仅仅是一种相对的概念。通常确定岩溶发育程度的指标是：岩溶现象、岩溶密度（每平方千米内的岩溶点个数）、钻孔岩溶率、暗河或泉的流量等。将岩溶发育程度划分为四个等级：极强、强烈、中等及微弱，见表7-1。

表 7-1 岩溶发育程度等级及其指标

岩溶发育程度	岩溶层组	岩溶现象	岩溶密度/(个/km²)	最大泉流量/(L/s)	钻孔岩溶率/%
极强	厚层块状灰岩及白云质灰岩	地表及地下岩溶形态均很发育，地表有大型溶洞，地下有大规模的暗河或暗河系，以管道水为主	>15	>50	>10
强烈	中厚层灰岩质灰岩	地表有溶洞，落水洞、漏斗、洼地密集，地下有规模较小的暗河，以管道水为主，兼有裂隙水	5~15	10~50	5~10
中等	中薄层灰岩、白云岩与不纯碳酸盐岩或碎屑岩呈互层或夹层	地表有小规模的溶洞，较多的落水洞、漏斗，地下发育裂隙状暗河，以裂隙水为主	1~5	5~10	2~5

续表

岩溶 发育程度	岩溶层组	岩溶现象	岩溶密度 /(个/km²)	最大泉 流量/(L/s)	钻孔岩 溶率/%
微弱	不纯碳酸盐岩或碎屑 岩呈互层或夹层	地表及地下多以溶隙为主,有少数落水洞、 漏斗和岩溶泉,发育以裂隙水为主的多层 含水层	0～1	<5	<2

注：表中岩溶密度、最大泉流量及钻孔岩溶率都是地区的平均值

　　在电力行业标准《火力发电厂岩土工程勘测技术规程》（DL/T 5074—2006）中，根据场地岩溶现象及钻孔线溶率、钻孔遇洞率、岩溶点密度等指标进行岩溶发育程度综合判定，见表 7-2。李世柏和曹卫东（2012）基于勘测实践，对 DL/T 5074—2006 规程关于岩溶发育程度的划分进行修正，见表 7-3。

表 7-2　DL/T 5074-2006 规程关于岩溶发育程度的划分

岩溶 发育程度	岩溶现象	岩溶点密度 /(个/km²)	钻孔 遇洞率/%	钻孔 线溶率/%
极强	地表常见密集、规模较大的岩溶洼地、漏斗、落水洞、槽谷、石林等多种岩溶形态；地下岩溶形态常见规模较大暗河或大型溶洞群分布	>30	>40	>10
强烈	地表常见密集的岩溶洼地、漏斗、落水洞等多种岩溶形态，石芽（石林）、溶沟（槽）强烈发育（或覆盖），基岩面起伏较大；地下岩溶形态常见规模较大型溶洞，或场地周围可见小规模暗河分布	15～30	25～40	5～10
中等	地表常见岩溶洼地、漏斗、落水洞等多种岩溶形态或岩溶泉出露，石芽（石林）、溶沟（槽）发育（或覆盖），基岩面起伏较小；地下岩溶形态以规模较小溶洞为主	3～15	5～20	2～5
微弱	地表偶见漏斗、落水洞、石芽、溶沟等岩溶形态或岩溶泉出露；地下岩溶形态以溶隙为主，偶见小规模溶洞	<3	<5	<2

表 7-3　岩溶发育程度等级划分修正表

岩溶 发育程度	岩溶现象	岩溶点密度 /(个/km²)	钻孔 线溶率/%
极强	地表常见密集的岩溶洼地、漏斗、落水洞、槽谷、石林等多种岩溶形态，溶蚀基岩面起伏剧烈；地下岩溶形态常见大规模溶洞、暗河或大型溶洞群分布	>50	>10
强烈	地表常见密集的岩溶洼地、漏斗、落水洞等多种岩溶形态，石芽（石林）、溶沟（槽）强烈发育（或覆盖），溶蚀基岩面起伏大；地下岩溶形态常见规模较溶洞、暗河分布	30～50	5～10

岩溶 发育程度	岩溶现象	岩溶点密度 /(个/km²)	钻孔 线溶率/%
中等	地表常见岩溶洼地、漏斗、落水洞等多种岩溶形态或岩溶泉出露，石芽（石林）、溶沟（槽）发育（或覆盖），溶蚀基岩面起伏较大；地下岩溶形态以较小规模溶洞为主	3~30	1~5
微弱	地表偶见漏斗、落水洞、石芽、溶沟等岩溶形态或岩溶泉出露，溶蚀基岩面起伏较小；地下岩溶形态以溶隙为主，偶见小规模溶洞	<3	<1

以上分级源于大量的工程实践，具有较好的工程实际意义。但在具体实施过程中，定量参数的获取与评价存在较大的误差，致使评价结果尽管在定性评价上具有重要参考价值，但定量参考价值受到较大影响。

李苍松等（2006）根据多座岩溶隧道现场调查分析，将岩溶形态分为溶孔、溶缝、溶槽、溶管、溶洞和岩溶暗河等，各种岩溶形态的主要特征见表7-4。

表7-4　各种岩溶形态的主要特征

序号	岩溶形态	主要特征
1	溶孔	直径小于几厘米的小孔。它多是沿成岩孔隙、构造解理扩大溶蚀形成的。它可以分散成单个出现，也可以由许多溶孔组合成蜂巢状
2	溶缝	多沿节理、裂隙延伸方向发育，宽度从数毫米至数厘米，延伸长度视节理，裂隙发育情况而变化，通常对张性节理来说，延伸较长，一般多呈断续发育
3	溶槽	宽度大于溶缝，是在长期水动力或水化学作用下，溶缝进一步加宽所致
4	溶管	在形态上多呈不规则的圆柱状形，管径可大可小，但延伸较长，通常具有多级次分枝结构，尤其发育于浅部地下水垂直入渗带
5	溶洞	在几何上，立体上可表述为不规则的六面腔壁，其几何尺寸可大可小，小的为数立方厘米，大的可以达到数十、数百、数千立方米，甚至巨型大溶洞
6	岩溶暗河	区别一般的溶洞和溶管，具有常水位或季节变动水位的大型线状岩溶

因此，本书基于前述的岩溶发育形态分形特征研究，根据岩溶元的不同生长过程所产出的不同岩溶形态，将岩溶发育程度分为五级（表7-5）：不发育、轻微发育、较发育、发育、很发育。

表7-5　基于岩溶发育形态分形特征的岩溶发育程度分级

编号	岩溶发育程度分级	主要的岩溶形态
1	不发育	溶孔
2	轻微发育	溶缝、溶隙
3	较发育	溶槽
4	发育	一般溶洞
5	很发育	大型溶洞或暗河

事实上，由于岩溶发育的特殊复杂性及隧道开挖揭露岩溶形态的随机性，岩溶发育程度的准确界定或评价却不是一件简单的事情。岩溶发育程度的准确划分应在各种针对岩溶发育岩石的物理力学性质实验基础上，根据定性指标和定量指标进行综合判定，避免仅根据某单一指标或肉眼判断。为此，初步确定岩溶发育程度评价的指标体系由定性指标和定量指标两部分组成。

7.1.2　岩溶发育程度评价的定性指标

岩溶发育的必要条件是岩溶发育程度评价的定性基础。地下岩溶的发育主要受岩性、构造、地下水动力条件及气候等因素控制。其中，岩性、构造和地下水是必要条件，岩溶发育程度评价的定性划分也在此基础上进行。

在通常情况下，可溶岩质越纯、越厚，可溶岩与非可溶岩接触的地带，构造切割越强烈，节理、裂隙、层面或断层破碎带相交的"三角形"切割地带，以及地下水径流条件好、流速快的区域，岩溶极易发育。

仅依据定性分析是不够的，解决问题的关键是如何将定性指标定量化，即通过定量数据对定性指标给予确切评价。初步确定如下定性评价的数学指标：可溶岩质的纯度，可溶岩的厚度，与非可溶岩的接触情况，构造切割情况（包括节理、裂隙、层面或断层破碎带的相交切割），以及地下水径流循环条件等（表 7-6）。

表 7-6　岩溶发育程度评价定性指标的确定及建议评价系数

序号	定性指标		主要特性		岩溶发育程度定性评价	
					定性描述	系数
1	可溶岩性	可溶岩质的纯度	可溶性岩石是岩溶发育的前提条件。岩石的可溶性越强，就越有利于岩溶发育。在常见的碳酸盐类岩石中，纯石灰岩比白云质灰岩及白云岩易受溶蚀；白云岩比硅质灰岩易受溶蚀。在各种碳酸盐类岩石分布地区，岩溶主要沿着厚层纯灰岩发育	质纯厚层石灰岩	岩溶最发育，以溶蚀裂隙和小型溶洞为主，并有一定数量大型溶洞	0.20
				白云质灰岩及白云岩	岩溶次之	0.15
				大理岩	岩溶发育较弱	0.10
				泥质灰岩、泥灰岩及泥质、白云质角砾岩	岩溶发育很弱	0.05
				蚀变灰岩、夕卡岩	岩溶发育甚微	0.01
		可溶岩的厚度	厚度越大越有利于岩溶的发育		岩溶发育	0.10
			当存在非可溶性岩石夹层时，不利于岩溶发育		岩溶发育很弱	0.05

续表

序号	定性指标		主要特性	岩溶发育程度定性评价	
				定性描述	系数
1	可溶岩性	与非可溶岩的接触情况	碳酸盐类岩石与非可溶性岩层或岩体的接触带，常是地下水运动汇集的地方，由于地下水流常常在这里集中并沿着接触带流动，岩溶常沿着可溶岩层与非可溶岩层的接触带发育	接触	0.10
			当产状倾斜的可溶岩层与上覆或下伏非可溶岩层接触时，常在其上覆接触带形成一系列溶井、落水洞等垂直形态的岩溶，在下伏接触带常形成系列岩溶接触泉	非接触	0.05
2	构造切割情况		节理、裂隙发育情况：可溶性岩石中的构造裂隙，为地下水的运动提供了有利条件，地下水不断沿着岩石裂隙运移，对可溶岩进行化学溶蚀，形成空洞	构造裂隙的延伸方向常常控制着地下岩溶的发展方向	0.05
			层面：在层间可产生层面张裂隙或层面扭裂隙，为地下水活动提供运移通道	易发育顺层岩溶	0.05
			在可溶岩与非可溶岩接触带部位附近，特别当非可溶岩为相对隔水层时，由于地下水条件的汇聚、运移易沿接触带部位发育岩溶	在靠近接触带的可溶岩内，可能发育岩溶	0.05
			断层：可溶岩层的断层破碎带，特别是张性断层破碎带，利于地下水的运移，地下岩溶特别发育，常发育有地下暗河等大型岩溶	在断层交叉的部位常形成大型溶洞、地下河天窗及地下湖池等	0.10
			褶曲：在褶曲构造的轴部，纵张裂隙（断层）较多，有利于地下水活动，地下水易沿着张裂隙溶蚀扩展	沿着褶皱轴部，易形成溶蚀裂隙和溶洞，进一步发展成为大型岩溶或暗河	0.05
3	地下水径流循环条件		在具备前两个条件基础上，在地下水的溶蚀、溶解或冲蚀等水动力作用下才可能发生岩溶。所以说，地下水动力条件与可溶岩性、构造切割情况是岩溶发育的三个必要条件。地下水径流条件好、流速快的区域，岩溶极易发育，相应地隧道围岩级别就越差	极好	0.30
				好	0.20
				较好	0.15
				较差	0.10
				差	0.05

在表 7-6 中，分别将可溶岩性、构造切割情况和地下水径流循环条件对岩溶发育程度的影响系数定为 0.4、0.3 和 0.2。分别对各子项进行定性评价并给出分值，最后累积得分进行岩溶发育程度定性评价（表 7-7）。

表 7-7　岩溶发育程度定性评价

岩溶发育程度	很发育	发育	较发育	轻微发育	不发育
主要的岩溶形态	大型溶洞或暗河	一般溶洞	溶槽	溶缝、溶隙	溶孔
C_{kDq} 值	0.8 ~ 1.0	0.4 ~ 0.8	0.1 ~ 0.4	0.05 ~ 0.10	0 ~ 0.05

7.1.3　岩溶发育程度评价的定量指标

　　岩溶发育程度评价定量指标的确定主要根据岩溶发育的不同形态、各种形态岩溶岩（土）体的物理力学性质，以及不同岩溶形态对工程施工安全的影响等因素。初步确定采用以下定量指标计算岩溶发育程度定量评价系数：岩溶发育形态及规模对隧道施工安全的影响系数，岩溶充填物影响系数，以及地下水影响系数等。

　　因此，岩溶发育程度定量评价系数的计算公式如下：

$$C_{KDM} = \sqrt[3]{S_v \cdot K_c \cdot K_w} \tag{7-1}$$

式中，C_{KDM} 为岩溶发育程度定量评价系数；S_v 为岩溶发育形态及规模对隧道安全的影响系数（%）；K_c 为岩溶充填物影响系数（%）；K_w 为地下水影响系数（%）。

　　1. 岩溶发育形态及规模对隧道安全的影响系数 S_v

　　将不同的岩溶形态对隧道安全的影响程度分为：几乎不影响、较小影响、影响程度中等、影响较大、影响极大等（表7-8）。

表7-8　岩溶发育形态及规模对隧道安全的影响程度及影响系数

编号	岩溶发育程度分级	主要岩溶形态	对隧道安全的影响程度	对隧道安全的影响系数 S_v
1	不发育	溶孔	几乎不影响	0.01
2	轻微发育	溶缝、溶隙	较小影响	0.1
3	较发育	溶槽、溶管	影响程度中等	0.2
4	发育	一般溶洞	影响较大	0.4
5	很发育	大型溶洞或暗河	影响极大	0.8

　　2. 岩溶充填物影响系数 K_c

　　岩溶充填物本身的物理力学特性是很差的，再加上地下水动力条件的影响和隧道施工扰动，则可能引发隧道坍方，以及涌水、涌泥等灾害的发生。至于灾害程度或危害程度的大小，除了根据充填物本身的物理力学特性外，还应考虑地下水动力条件，以及充填物的产出范围、与隧道轴线的相关关系等。

　　初步将岩溶充填物对隧道施工稳定性的影响程度划分如下（表7-9）。

表7-9　岩溶充填物对隧道施工稳定性的影响程度划分及影响系数

充填物类型	对隧道施工稳定性的影响程度	影响系数 K_c
无充填	几乎无影响	1.0
黏土	极严重	0.2
黏土+块碎（砾）石	很严重	0.4
砂土	很严重	0.4
砂土+块碎（砾）石	严重	0.6
黏土+砂土+块碎（砾）石	很严重	0.4

充填物类型	对隧道施工稳定性的影响程度	影响系数 K_c
块碎（砾）石	较严重	0.8
碳酸钙沉积物	很严重	0.4

3. 地下水影响系数 K_w

在现执行的国家标准或铁路隧道围岩分级标准中，根据不同的出水状态，针对不同的岩体质量（或 BQ 值）进行修正（表 7-10）。这里，主要参考地下水出水状态对岩溶发育形态的影响。表 7-11 为考虑不同岩溶形态的地下水影响系数。

表 7-10　现行的国家标准或铁路隧道围岩分级标准中的地下水影响修正系数 K_1

地下水出水状态 ＼ BQ	BQ			
	>450	450～351	350～251	<250
潮湿或点滴状出水	0	0.1	0.2～0.3	0.4～0.6
淋雨状或涌流状出水，水压<0.1MPa 或单位出水量<10L/（min·m）	0.1	0.2～0.3	0.4～0.6	0.7～0.9
淋雨状或涌流状出水，水压>0.1MPa 或单位出水量>10L/（min·m）	0.2	0.4～0.6	0.7～0.9	1.0

表 7-11　岩溶发育程度的地下水影响系数 K_w

地下水出水状态 ＼ 岩溶发育形态	岩溶发育形态			
	溶孔、溶缝	溶槽	溶洞	暗河
潮湿或点滴状出水	0	0.1	0.4	
淋雨状或涌流状出水，水压<0.1MPa 或单位出水量<10L/（min·m）	0.05	0.2	0.8	
淋雨状或涌流状出水，水压>0.1MPa 或单位出水量>10L/（min·m）	0.1	0.4	1.0	
管流涌出状				1.0

7.1.4　岩溶发育程度的综合评价指标

7.1.3 节对岩溶发育程度评价的定性指标和定量指标进行了讨论，定性评价主要基于岩溶发育的三大必要条件讨论岩溶发育的可能性，然后从岩溶发育形态、规模、充填物及地下水发育情况等因素进行定量评价指标讨论，为岩溶发育程度的综合评价奠定了地质和理论基础。接下来，讨论如何将定性评价和定量评价融为一体进行综合评价。

在这里，讨论的焦点是岩溶发育程度评价，是对在概念上已经存在的岩溶形态、规模及性质等综合评价，为此在坚持地质基础的前提条件下，应更多地关注已经存在的岩溶形态、规模及性质等综合信息。在将定性指标与定量指标纳入综合体系的过程中，建议对各自进行三七开的权重赋值，即定性指标的权重赋值为 0.3，定量指标的权重赋值为 0.7。

初步建立岩溶发育程度综合评价指数计算公式如下：

$$C_{kD} = 0.3 \times C_{kDq} + 0.7 \times C_{kDM} \tag{7-2}$$

式中，C_{kD} 为岩溶发育程度综合评价指数；C_{kDq} 为岩溶发育程度定性评价系数；C_{kDM} 为岩溶发育程度定量评价系数。

7.2　基于水化学动力学–分形指数的岩溶发育程度评价模型及评价标准

7.2.1　基于水化学动力学–分形指数的岩溶发育程度评价模型

在 7.1 节中对岩溶发育程度评价的指标体系进行了探讨，对岩溶发育程度评价模型的建立具有重要意义。如前所述，本书研究的目标之一是提出岩溶发育程度的水化学动力学–分形指数评价技术，而前述的岩溶发育程度综合评价指标中并未提及水化学动力学和分形指数等因素。因此，需要综合考虑本项目已开展的大量关于岩溶形态分形特征及水化学动力学特征研究结果，将岩溶水化学动力学特征及岩溶形态分形特征等研究成果纳入岩溶发育程度评价指标体系，建立相应的基于水化学动力学–分形指数的岩溶发育程度评价模型。本模型的建立以岩溶发育程度综合评价指数计算公式［式 (7-2)］为基础，其中的定性评价系数隐含了岩溶发育的宏观地质条件或者说地质基础，物理含义清楚，所以坚持采用该项指标；式 (7-2) 中的定量评价系数包含了岩溶形态、规模及性质等信息，但所涉及的三项定量指标（岩溶发育形态及规模对隧道安全的影响系数 S_v，岩溶充填物影响系数 K_c，地下水影响系数 K_w）的获取，采用的方法却仍以定性手段为主，在实际操作中存在较大困难。因此，考虑对式 (7-2) 中的定量评价系数进行修正，从而引入岩溶发育程度的分形评价定量指标，其中包含岩溶形态分形评价指数和岩溶地下水化学分形评价指数，建立基于水化学动力学–分形指数的岩溶发育程度评价模型：

$$C_{kD} = 0.3 \times C_{kDq} + 0.7 \times C_{kDF} \tag{7-3}$$

式中，C_{kD} 为岩溶发育程度综合评价指数（无量纲）；C_{kDq} 为岩溶发育程度定性评价系数（无量纲），根据表 7-7 计算确定；C_{kDF} 为岩溶发育程度的分形评价指数（无量纲）。

根据第 6.1 ~ 6.3 章节关于岩溶形态分形特征及水化学动力学分形特征及二者之间的相关性等研究成果，水化学分形评价指数 Q_w 与偏光显微镜实验微观岩溶分形指数 Q_p 之间的相关性总体上是显著的，但 Q_w 与电镜实验微观岩溶分形指数 Q_p 之间的相关性较差。为此，在利用水化学分形评价指数 Q_w 和微观岩溶分形指数 Q_p 计算岩溶发育程度的分形评价指数 C_{kDF} 时，对 Q_w 和 Q_p 采用几何平均的方式。于是，岩溶发育程度的分形评价指数 C_{kDF} 的计算公式如下：

$$C_{kDF} = \sqrt{Q_w \cdot Q_p} \tag{7-4}$$

式中，C_{kDF} 为岩溶发育程度的分形评价指数（无量纲）；Q_w 为水化学分形评价指数（无量纲）；Q_p 为微观岩溶形态分形评价指数（无量纲）。

水化学分形评价指数 Q_w 的计算根据 3.3 节介绍的方法进行。具体方法如下：

（1）采取水样，进行常规水化学成分分析；

（2）以水化学成分中的离子对百分比累计含量为研究对象，绘制离子对百分比累计含量–观察尺度散点图和分形维数计算曲线；

（3）对分形维数计算曲线进行线性回归分析，回归曲线的斜率定义为水化学分形维数，回归曲线的相关系数与斜率的几何平均定义为水化学分形评价指数 Q_w。

同样，微观岩溶形态分形评价指数 Q_p 的计算根据第 2 章介绍的方法进行。具体方法如下：

（1）采取岩样制作磨片，采用偏光显微镜或扫描电镜获取微观岩溶形态照片，也可现场拍摄高精度的岩溶照片；

（2）对所获取的岩溶照片进行图形技术处理，可采用 Photoshop 图形处理软件，进行"滤镜处理""锐化""强化边缘""灰度处理"等图形技术处理；

（3）应用专门编制的分形图形计算软件，调用分形图形进行分形维数计算；

（4）绘制溶蚀元面积百分数–观察尺度散点图和分形维数计算曲线，并进行回归分析，根据分形维数和分形曲线相关系数计算岩溶发育程度分形评价指数 Q_p。

7.2.2　基于水化学动力学–分形指数的岩溶发育程度评价标准

在充分考虑岩溶专家对岩溶发育可能性的认识或判断经验基础上，根据岩溶发育程度综合评价指数 C_{kD} 计算结果，提出岩溶发育程度评价的建议标准见表 7-12。

表 7-12　岩溶发育程度评价建议标准

岩溶发育程度	围岩特性及岩溶发生的可能性	岩溶发育程度综合评价指数 C_{kD}
不发育	岩石坚硬，岩体完整，构造不发育，一般不会发生岩溶	$0.0 \sim 0.10$
轻微发育	在地下水径流条件好的地方，可能发育少量的细小溶缝、溶隙或溶孔	$0.10 \sim 0.20$
较发育	可能发育溶槽、溶管	$0.20 \sim 0.40$
发育	岩性为可溶岩的情况下，极可能发育溶洞或暗河	$0.40 \sim 0.80$
很发育	对隧道可能造成灾害性的安全影响的特大型充填溶洞或特大型暗河	$0.80 \sim 1.00$

7.3　岩溶发育程度评价技术的工程实践

岩溶发育程度评价技术应用于具体的岩溶隧道工程实践具有重要意义。这里，以马来西亚知玛达苏湖隧洞工程岩溶地质条件分析为例进行简要介绍。

知玛达苏湖隧道位于马来西亚北部的玻璃市。隧道起讫里程为 3+560～4+355，全长 795m，设计为输水工程曲线隧道，进口走向为 N43°E，出口走向为 S70°E，在靠近出口段为曲线。隧道最大埋深 180m。

玻璃市以岩溶地貌而闻名，其地塔状石灰岩丘陵十分常见。在该区域的地下工程建设过程中，岩溶工程地质问题自然就成了关注焦点。从区域地质条件分析和地表现场调查来看，初步认为隧道穿越区域岩溶发育。究竟该隧道岩溶发育程度如何？所揭露岩溶的形态及其物理力学特性等对隧道工程有多大危害？隧道施工应采取什么样的施工对策？本实例将对以上问题进行回答。

1. 区域工程地质及水文条件分析

图 7-1 和图 7-2 分别为知玛达苏湖隧道穿越区域地质平面示意图和工程地质纵剖面示意图。隧道洞身穿越地层为下古生界色陀（Setul）地层，岩性主要为灰岩，坚硬、易碎，颜色偏暗，呈细晶状。4+247～4+293 里程段洞身穿越深灰色灰岩与砂岩互层地层。隧道洞身穿越的区域地质构造为背斜东翼，所以在隧道断面表现为单斜构造，岩层主要向出口方向倾斜，进口端产状为 70°∠63°，洞身段岩层产状为 68°～105°∠51°～65°，出口端岩层产状为 100°∠86°。岩层主要和隧道轴线呈约 60°斜交，局部与洞轴近似小角度相交。隧址区主要发育两组节理：其中一组走向为 NNE—SSW（80°±20°），另一组走向为 NNW—SSE（340°±20°）。

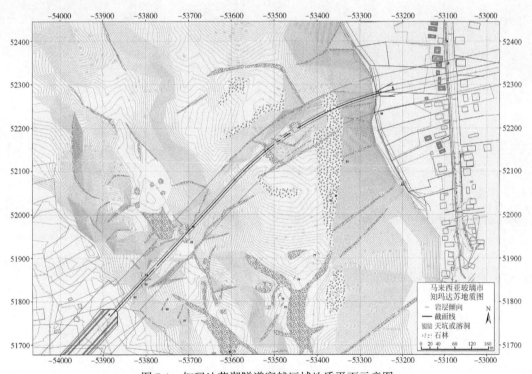

图 7-1　知玛达苏湖隧道穿越区域地质平面示意图

测区地下水类型主要为基岩裂隙水、岩溶水。本隧道发育多组裂隙，使基岩裂隙水和岩溶水形成联系，故而地下水连通性好。因地表溶洞、漏斗、溶蚀裂隙等竖直岩溶管道发育，大气降水入渗后沿岩溶管道向深部（垂直方向）径流，并在深部逐渐转变为与岩层层面或主要节理面近于一致的岩溶网络管道系统进行运移，最后多在侵蚀基准面附近以泉、暗河等形式排泄。

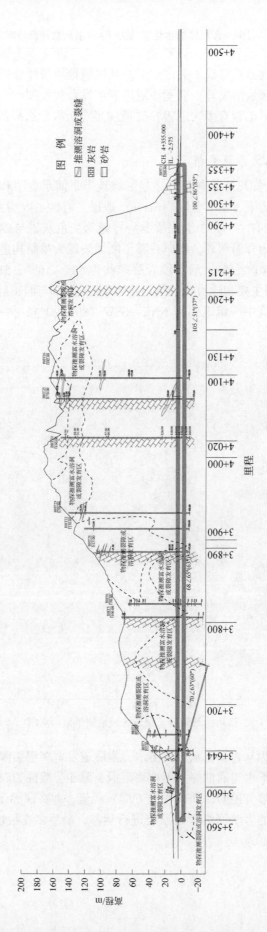

图7-2 知玛达苏湖隧道工程地质纵剖面示意图

2. 隧道穿越区域岩溶发育的宏观规律分析

隧道穿越区域具备岩溶发育的三个必要条件：①可溶岩性：厚层灰岩；②地质构造：背斜东翼岩层面及节理裂隙发育，相互切割；③水动力条件：海洋性气候，降雨充沛而集中强烈的地下水径流条件。由此初步判断研究区岩溶可能发育。表 7-13 为知玛达苏湖隧道分段工程地质条件及岩溶发育程度定性评价结果。

表 7-13　知玛达苏湖隧道分段工程地质条件评价

序号	分段	工程地质条件评价	岩溶发育程度定性评价系数
1	隧道进口段	岩性主要为第四系残积土、灰岩，基岩多出露，岩层产状 70∠63°，岩层倾向大里程方向。节理裂隙较发育，岩体较破碎，裂隙局部充填黏土。地表溶蚀裂隙发育，宽 10~30cm，延伸长度约 3m。根据物探资料，根据电法资料显示本段岩溶发育，稳定性差	0.69
2	隧道洞身段	隧道洞身段埋深 70~180m。岩性为灰岩，但 4+247~4+293 里程段洞身穿越深灰色灰岩与砂岩互层地层。基岩多出露，岩层产状 68°~105°∠51°~65°，岩层倾向大里程方向。节理裂隙发育，一般发育两组，产状大致为 244°∠65°、6°∠80°，洞身段向出口方向节理密度减少，节理一般不发育。 3+700~4+000 段坡度由缓渐陡，地表落水洞发育，宽 10cm 到 1m，长 3m~5m，根据物探资料，3+700~3+885 段存在低阻异常，分析为富水溶洞或裂隙，分布在洞身及洞顶范围；3+890~3+905 段存在高阻异常，分析为裂隙或溶洞，分布在洞身及洞顶范围。 4+000~4+290 段洞身段埋深约 180m，地表岩溶强烈发育，岩溶形态主要为落水洞、溶管、溶隙。物探显示本段地表浅层存在低阻异常，富水溶洞或裂隙发育，洞身处钻孔揭示岩溶，综合分析认为本段岩溶发育，隧道开挖可能揭露富水溶洞或岩溶管道水。 综上所述，隧道洞身工程地质条件一般，岩溶及岩溶水发育段地质条件差	0.89
3	隧道出口段	洞口仰坡陡峭。岩层倾角较大，产状 100°∠86°，节理裂隙发育 2 组，裂隙面宽张，钻孔 RQD 值较小，局部发育充填黏土溶洞，岩体较破碎，施工过程中洞内易发生坍塌，仰坡易出现顺层滑塌，建议本段加强支护	0.67

事实上，隧道穿越区域岩溶峰丛和溶蚀洼地等岩溶地貌发育，在地形上分布数百米高独立尖塔，部分地区也发育锥状岩溶，呈锥形或环形构造，并被辐射状落水洞或冲积灰岩盆地所围绕。落水洞直径从数厘米到数十米不等，其长度则从数米到数百米不等，多数落水洞在地下可能通过溶洞相连，形成了复杂的地下管道网络。

根据现场地质调查，隧道穿越区域的溶洞可大致划分为以下五类：①溶洞完全被黏土充满；②溶洞部分被黏土填充，部分为空溶洞；③溶洞部分被黏土填充，另一部分则被水充满；④溶洞穴主要被水充满；⑤空溶洞。

3. 隧道穿越区域岩溶发育的微观规律分析

分别在隧道进口段、洞身段和出口段等不同里程段地表拍摄岩溶照片，应用分形理论对所拍摄岩体照片的微观分析，计算岩溶分形维数和岩溶分形评价指数，参考表 7-12 进行微观岩溶发育程度评价。

图7-3、图7-4分别为隧道进口洞门附近的岩溶照片和经数值处理后的分形图片，对图7-4进行分形维数计算，结果如图7-5和图7-6所示。

图7-3　隧道进口洞门附近的岩溶原始照片　　　图7-4　对图7-3进行数值处理后的分形图片

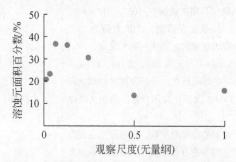

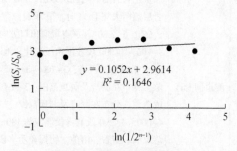

图7-5　溶蚀元面积百分数与观察尺度散点图　　　图7-6　分形维数计算曲线

通过计算可知，隧道进口洞门附近岩溶分形维数 $D = 0.1052$，相关系数 $R^2 = 0.1646$，即 $R = 0.41$，于是岩溶分形评价指数 $I_{KFA} = \sqrt{R \cdot |D|} = 0.21$。计算结果表明，隧道进口段岩溶发育程度为较发育。

同理，隧道洞身段和出口段的岩溶分形评价指数计算结果分别为 0.64 和 0.15，隧道洞身段岩溶发育，隧道出口段岩溶轻微发育。

4. 隧道工程岩溶围岩分级

这里主要基于《工程岩体分级标准》（GB50218-94）的岩体质量分值 BQ 进行修正。计算公式见式（7-5）～式（7-8）。

$$KBQ = BQ \times (1 - C_{kD}) \tag{7-5}$$

$$BQ = 90 + 3R_c + 250K_v \tag{7-6}$$

$$C_{kD} = 0.3 \times C_{kDq} + 0.7 \times C_{kDl} \tag{7-7}$$

$$C_{kDl} = \sqrt[3]{S_v \cdot K_c \cdot K_w} \tag{7-8}$$

式中，KBQ 为岩溶围岩级别的岩体质量分值；BQ 为按一般岩体质量分级系统计算的岩体质量分值；C_{kD} 为岩溶发育程度修正系数；R_c 为岩石单轴饱和抗压强度；K_v 为岩体完整性系数；C_{kDq} 为岩溶发育程度定性评价系数；C_{kDl} 为岩溶发育程度定量评价系数；S_v 为岩溶发育形态及规模对隧道安全的影响系数（%）；K_c 为岩溶充填物影响系数（%）；K_w 为地下水影响系数（%）。

知玛达苏湖隧道分段岩溶围岩分级计算结果见表 7-14。

表 7-14　知玛达苏湖隧道分段岩溶围岩分级计算结果

里程分段	岩溶发育程度定性评价				岩溶发育程度定量评价				岩溶围岩级别划分			
	可溶岩性	构造切割情况	地下水循环径流条件	C_{kDq}	S_v /%	K_c /%	K_w /%	C_{kDl}	C_{kD}	BQ	KBQ	级别划分
3+560 ~ 3+700	0.35	0.14	0.20	0.69	0.3	0.2	0.1	0.18	0.33	200	133	V
3+700 ~ 3+890	0.35	0.27	0.20	0.82	0.8	0.4	0.1	0.32	0.47	245	130	V
3+890 ~ 4+020	0.35	0.14	0.20	0.69	0.3	0.4	0.1	0.23	0.37	330	209	V
4+020 ~ 4+130	0.35	0.14	0.20	0.69	0.3	0.2	0.1	0.18	0.33	380	253	IV
4+130 ~ 4+290	0.40	0.19	0.20	0.79	0.4	0.2	0.1	0.20	0.38	400	249	IV
4+290 ~ 4+355	0.35	0.12	0.20	0.67	0.3	0.2	0.1	0.18	0.33	230	155	V

5. 施工对策及验证情况

通过前述分析，知玛达苏湖隧道穿越区域岩性主要为灰岩，隧道进、出口段浅埋，洞身段岩体破碎–较破碎，围岩级别以 V 级为主、少量 IV 级，岩溶发育–较发育，隧道岩溶形态主要为溶隙、溶槽、落水洞、溶洞等。该隧道施工易发生拱顶坍方、掉块、岩溶涌水、突泥等地质问题。因此，提出相应的施工对策：

（1）隧道进出口浅埋段建议及时修建洞门，加强超前支护和初期支护措施，采用短进尺、弱爆破的掘进方式，确保不出现拱顶坍塌现象的发生。

（2）隧道洞身段施工遇溶洞、岩溶管道、富水裂隙及地下潜流等岩溶发育带的概率高，发生突水、涌水、突泥的风险高，施工期应及时开展超前地质预报工作，探明隧道周边及隧道底部 5 ~ 10m 深度范围内的岩溶发育情况，包括岩溶形态、规模、充填物性质、地下水等。

（3）根据隧道施工地质超前预报结果和施工期岩溶围岩级别修正情况，提出相应的防治措施和施工技术建议，以及变更设计、施工技术要求，开展隧道施工动态设计。

（4）施工期加强地下水防排和保护措施，防止因地下水的排放引起地表环境问题。

施工验证情况：该隧道工程已于 2015 年 12 月顺利竣工，工程的施工实践对岩溶地质条件分析结果进行了较好的验证。

参 考 文 献

白建军 . 2010. 带压开采条件下矿井岩溶突水研究 . 太原：太原理工大学硕士学位论文 .

曹玉清，胡宽瑢 . 1994. 岩溶化学环境水文地质 . 长春：吉林大学出版社 .

曹玉清，胡宽瑢，胡忠毅 . 2000. 水文地球化学反应–迁移–分异模型 . 吉林大学学报（地），30（3）：251-256.

曹玉清，胡宽瑢，李振拴 . 2009. 地下水化学动力学与生态环境区划分 . 北京：科学出版社 .

陈成宗，何发亮 . 2005. 隧道工程地质与声波探测技术 . 成都：西南交通大学出版社 .

陈崇希 . 1995. 岩溶管道–裂隙–孔隙三重空隙介质地下水流模型及模拟方法研究 . 地球科学，（4）：361-366.

陈林杰，蒋树屏，丁浩 . 2008. 公路隧道外水压力折减规律研究 . 重庆交通大学学报（自然科学版），27（3）：383-386.

陈盼 . 2014. 基于生态平衡的隧道地下水渗控方法及限排水标准研究 . 中南大学博士学位论文 .

陈强 . 2005. 岩溶储气长隧道工程地质系统研究 . 西南交通大学博士学位论文 .

陈绍华 . 2010. 关角隧道斜井岩溶裂隙水处理技术探讨 . 现代隧道技术，47（1）：81-86.

陈文俊，黄显强，宋怀则 . 1981. 中国南方岩溶地下水 . 地质学报 . 2：149-160.

陈运东 . 2009. 某高速公路隧道地下水控制 . 中国地质灾害与防治学报，20（2）：76-79.

邓英尔，刘慈群，黄润秋，等 . 2004. 高等渗流理论与方法 . 北京：科学出版社 .

范明，蒋小琼，刘伟新 . 2007. 不同温度条件下 CO_2 水溶液对碳酸盐岩的溶蚀作用 . 沉积学报 . 25（6）：825-829.

付圣尧 . 2008. 深埋引水隧洞高水头渗流场模拟系统及关键技术研究 . 清华大学硕士学位论文 .

郭纯青 . 1996. 岩溶含水介质与地下水系分维理论研究 . 桂林：广西师范大学出版社 .

郭纯青，胡君春，李庆松 . 2010. 特长隧道岩溶涌水量预测方法分析 . 煤田地质与勘探，（6）：43-47.

韩宝平 . 1988. 任丘油田碳酸盐岩溶蚀实验研究 . 中国岩溶，7（1）：81-88.

韩宝平 . 1991. 任丘油田热水喀斯特的实验模拟 . 石油实验地质，13（3）：272-280.

何本国，张志强，朱永全 . 2010. 山岭隧道限量排水基准研究 . 第 2 届全国工程安全与防护学术会议论文集：111-117.

何发亮，郭如军，李术才，等 . 2007. 岩体温度法隧道施工掌子面前方涌水预测预报探讨 . 现代隧道技术 . （2）：4-7, 18.

何发亮，郭如军，李术才，等 . 2009. 岩体温度综合法隧道施工涌水预报 . 2009 年全国地下工程超前地质预报与灾害治理学术及技术研讨会论文集（Ⅲ）：29-32.

何发亮，李苍松，陈成宗 . 2006. 隧道地质超前预报 . 成都：西南交通大学出版社 .

何发亮，李苍松，陈成宗 . 2001. 岩溶地区长大隧道涌水灾害预测预报技术 . 水文地质工程地质，（5）：21-23.

何优 . 2012. 黄土质暗挖隧道地下水患处理技术 . 中华建设，（11）：240-241.

贺玉龙，张光明，杨立中 . 2012. 铁路岩溶隧道涌水量预测常用方法的比较 . 铁道建筑，（4）：68-71.

胡宽瑢，杨青云 . 1990. 用化学资料计算碳酸盐岩含水层 K 值的初探 . 工程勘察，（2）：39-43.

胡章喜，沈继方 . 1994. 岩溶形态系统的分形特征及其机理探讨 . 地球科学：中国地质大学学报，19（1）：103-108.

黄鸿健，张民庆 . 2009. 宜万铁路隧道工程岩溶及岩溶水分析与应对 . 现代隧道技术（2）：22-34.

黄尚瑜，宋崇荣 . 1987. 碳酸盐岩的溶蚀与环境温度 . 中国岩溶，6（4）：287-296.

黄涛，杨立中 . 1999. 渗流与应力耦合环境下裂隙围岩隧道涌水量的预测研究 . 铁道学报，21（6）：

75-80.

黄勇, 周志芳, 高正夏. 基于水化学动力学方法的水文地质参数确定. 岩石力学与工程学报, 26 (s1): 2988-2991.

蒋国云. 2012. 深埋隧道岩溶突水安全风险评价模型研究. 地下空间与工程学报 (2): 274-279.

蒋忠信, 王衡. 2002. 南昆铁路岩溶洞穴预报技术. 水文地质工程地质. (2): 69-73.

康小兵, 张强, 许模. 2006. 重庆走马岭岩溶隧道涌水量初步研究. 工程地质学报, 14 (1): 68-71.

黎庶, 林胜利. 2006. 城市电缆隧道地下水综合治理. 公路隧道, (3): 59-66.

李苍松. 2003. 长大岩溶隧道施工地质预报方法综述//中国铁道学会, 西南交通大学. 2003 年中国交通土建工程学术暨建设成果论文集. 成都: 四川科技出版社.

李苍松. 2006. 岩溶地质分形预报方法的应用研究. 西南交通大学博士学位论文.

李苍松, 陈成宗. 2002. 长大隧道岩溶围岩特性初步研究. 现代隧道技术, (s1): 338-342.

李苍松, 高波, 梅志荣. 2013. 岩溶地下水超前预报技术. 成都: 西南交通大学出版社.

李苍松, 高波, 梅志荣. 2007. 岩溶地质预报的分形理论应用基拙研究. 西南交通大学学报, 42 (5): 542-547.

李苍松, 高波, 王石春. 2006. 岩溶围岩分级初步探讨. 工程地质学报, (6): 809-814.

李苍松, 谷婷, 丁建芳. 2012a. 隧道地下水处治的国内外研究现状分析. 隧道建设, 32 (1): 32-35.

李苍松, 谷婷, 廖烟开. 2011. 隧道施工地下水流场影响因素分析. 现代隧道技术, 48 (s1): 17-22.

李苍松, 何发亮, 陈成宗. 2006. 岩溶地质分形预报应用技术初步研究. 工程地质学报, 14 (s1): 462-468.

李苍松, 何发亮, 陈成宗. 2003. 应用三重空隙介质理论进行圆梁山隧道岩溶涌水量及水压预测研究. 2003 年全国岩土与工程学术大会论文集 (下册): 1319-1326.

李苍松, 何发亮, 陈成宗. 2005. 渝怀线武隆隧道岩溶涌水量计算新方法. 中国铁道科学, 26 (5): 41-46.

李苍松, 胡元芳, 丁建芳, 等. 2012b. 隧道地下水处治的设计理论及方法研究. 工程地质学报, 20 (5): 832-840.

李富明, 何发亮. 2011. 浅孔岩体温度法隧道施工涌水预报初探. 2011 年全国工程地质学术年会论文集: 479-482.

李利平, 李术才, 张庆松. 2010. 岩溶地区隧道裂隙水突出力学机制研究. 岩土力学, (2): 523-528.

李世柏, 曹卫东. 2012. 岩溶发育程度的研究. 电力勘测设计, (5): 1-5.

李文兴. 1995. 岩溶洞穴的分形弯曲度. 中国岩溶, 14 (3): 241-245.

李文兴. 1997. 岩溶管道 (洞穴) 形态空间的数学描述及分形计算研究. 中国岩溶, 16 (2): 113-119.

李文兴. 1995. 岩溶管道介质空隙率 (视表征体元) 及分形研究. 中国岩溶, 14 (2): 161-168.

李扬红, 邓英尔, 贾疏源. 2009. 五指山隧道地下水化学特征与水动力分带模式. 水土保持研究, 16 (1): 172-174, 178.

李振拴. 1995. 用水化学方法计算渗透系数. 煤田地质与勘探, 23 (2): 37-41.

李治国. 2015. 高水压富水隧道地下水控制技术探讨. 隧道建设, 35 (3): 204-209.

梁缄鑫. 2014. 岩溶地区转角塘隧道地下水和岩溶治理技术. 石家庄铁道大学学报 (自然科学版), 27 (s1): 17-19.

林传年, 李利平, 韩行瑞. 2008. 复杂岩溶地区隧道涌水预测方法研究. 岩石力学与工程学报, 29 (7): 1469-1476.

刘福胜, 徐国元, 黄文通. 2012. 山岭隧道地下水渗流及加固参数的解析研究. 华南理工大学学报 (自然科学版), 40 (2): 112-117.

刘擎波 . 2011. 隧道地下水渗流模型研究 . 天津大学硕士学位论文 .

刘文剑 . 2008. 基于渗流场–损伤场耦合理论的隧道涌水量预测研究 . 中南大学博士学位论文 .

刘再华 . 1992. 桂林岩溶水文地质试验场岩溶水文地球化学研究 . 中国岩溶, 11（3）: 209-219.

刘再华, Dreybrodt W. 1998. 流动 CO_2-H_2O 系统中方解石溶解动力学机制–扩散边界层效应和 CO_2 转换控制 . 地质学报, 72（4）: 340-348.

刘再华, Dreybrodt W. 2001. 不同 CO_2 分压条件下的白云岩溶解动力学机理 . 中国科学（B 辑）, 31（4）: 377-384.

刘再华, Dreybrodt W. 2002. 方解石沉积速率控制的物理化学机制及其古环境重建意义 . 中国岩溶, 21（4）: 252-257.

刘再华, Dreybrodt W, 韩军, 等 . 2005. $CaCO_3$-CO_2-H_2O 岩溶系统的平衡化学及其分析 . 中国岩溶, 24（1）: 1-14.

刘再华, GROVES C, 袁道先, 等 . 2003. 水–岩–气相互作用引起的水化学动态变化研究——以桂林岩溶试验为例 . 水文地质工程地质, 30（4）: 13-18.

刘志春 . 2015. 裂隙岩体隧道与地下水环境相互作用机理及控制技术研究 . 北京交通大学博士学位论文 .

卢耀如 . 1999. 岩溶水文地质环境演化与工程效应研究 . 北京: 科学出版社 .

卢耀如, 张凤娥, 刘长礼, 等 . 2006. 中国典型地区岩溶水资源及其生态水文特性 . 地球学报, 27（5）: 393-402.

曼德尔布洛特 B. 1999. 分形: 形态、机遇和维数 . 文志英等译 . 北京: 世界图书出版公司 .

蒙彦, 雷明堂 . 2003. 岩溶区隧道涌水研究现状及建议 . 中国岩溶, 22（4）: 287-292.

牟忠霞, 潘海泽, 黄涛 . 2009. 石太客运专线特长隧道岩溶水对隧道影响研究 . 地下空间与工程学报, （3）: 568-572.

潘海泽 . 2009. 隧道工程地下水水害防治与评价体系研究 . 西南交通大学博士学位论文 .

彭永伟, 梁冰 . 2005. 水化学作用对岩石损伤的实验研究 . 采矿工程学新论–北京开采所研究生论文集: 47-51.

蒲俊兵, 袁道先, 蒋勇军, 等 . 2010. 重庆岩溶地下河水文地球化学特征及环境意义 . 水科学进展, 21（5）: 628-636.

齐跃明 . 2009. 矿区岩溶地下水动态的随机模拟及应用研究 . 中国矿业大学博士学位论文 .

乔伟 . 2011. 矿井深部裂隙岩溶富水规律及底板突水危险性评价研究 . 中国矿业大学博士学位论文 .

邵东梅 . 2012. 不同水流速度对奥陶系碳酸盐岩溶蚀速度的影响 . 煤田地质与勘探, 40（3）: 62-65.

石少帅 . 2014. 深长隧道充填型致灾构造渗透失稳突涌水机理与风险控制及工程应用 . 山东大学博士学位论文 .

孙晋玉, 张强, 许模 . 2004. 应用化学动力学求解裂隙–岩溶介质渗流参数 . 岩土力学, 25（4）: 601-604.

汤连生, 张鹏程, 王思敬 . 2002. 水–岩化学作用的岩石宏观力学效应的试验研究 . 岩石力学与工程学报, 21（4）: 526-531.

铁道部第二勘测设计院 . 1984. 岩溶工程地质 . 北京: 中国铁道出版社 .

汪海滨 . 2002. 山岭隧道地下水规律及防治方法研究 . 西南交通大学硕士学位论文 .

王公忠 . 2010. 高压富水岩溶隧道施工地质预报探讨 . 现代隧道技术, （4）: 41-44.

王广才, 陶澍, 沈照理, 等 . 2000. 平顶山矿区岩溶水系统水–岩相互作用的随机水文地球化学模拟 . 水文地质工程地质, 27（3）: 9-11.

王洪涛, 曹以临 . 1988. 碳酸盐岩溶蚀动力学模拟实验 . 中国岩溶, 7（1）: 63-72.

王洪勇 . 2004. 综合超前地质预报在圆梁山隧道中的应用 . 现代隧道技术, 41（3）: 56-61.

王建秀.2001.大型地下工程岩溶涌（突）水模式的水文地质分析及其工程应用.水文地质工程地质，(4)：49-52.

王建宇.2008.隧道围岩渗流和衬砌水压力荷载.铁道建筑技术，(2)：1-6.

王楠，曹剑锋，姜纪沂.2004.应用水化学动力学法计算磐石地下水系统渗透系数.吉林大学学报（地球科学版）34：74-79.

王瑞久.1983.三线图解及其水文地质解释.工程勘察，(6)：6-11.

王秀英，王梦恕 张弥.2004.计算隧道排水量及衬砌外水压力的一种简化方法.北方交通大学学报，28（1）：8-10；

王鹰，陈强，魏有仪，等.2004.岩溶发育区深埋隧道水岩相互作用机理.中国铁道科学，25（4）：55-58.

翁金桃.1984.方解石和白云石的差异溶蚀作用.中国岩溶，3（1）：29-38.

解东升，石少帅，陈士林，等2012.高风险岩溶隧道突水突泥灾害前兆规律与应用研究.山东大学学报（工学版）(1)：81-86，98.

徐则民，黄润秋，范柱国，等.2004.深埋岩溶隧道涌水最大水头压力评估.地球科学进展，(s1)：363-367.

许模，王迪，漆继红，等.2011.基于分形理论的喀斯特地貌形态分析.成都理工大学学报（自然科学版），38（3）：329-333.

杨会军，李丰果.2005.深埋长大隧道地下水处理技术.岩土工程界，19（3）：63-65.

袁道先.2009.岩溶动力学理论的发展与国际研究中心的成立.中国岩溶，28（2）：99-100.

袁道先，刘再华，林玉石，等.2002.中国岩溶动力系统.北京：地质出版社.

袁道先，章程.2008.岩溶动力学的理论探索与实践.地球学报，29（3）：355-365.

曾科.2012.长昆客运专线黔西段复杂岩溶隧道地下水系统 Modflow 建模实践.成都理工大学硕士学位论文.

张成平，张顶立，王梦恕，等.2008.厦门海底隧道防排水系统研究与工程应用.中国公路学报，21（3）：69-75；

张浩.2014.武都西隧道地下水渗流分析与涌水控制措施研究.长安大学硕士学位论文.

张建设.2012.长昆线岩溶隧道综合超前地质预报技术体系.中国铁路，(3)：68-70.

张梅，张民庆，黄鸿健，等.2011.龙厦铁路象山隧道岩溶区段施工技术研究.铁道工程学报，(9)：75-82.

张民庆，黄鸿健，苗德海，等.岩溶隧道水压力的研究与确定.铁道工程学报，(5)：53-58.

张小华，刘清文，杨其新.2007.铁路隧道防排水现状与思考.现代隧道技术，44（4）：61-66，78.

张晓鹏，李汶国.1988.有机二氧化碳在碳酸盐岩溶蚀孔隙形成中的作用及其定量计算.矿物岩石，8（1）：122-124.

张亦龙.2013.富水隧道地下水预测及力学特性分析.西南交通大学硕士学位论文.

张有天，张武功.1980.隧洞水荷载的静力计算.水利学报，(3)：24-34.

郑波.2010.隧道衬砌水压力荷载的实用化计算研究.中国铁道科学研究院博士学位论文.

郑波，王建宇.2011.圆形隧道围岩与衬砌渗透力解析解.武汉理工大学学报（交通科学与工程版），35（1）：19-23.

中国科学院地质研究所岩溶研究组.1987.中国岩溶研究.北京：科学出版社.

祝凤君.1989.碳酸盐岩断层岩的溶蚀作用及其在岩溶水研究中的应用.中国岩溶，8（2）：163-176.

祝凤君.1990.碳酸盐岩裂隙溶蚀反应动力学实验的结果与讨论.中国岩溶，9（1）：42-51.

卓越.2013.钻爆法浅埋水下隧道防排水理论及应用研究.北京交通大学博士学位论文.

资谊，马士伟. 2011. 岩溶隧道涌突水灾害发生机理与工程防治. 北京：铁道工程学报，(2)：84-89.

邹鹏飞. 2012. 地下水流场中驻点的水动力学和水化学特征研究. 北京：中国地质大学（北京）硕士学位论文.

Amrhein C, Jurinak J J, Moore W M. 1985. Kinetics of Calcite Dissolution as Affected by Carbon Dioxide Partial Pressure. Soil Science Society of America Journal, 49 (6): 1393-1398.

Angelini P, Dragoni W. 2010. The Problem of Modeling Limestone Springs: The Case of Bagnara (North Apennines, Italy). Ground Water, 35 (35): 612-618.

Anwar S, Sukop M C. 2009. Lattice Boltzmann models for flow and transport in saturated karst. . Ground Water, 47 (3): 401.

Bicalho C C, Batiot-Guilhe C, Seidel J L, et al. 2012. Geochemical evidence of water source characterization and hydrodynamic responses in a karst aquifer. Journal of Hydrology, s 450-451 (s 450-451): 206-218.

Buhmann D, Dreybrodt W. 1987. Calcite dissolution kinetics in the system $H_2O-CO_2-CaCO_3$, with participation of foreign ions. Chemical Geology, 64 (1-2): 89-102.

Butscher C. 2012. Steady-state groundwater inflow into a circular tunnel. Tunnelling & Underground Space Technology, 32 (6): 158-167.

Faulkner J, Hu B X, Kish S, et al. 2009. Laboratory analog and numerical study of groundwater flow and solute transport in a karst aquifer with conduit and matrix domains. Journal of Contaminant Hydrology, 110 (1-2): 34-44.

Ghasemizadeh R, Hellweger F, Butscher C, et al. 2012. Review: Groundwater flow and transport modeling of karst aquifers, with particular reference to the North Coast Limestone aquifer system of Puerto Rico. Hydrogeology Journal, 20 (20): 1441-1461.

Goldscheider N. 2012. A holistic approach to groundwater protection and ecosystem services in karst terrains. Aqua Mundi, 3 (2): 117-124.

Jordi Font-Capó, Enric Vázquez-Suñé, Carrera J, et al. 2011. Groundwater inflow prediction in urban tunneling with a tunnel boring machine (TBM). Engineering Geology, 121 (1-2): 46-54.

Liang Y, Baer D R, Mc Coy J M, et al. 1996. Dissolution kinetics at the al-cite-water interface . Geochimca et Cosmochimica Act a, 60: 4883-4887.

Plummer L N, Parkhurst D L, Wigley T M L. 1979. Critical Review of the Kinetics of Calcite Dissolution and Precipitation. Acs Symposium, 3 (12): 1663-1670.

Pokrovsky O S, Golubev S V, Schott J. 2005. Dissolution kinetics of calcite, dolomite and magnesite at 25℃ and 0 to 50 atm P_{CO_2}. Chemical Geology, 217 (217): 239-255.

Powers J G, Shevenell L. 2000. Transmissivity Estimates from Well Hydrographs in Karst and Fractured Aquifers. Ground Water, 38 (3): 361-369.

Ryu D W, Son B K, Song W K, et al. 2006. A probabilistic assessment of the effect of tunnelling on groundwater system considering the uncertainty of hydraulic conductivity. Tunnelling and Underground Space Technology incorporating Trenchless Technology Research, 21 (3): 445-445.

Shiraki R, Rock P A, Casey W H. 2000. Dissolution Kinetics of Calcite in 0. 1 M NaCl Solution at Room Temperature: An Atomic Force Microscopic (AFM) Study. Aquatic Geochemistry, 6 (1): 87-108.

Sjöberg E L, Rickard D T. 1984. Temperature dependence of calcite dissolution kinetics between 1 and 62℃ at pH 2. 7 to 8. 4 in aqueous solutions. Geochimica Et Cosmochimica Acta, 48 (3): 485-493.

Song W K, Hamm S Y, Cheong J Y. 2006. Estimation of groundwater discharged into a tunnel. Tunnelling & Underground Space Technology, 21 (3-4): 460-460.

Svensson U, Dreybrodt W. 1992. Dissolution kinetics of natural calcite minerals in CO_2-water systems approaching calcite equilibrium. Chemical Geology, 100 (1-2): 129-145.

Turner K W, Wolfe B B, Edwards T W D. 2010. Characterizing the role of hydrological processes on lake water balances in the Old Crow Flats, Yukon Territory, Canada, using water isotope tracers. Journal of Hydrology, 386 (386): 103-117.

Vincenzi V, Gargini A, Goldscheider N. 2009. Using tracer tests and hydrological observations to evaluate effects of tunnel drainage on groundwater and surface waters in the Northern Apennines (Italy). Hydrogeology Journal, 17 (1): 135-150.

Zuber A, Różański K, Kania J, et al. 2011. On some methodological problems in the use of environmental tracers to estimate hydrogeologic parameters and to calibrate flow and transport models. Hydrogeology Journal, 19 (1): 53-69.